JOAN KENNEDY

"Ma vie avec les Kennedy"

JOAN KENNEDY

"Ma vie avec les Kennedy"

Marcia Chellis

TRADUIT DE L'AMÉRICAIN
ET ADAPTÉ
PAR

Françoise Gélinas

Les Éditions Québecor

À Dana et Brad

Table des matières

PRÉFACE

Lorsque je rencontrai Joan Kennedy pour la première fois en 1977, elle vivait seule à Boston, séparée de son mari et de ses trois enfants et suivait une cure de désintoxication. Aux yeux de sa famille et aussi du public avide de lire tout ce qui s'écrivait sur les Kennedy, elle avait toujours été la « pauvre Joan ». Même à l'époque de la course à la présidence de 1980, alors que Ted briguait les suffrages des électeurs, elle demeura la « pauvre Joan ». Mais c'est également au cours de cette campagne qu'elle réussit à imposer à la population et à son entourage une tout autre image d'elle-même, bien différente de celle que présentaient la famille Kennedy et la presse en général.

Cette femme sensible et vulnérable avait beaucoup de persévérance et une grande force intérieure. Autrement, comment aurait-elle fait pour passer à travers tant de tragédies personnelles et familiales? Comment aurait-elle réussi à vaincre son problème d'alcoolisme dans lequel elle se débattait depuis tant d'années? Comment aurait-elle pu supporter les terribles exigences et l'immense déception par laquelle se solda la campagne électorale de son mari? Enfin, au cours des mois qui suivirent, comment aurait-elle pu trouver la force de mettre un terme à son mariage malheureux et de retrouver sa propre identité?

Joan était très consciente de la curiosité qu'elle suscitait en tant que membre de la célèbre famille Kennedy. Mais elle était cependant moins consciente que sa décision de mettre un terme à son alcoolisme et de vivre pour elle-même puisse avoir une influence sur son entourage. En tant qu'amie, assistante et administratrice de Joan pendant cinq ans, j'ai pu constater l'immense impact qu'elle avait sur le public. Elle recevait des centaines de lettres de tous les coins du pays. J'ai pu voir également à quel point elle était bien accueillie partout où elle passait au cours de la campagne électorale de 1980. Un soir, à Helena, Montana, alors qu'elle remontait la longue allée centrale de la chapelle du Temple pour y rencontrer le vice-président Mondale, l'auditoire tout entier se leva et l'applaudit frénétiquement. Même si la campagne se termina par une défaite pour Ted, elle n'en représenta pas moins une victoire personnelle pour Joan.

Cependant, il n'était pas dans mon intention première d'écrire un livre sur Joan Kennedy. Motivée par ma propre expérience personnelle au sujet de l'alcoolisme, une fois mon travail pour Joan terminé, je m'étais proposé d'écrire un livre qui s'adresserait aux femmes alcooliques. Mon but, en rédigeant ce livre, était de sensibiliser les femmes concernées par ce grave problème, de les aider à s'accepter en même temps qu'elles combattaient leur maladie et d'apprendre à leur entourage à les accepter et à les aimer tout en les aidant. Au cours de mes recherches pour cet ouvrage, j'ai rencontré un pasteur de l'Église épiscopale qui se dévouait depuis quarante ans à la cause des alcooliques. C'est lui qui me suggéra de présenter Joan comme un modèle de succès en la matière. Il était convaincu qu'un livre écrit par quelqu'un qui avait beaucoup d'amitié pour Joan serait une source d'espoir pour tous ceux qui étaient affligés par cette maladie. C'est alors que, encouragée par son aide et son enthousiasme, j'ai commencé à écrire ce livre.

Une fois ma décision prise, je demandai à Joan de collaborer avec moi à ce travail, alors que nous travaillions encore ensemble. Je la persuadai que son histoire méritait d'être racontée. Mais si l'idée la séduisit pendant un certain temps, elle résolut finalement de ne pas y participer. Après avoir consulté des professionnels et des amis sûrs qui m'incitaient fortement à poursuivre ce travail, je décidai de continuer par moi-même. Mais je réalisai bien vite que la victoire de Joan sur l'alcoolisme n'était qu'une parcelle de l'histoire de sa vie. Son histoire était plutôt celle d'une Cendrillon moderne. Une belle mais timide jeune fille catholique épousait un jour le très beau et plus jeune fils d'une des familles les plus riches et les plus en vue d'Amérique. Le conte de fées aurait dû se terminer par : « Ils furent heureux et eurent beaucoup d'enfants... » La réalité fut tout autre et ce mariage s'avéra un véritable cauchemar. Dominée par les Kennedy et anéantie par les infidélités de son mari, frustrée par un affreux sentiment d'échec, elle se laissa glisser tranquillement dans l'alcoolisme. Curieusement, la décision de Ted de se présenter à la présidence arrêta cette terrible descente aux enfers. Confrontée tout à coup à ce formidable défi, non seulement elle cessa de boire mais elle retrouva une nouvelle confiance en elle et se proposa même d'accompagner et d'appuyer son mari tout au long de la campagne électorale. Malgré cela, elle n'eut pas encore droit à une fin heureuse et elle dut presque immédiatement faire face au traumatisme de la décision d'un divorce mettant un terme à un mariage qui avait duré vingt-trois ans.

L'histoire de Joan est extraordinaire. Elle commence comme une sorte de conte de fées pour devenir ensuite celle de la « pauvre Joan » qui parvint enfin à sortir de sa coquille et à s'épanouir à son rythme en tant que femme autonome et indépendante.

C'est aussi l'histoire d'une femme qui a aimé un Kennedy qui l'a épousé, a divorcé et a vécu les difficultés qu'engendre le fait de faire partie de la famille Kennedy. Elle a dû assumer le terrible conflit entre l'épouse du politicien et la femme qui veut être heureuse et tente de s'affirmer en tant que personne. Mais si le destin de Joan est unique, il est aussi celui d'une femme qui, comme des millions d'autres, a vécu les affres d'un choix difficile et les expériences douloureuses communes à tant d'épouses et de mères. C'est ce thème qui m'a guidée dans le choix des épisodes qui sont présentés dans ce livre. Pour l'année 1980, année cruciale dans la vie de Joan, j'ai utilisé les notes de mon propre journal. Pour ce qui est des années précédentes et de celles qui suivirent, je me suis basée en grande partie sur les réflexions de Joan et ses souvenirs au sujet de son mariage, de sa vie et de son divorce. Les causes et les conséquences de son alcoolisme, son combat pour le surmonter et les effets de son choix sont l'essence même de cet ouvrage, ainsi que les portraits de certaines gens de son entourage qui ont marqué sa vie. J'ai utilisé des pseudonymes et changé les professions ainsi que les lieux de résidence de deux de ces personnes: « Hazel » et « Gordon ». Enfin, en dressant ce portrait de Joan, j'ai essayé, tout en respectant ma propre sensibilité, de relater les faits avec honnêteté et de démontrer que le plus grand respect que l'on puisse porter à une personne est encore de tout mettre en oeuvre pour travailler à la faire comprendre de ses semblables.

Plusieurs personnes ont généreusement contribué à cet ouvrage. J'aimerais remercier Pamela Painter qui m'a aidée à donner une forme à cette histoire et m'a conseillée depuis le début; Kate Connell qui a fait les recherches pour les photos et Burton Beals qui a édité le manuscrit. J'aimerais également exprimer ma reconnaissance à Diane Haynes, au Dr Merle Jordan de l'École de théologie de l'Université de Boston, à John Livens, Carol Ann Paresky, Powers Answering Service, Helen Rees, au Rev. David A. Works du North Conway Institute et à William Wright qui non seulement me donna de précieuses suggestions pour la rédaction de ce texte mais eut aussi la gentillesse de me fournir un endroit tranquille pour écrire ce livre. À mes enfants Dana et Brad, qui ont patiemment accepté mes disponibilités alors que je travaillais pour Joan puis à cet ouvrage, j'offre tout mon amour. J'adresse aussi mes remerciements sincères à mes amis et collègues qui m'ont toujours encouragée et comprirent si bien les motifs profonds qui m'ont décidée à écrire ce livre. Et par-dessus tout, ma reconnaissance va à Fred Hills et Simon et Schuster pour avoir si chaleureusement partagé mes vues.

Enfin, je voudrais rendre hommage à Joan Kennedy qui a vécu une vie si extraordinaire. J'espère de tout coeur que mon histoire sera une source d'encouragement et d'inspiration pour tant d'autres femmes qui, un jour où l'autre, doivent faire face aux mêmes cruelles difficultés.

1
RÊVES

*«C'est merveilleux, je ne bois pas.
Une autre femme alcoolique se rendant
à une convention nationale
où son mari pourrait être mis
en nomination pour la Présidence,
boirait sans doute... Nous savons
tous que Ted ne réussira peut-
être pas, mais supposons qu'il
y arrive? Oh, mon Dieu!»*
— Joan.

Sur les trottoirs, à proximité du Madison Square Garden de New York, des vendeurs étaient occupés à offrir leur marchandise habituelle: rubans, boutons, chandails de coton jaune et bleu portant l'inscription: «J'ai survécu à la Convention nationale démocratique de 1980.» À l'intérieur, ce soir-là, les supporters et les délégués attendaient avec impatience que le sénateur Edward M. Kennedy s'adresse à la convention. L'orgue reprenait constamment les mêmes thèmes musicaux tandis que chapeaux, affiches et banderoles ne cessaient de s'agiter dans la salle.

Assise tout en haut des gradins avec les autres membres de l'équipe Kennedy, je regardais cette scène colorée et pittoresque. Je sentais l'épée de Damoclès suspendue au-dessus de nos têtes et tentais de me résigner au fait que cette campagne se terminait. Les aspirations présidentielles du sénateur n'avaient pas survécu à la convention et après avoir perdu le vote crucial de la soirée précédente, son vaillant combat venait de se terminer. La nomination de Jimmy Carter était maintenant inévitable et, dans un discours émouvant adressé aux membres de son équipe, Kennedy avait annoncé qu'il se retirait de la course. Il ne serait pas candidat à la présidence des États-Unis.

Pour Joan Kennedy aussi, ces derniers jours avaient été un tourbillon étourdissant de rencontres avec les délégués, les politiciens et les célébrités et aussi de longues heures de présence active dans le vaste aréna de la convention. En tant qu'assistante administrative de Joan, j'avais travaillé avec elle sur ses discours, préparé ses apparitions à la télévision et ses réponses «impromptues» aux questions des reporters. Je l'avais accompagnée à travers tout le pays tandis qu'elle faisait campagne pour son mari et je me demandais ce qu'elle devait ressentir en ce moment. Était-elle aussi résignée que je l'étais devant la défaite de son époux? En était-elle triste? Ou peut-être se sentait-elle simplement soulagée... voire heureuse que tout soit enfin terminé? Naturellement, Ted retournerait au sénat. Mais quel rôle désormais Joan pourrait-elle jouer dans sa vie? Quel serait son avenir?

Plus bas, une nuée de journalistes et de délégués était venue entendre le discours de Kennedy. Il était assis un peu plus loin, en compagnie de sa famille. Au haut des gradins je ne pouvais apercevoir que la chevelure dorée de Joan qui brillait sous les lumières crues du hall de la convention. À ses côtés, se trouvait sa charmante fille de vingt ans, Kara, étudiante au Collège de la Trinité, avec ses longs et magnifiques cheveux bruns. Près d'elle, Teddy Jr., dix-neuf ans, étudiant à Wesleyan, blond et frisé, très bien bâti, tout comme son père. De l'autre côté de sa mère, Patrick, âgé de treize ans, qui allait à l'école à Washington et regardait tout ce qui se passait de ses yeux bruns très expressifs. Puis, assis en rang près de la scène, le reste de la famille Kennedy: les soeurs, les beaux-frères et leurs enfants, tous ensemble comme c'était toujours le cas dans les occasions importantes, qu'il s'agisse d'un jour de victoire ou de défaite.

Finalement, le sénateur se leva et se dirigea vers le podium. Ses supporters agitèrent leurs couleurs: bleu et blanc. Même ceux qui s'étaient opposés à lui se joignirent à la formidable ovation. Le dernier Kennedy de sa génération, silhouette dynamique dans son complet sombre, balaya l'assemblée des yeux... Un silence religieux suivit immédiatement. Il se mit à parler et charma aussitôt son auditoire par la fermeté et la conviction qui vibraient dans sa voix.

Ce fut un très beau discours... suivi d'une ovation de trente-deux minutes, la plus longue qu'eût obtenue un Kennedy. Se faisant le porte-parole de la conscience du Parti démocratique, le sénateur, avec cet accent typique des Kennedy, réaffirma une fois de plus que ce parti était celui «des femmes et des hommes américains ordinaires». Il avait travaillé d'arrache-pied à cette cause au cours de ces derniers mois et il faisait remarquer que «la souffrance de sa défaite n'était rien en comparaison de celle qu'il avait remarquée chez les gens du peuple qu'il lui avait été donné de rencontrer au cours de la campagne». Il parla du droit au travail qui était pour tous «un devoir moral» et défendit avec acharnement l'idée d'un gouvernement qui aiderait les pauvres: «Il est bien évident que nous ne pouvons pas régler le problème en leur lançant de l'argent mais il est aussi évident que nous ne corrigerons pas cette tare en enfouissant ce problème national sous des tonnes d'indifférence. Une prospérité loyale et une société juste sont conformes à nos visions et se trouvent à portée de notre main.»

Puis Kennedy se tourna vers ses supporters et

leur dit d'une voix grave: «Nous avons connu des heures difficiles. Souvent nous avons navigué contre le vent mais nous avons toujours maintenu notre cap. Vous êtes si nombreux à nous avoir aidés et encouragés. Vous nous avez prodigué votre aide; mais ce qui est encore plus important, vous l'avez fait avec votre coeur. Grâce à vous, nous avons connu une campagne heureuse.»

Puis Kennedy invita Joan et ses enfants à se joindre à lui sur le podium. Alors, entouré de sa famille, il conclut par cette phrase désormais célèbre: «Pour moi, la campagne s'est terminée il y a quelques heures. Pour tous ceux qui partageaient nos espoirs, notre travail se poursuit, la cause est toujours bien vivante. L'espoir demeure toujours et le rêve ne mourra jamais.»

De nouveau, la foule applaudit frénétiquement et Joan, s'approchant de son mari, passa son bras autour de son cou et appuya sa tête contre son épaule. Ted lui entoura la taille de son bras et c'est ainsi, tendrement enlacés, qu'ils firent face à la foule. Jamais je ne les avais vus si près l'un de l'autre. En les regardant de là-haut, je me disais que cette campagne les avait peut-être enfin rapprochés. Les espoirs de Joan n'étaient peut-être pas vains, après tout. Peut-être que son rêve à elle n'était pas mort non plus.

Saisis par l'émotion que le discours de Kennedy avait suscitée, des milliers de délégués et amis, plusieurs en pleurant, l'ovationnèrent de nouveau chaleureusement. L'orgue fit entendre la chanson «Happy Days are here again». L'optimisme et l'espoir étaient bien vivaces dans le coeur des partisans. Ironiquement, l'ovation la plus extraordinaire était allée à l'homme qui venait de subir la défaite. Kennedy était battu mais c'était toujours lui le héros.

Joan, elle aussi, était devenue une sorte d'héroïne au cours de la campagne. Quelques années plus tôt, la presse l'avait dépeinte comme une femme plutôt pathétique portant des jupes trop courtes, s'exprimant trop librement, buvant beaucoup trop et surtout comme la seconde victime du fameux accident du pont de Chappaquiddick. Plus tard, elle s'était séparée de sa famille et avait déménagé à Boston où elle avait entrepris son combat contre l'alcoolisme. Après avoir tenté de l'aider pendant des années, Ted s'était finalement éloigné d'elle. Cette époque avait été très dure pour Joan. Mais les derniers mois avaient changé tout cela.

Cette campagne avait donné l'élan nécessaire à la victoire personnelle de Joan; elle n'avait pas bu une seule goutte d'alcool depuis un an. Reléguant aux oubliettes l'image pitoyable de l'épouse incompétente, elle s'était dirigée avec sûreté vers les podiums pour charmer les foules à la fois curieuses et sceptiques. Et soudain, les reporters les plus cyniques s'étaient mis à l'aimer et à lui trouver beaucoup de cran. On savait que cela n'avait pas été facile pour elle. Mais Joan avait trouvé le courage de tout surmonter pour pouvoir appuyer son mari. Elle sentait que Ted avait besoin d'elle. Elle était une Kennedy, elle était sa femme.

Joan espérait sans doute que ses efforts déployés au cours de cette campagne adouciraient les sentiments de Ted à son endroit et les rapprocheraient. Oui, bien sûr, la campagne avait rapproché la famille. Bien sûr, elle aspirait à rentrer à Washington. Ce sont ces mots qu'on lui avait dit de prononcer devant les journalistes et je crois bien qu'elle avait fini par y croire. Mais maintenant, suite à la défaite de Ted, il n'était plus question d'habiter à la Maison Blanche avec lui. La question qui se posait était de savoir comment ils allaient vivre désormais... et s'ils allaient vivre ensemble.

La campagne de Ted était terminée. Mais au cours des jours qui suivirent, Joan allait entreprendre sa propre campagne dans le but de regagner son mari.

Quand les ovations se furent tues, Joan, Ted, leurs collaborateurs, les membres du service secret et le reste de la famille Kennedy se rendirent au Waldorf Astoria où ils se réunirent dans la suite du sénateur. Il s'agissait en fait d'une réception des plus plaisantes. Il y avait beaucoup de fleurs, de douces lumières tamisées, de nombreux fromages et hors-d'oeuvre exquis servis sur des plats d'argent. Le barman était en habit. On complimentait Ted sur son discours et on trouvait le moyen de rire de certains événements amusants qui s'étaient déroulés au cours de la campagne. Les Kennedy s'étaient toujours entourés de gens brillants et compétents. Les collaborateurs étaient devenus des amis, appréciant le travail et les efforts mutuels que chacun accomplissait. Plusieurs d'entre nous travaillaient ensemble depuis des mois mais nous ne nous connaissions personnellement depuis quelques semaines seulement, n'ayant communiqué jusque-là que par téléphone. Les Kennedy eux-mêmes savaient être reconnaissants envers ceux qui les avaient bien servis. Et même si cette réception était une étape difficile à franchir pour le sénateur, il se faisait cependant un devoir d'être un bon hôte, ayant un bon mot pour chacun et les remerciant tous pour leur aide.

Dans un coin du living-room, en retrait de la foule, Joan et moi-même parlions avec Barbara Mikulski, la candidate du Parti démocratique dans le Maryland. Cette dernière conseillait à Joan de prévoir une période de repos après ces mois de fatigue intense afin de bien assumer l'idée de la défaite, mais en même temps de planifier certaines activités qui rempliraient le vide des prochains jours. Tout en sirotant une liqueur douce, Joan semblait approuver ces conseils mais je voyais bien que son esprit était ailleurs. Plus tard au cours de la soirée, Ted lui fit une invitation inusitée: il la convia à un dîner en tête à tête avec lui le lendemain.

«Tout pourra peut-être redevenir comme avant», me dit-elle, rayonnante, en m'annonçant cette merveilleuse nouvelle. Ses yeux brillaient. «Vous devrez venir m'aider!»

Bien sûr, je lui promis avec joie d'être là le lendemain matin. Je savais fort bien qu'elle n'attendait qu'un signe de Ted et qu'elle tentait désespérément de sauver son mariage. J'espérais pour elle que cela allait se produire. Ce soir-là, au milieu de la musique, entourées par la chaleur des voix amicales, ni Joan ni moi ne pouvions imaginer qu'il puisse en être autrement.

Le lendemain matin, il faisait très chaud en cette journée du mois d'août. Mon taxi me déposa devant le Waldorf Park Avenue et le portier m'adressa un signe amical en me laissant entrer. Je tenais à la main ma serviette en cuir remplie de discours et de notes qui ne serviraient plus désormais. Je gravis les marches de marbre menant au hall luxueux. Quelques têtes se retournèrent sur mon passage. Des gens qui s'attendaient à apercevoir Joan et me prenaient quelquefois pour elle. Nous avions approximativement la même taille et les mêmes cheveux blonds. J'avais quelques années de moins qu'elle mais, à ce moment précis, je me sentais un peu comme sa mère.

Arrivée au sixième étage, je constatai que les journalistes avaient fait leur quartier général du corridor menant à la suite des Kennedy, et attendaient l'apparition d'un membre de la famille, quel qu'il soit, qui pourrait leur fournir une déclaration pour leur journal respectif.

Les portes, le long du corridor, étaient très bien gardées. Néanmoins, avec mon petit insigne de cuivre orange qui me permettait de passer partout dans le sillage des Kennedy, je ne rencontrai aucune difficulté. J'arrivai finalement au bout du corridor, devant la porte de la suite des Kennedy. En entrant, je jetai un regard furtif en direction de la chambre de Ted. Elle était vide. Le grand living-room était encore rempli des fleurs de la réception de la veille. De l'autre côté du living-room, la porte blanche donnant sur la chambre de Joan était fermée. Je frappai et elle me dit d'entrer. Assise dans son lit sous une avalanche de journaux du matin, elle me regarda et me lança: «Ce n'est pas tous les jours qu'une femme a sa photo en première page du *New York Times*.»

Il s'agissait d'une photo de Joan embrassant son mari avant qu'ils ne descendent du podium. Un tendre et émouvant moment qui n'avait certes pas manqué d'attendrir le public et de le rassurer quant à l'avenir de ce couple célèbre.

Encore en déshabillé, Joan se leva et se mit à arpenter nerveusement la pièce. Elle me sembla très belle ce matin-là. Elle avait presque quarante ans mais elle avait conservé cette merveilleuse fraîcheur qui avait séduit Ted lorsqu'il l'avait rencontrée. Quand elle buvait, elle prenait du poids et son apparence changeait. Son visage devenait bouffi et ses sourires étaient toujours forcés. Mais il ne paraissait plus rien de cela maintenant. Elle était radieuse et semblait en excellente santé. Ses magnifiques cheveux blonds qui l'avaient toujours fait remarquer étaient de nouveau coiffés à la «petit page» comme dans sa jeunesse. Ses yeux bleu-vert étincelaient de joie.

Elle et Ted allaient dîner tous les deux en tête à tête, me dit-elle de nouveau d'une voix enjouée. Il avait choisi un petit restaurant français discret, situé à seulement quelques rues de là... et pour la première fois depuis un an, personne d'autre ne serait présent pour troubler leur intimité. Cela signifiait sans doute la promesse d'une nouvelle vie avec Ted, mais Joan hésitait à en parler ouvertement car, plus que tout, elle redoutait une nouvelle déception.

Elle avait déjà été consternée ce matin-là en constatant à son réveil que Patrick était déjà parti pour Cape Cod. La veille, il avait fait lui-même ses réservations et retenu les services d'un chauffeur pour le conduire à l'aéroport. Joan craignait d'avoir perdu tout contrôle sur la vie de ses enfants.

«J'ai appris quelque chose au cours de cette campagne, me dit-elle. Je ne suis plus du tout responsable de mes enfants!» Puis elle parla de Teddy Jr. et de Kara, à quel point ils étaient devenus autonomes et indépendants. C'est peut-être cette réalité qui l'incitait à accorder tant d'importance à ce dîner avec Ted.

Joan but une tasse de café et je tirai les tentures pour laisser pénétrer le magnifique soleil qui brillait ce matin-là. Puis elle commença à se préparer pour le grand événement.

Même si Joan paraissait encore plus belle avec les années, elle ne cessait de s'inquiéter de son apparence. Dans les années cinquante, elle avait été reconnue comme l'une des plus belles femmes d'Amérique et sa photo avait paru dans tous les magazines féminins depuis son mariage. Habituée depuis longtemps à croire que son apparence physique était son seul atout, elle ne se déplaçait jamais sans ses cinq ou six valises de maquillage et possédait encore plus de produits de beauté de toutes sortes dans son appartement de Boston. Joan se qualifiait elle-même de «femme originale avant et après». Toutes deux, nous avions vécu les années de libération de la femme mais quant à la question de l'attrait physique, nous n'étions jamais arrivées à nous débarrasser de cette tendance qui nous obligeait à paraître belles.

Assise à sa table de toilette, Joan appliqua son fond de teint d'une main experte puis acheva de se maquiller. Elle se dirigea ensuite vers la penderie et choisit une robe de coton à volants avec des manches courtes et bouffantes. Je voulus lui dire: «Non, pas celle-là...» mais je me retins à temps. Ce n'était certes pas le moment de lui faire perdre le reste de confiance qu'elle avait en elle-même. Elle venait à peine de mettre un peu d'«Opium» derrière les oreilles quand la voix du sénateur se fit entendre.

Sa présence était généralement en soi un spectacle. Toujours entouré de ses collaborateurs et d'agents de sécurité, plein d'énergie et de projets, Ted était vraiment une force de la nature mais aussi un être plein de chaleur et de sensibilité. Grand, bien bâti, avec ses cheveux noirs et ondulés agrémentés de quelques cheveux argentés, il possédait cette sorte d'aura magnétique qui toujours était l'apanage des Kennedy. Il avait habituellement bon caractère, faisant facilement des blagues à ses dépens. Son visage marqué par la tragédie le rendait plus crédible que celui qu'il affichait plusieurs années plus tôt, alors qu'il ressemblait à un jeune garçon sans expérience. À quarante-huit ans, il était un fort bel homme, un sénateur dévoué à sa cause et qui s'était mérité son pouvoir.

Après avoir jeté un dernier coup d'oeil au miroir, Joan quitta sa chambre pour aller à sa rencontre. Elle sourit gentiment en l'apercevant et lui parla d'une voix douce et hésitante. En les regardant partir, j'eus l'impression d'être une mère qui voyait sa fille sortir pour la première fois avec le garçon le plus populaire de l'école.

Je me dirigeai ensuite vers la fenêtre et tirai le rideau mais nous étions trop haut et je n'arrivais pas à voir ce qui se passait en bas. J'espérais cependant que la suite habituelle du sénateur ne serait pas constamment présente et que le service secret ainsi que les reporters et les photographes les laisseraient un peu tranquilles tous les deux.

Joan et Ted avaient projeté de prendre l'avion dans les jours suivants et de se rendre à leur maison de McLean, en Virginie, pour y donner une réception qui serait en fait la dernière soirée de la campagne électorale. De là, ils se rendraient ensuite à leur demeure de Hyannis Port. Avant que Joan ne revienne du dîner, je consignai tous ses rendez-vous, ses notes et commençai à préparer ses valises. Tandis que je m'affairais, j'étais heureuse pour Joan de tout ce qui lui arrivait. Je me disais qu'elle ne désirait sans doute rien d'autre que le respect et l'amour de Ted. Au cours des années où elle buvait et même ces derniers mois, il y avait eu d'autres hommes dans sa vie mais j'étais persuadée que le rêve de Joan était de faire de nouveau partie de la vie de Ted, de redevenir une mère de famille et un membre à part entière de la famille Kennedy.

Ce n'était pas là un rêve impossible. Elle avait cessé de boire et était très fière de sa réussite. Quelques jours plus tôt seulement, alors que nous faisions les valises pour venir à New York, elle m'avait dit: «C'est merveilleux, je ne bois pas. Une autre femme alcoolique qui se rendrait à une convention nationale où son mari serait en nomination pour la présidence pourrait boire... Nous savons bien que Ted ne réussira peut-être pas, mais s'il allait réussir? Oh mon Dieu!» Au cours de ces derniers mois, mes pensées allaient toujours vers Joan et je me demandais avec inquiétude ce qu'elle allait faire si son mari ne remportait pas la victoire. C'était peut-être de cela qu'ils parlaient actuellement.

Deux heures plus tard, je commençai à tendre l'oreille pour percevoir les bruits qui annonçaient toujours l'arrivée de Joan et Ted. Mais lorsque Joan ouvrit la porte de la chambre, elle était seule. Elle traversa lentement la pièce et se laissa tomber dans un fauteuil. Son visage était tiré et tendu.

«Le croiriez-vous? Un dîner en tête à tête avec toute la presse!» Elle ne me regardait pas, les yeux perdus dans le vide. Je déposai ma pile de papiers et m'assis sur le lit, en face d'elle.

Alors elle me raconta toute l'histoire. Une foule de gens s'étaient rassemblés au restaurant. Les photographes, chacun à leur tour, avaient pris des photos d'eux. Les garçons de table tournaient autour d'eux et les clients les scrutaient du regard tandis que Ted parlait à la presse. Finalement, Joan avait dû admettre qu'il ne s'agissait de rien d'autre qu'un événement pour les médias. L'un des collaborateurs de Ted avait sans doute cru bon de lui faire remarquer qu'une photo du mari galant et de la femme dévouée à la cause de son époux serait une excellente image pour clore cette campagne désastreuse.

«Il m'a à peine parlé, dit Joan. C'est à peine si nous nous sommes regardés.»

Je ressentis cruellement sa déception mais je lui suggérai d'attendre la fin de semaine quand elle serait en compagnie de Ted et des enfants. «Il doit supporter beaucoup de pression, lui dis-je. Il est toujours dans l'arène politique et doit prendre de nombreuses décisions. De plus, il doit s'habituer à l'idée de sa défaite tout comme vous.» Je faisais de gros efforts pour paraître confiante. «C'est à Cape que vous pourrez vraiment vous parler. Pas dans un restaurant de New York.»

Joan approuva d'un air pensif.

Ce mercredi soir, au Madison Square Garden, le Président Carter obtint 2129 voix tandis que Kennedy devait se contenter de 1146. Afin de mettre fin au suspense, à savoir si Kennedy allait ou non appuyer Carter, quelques minutes après minuit, le président des élections, Tip O'Neill, lut un message de Kennedy: «J'appuierai et travaillerai à la réélection du Président Carter. Il est impératif que nous défaisions Ronald Reagan.» Puis, d'un ton optimiste embrassant du regard toutes les délégations présentes dans la salle, O'Neill déclara: «Nous demeurons unis.»

Le jeudi, Carter accepta sa nomination tandis que Kennedy le regardait faire son discours à la télévision. Joan partit pour la Virginie; Kara et Teddy étaient à Cape Cod et pour ma part j'étais retournée à Boston. Le dernier soir de la convention, Kennedy orchestra parfaitement son entrée. Il réaffirma son désir d'«unité» et obtint une ovation monstre de la part des délégués. Les Mondale encadraient les Carter. Kennedy serra la main du

Président et celle de sa femme Rosalynn, tandis que les photographes immortalisaient ce fort moment de réconciliation. Peu de temps après, Kennedy quitta son ancien adversaire et retourna au Waldorf. Dès le lendemain, il rejoignait Joan dans leur maison de McLean, en Virginie.

La réception, à laquelle étaient conviés les membres de l'équipe et du service secret, eut lieu autour de la piscine de la maison de seize pièces construite sur un seul étage. À l'extérieur, cette maison semblait très simple avec ses revêtements en bardeaux gris, cachée derrière des buissons. Mais à l'intérieur la demeure était grandiose. Cette pièce que Joan appelait «notre salle républicaine» était d'un luxe inouï. Les meubles étaient recouverts de damas précieux et de brocart. Des douzaines et des douzaines de photographies sur les tables et les murs racontaient l'histoire de la famille Kennedy. Une aile s'étendait de chaque côté de la maison. Dans l'une se trouvaient la chambre de Joan et de Ted, les salles de bains et les penderies. Dans l'autre, les chambres des enfants. Joan n'avait plus vécu dans cette demeure depuis trois ans et j'espérais qu'elle ne se sentirait pas comme une invitée à sa propre réception.

Le lendemain, elle me téléphona à Boston afin de me parler de la soirée et de son voyage à Cape Cod. Tandis qu'elle me parlait, je l'imaginais à l'autre bout de la ligne, dans son déshabillé, étendue sur son lit immense, appuyée sur une pile d'oreillers à volants. Sa chambre était toujours très ensoleillée, mettant en valeur les pastels roses et bleus des tentures et des tapis. C'était vraiment une chambre accueillante et fraîche, invitant au repos, mais la voix de Joan était haletante, vibrant d'une colère sourde.

Elle se calma enfin et je pus ainsi apprendre

ce qui l'avait bouleversée. Heureusement, la veille, tout le monde semblait avoir été très attentif à son égard. Les servantes avaient bien fait leur travail à la réception, les employés de la sécurité s'étaient bien amusés. Joan et son mari s'étaient montrés très calmes. Ted semblait très détendu dans son ensemble de daim et Joan avait choisi de porter une simple et confortable robe de coton. La musique jouait en sourdine, l'air était doux et les invités entraient et sortaient à leur aise. Joan me raconta qu'elle s'amusait follement, dansant avec tous les agents de sécurité lorsque, soudainement, Ted entra par le patio et se dirigea directement vers elle. Elle cessa aussitôt de danser. À voix basse il lui dit qu'elle devait se hâter parce qu'ils devaient repartir tout de suite pour Cape.

Joan en fut surprise. La réception n'était pas finie et elle s'amusait bien. Elle ne voyait donc pas de raison de se hâter. Cependant, elle ne fit aucune objection. Elle rassembla ses affaires et, une fois de plus, ils se dirigèrent vers l'aéroport. C'était la première fois qu'ils se rendaient à un aéroport sans être suivis par les médias ou les services de sécurité.

«Le voyage en avion a été tellement étrange, raconta Joan. Il m'a dit des choses très gentilles. Bien que je ne lui aie pas parlé de ma contribution au cours de la campagne, il a cependant tenu à me féliciter. Il a vraiment été très bien.»

Je les imaginais volant dans ce petit avion qu'ils avaient utilisé tout au long de la campagne. Joan et Ted prenaient toujours place derrière le pilote, leurs bagages empilés dans un compartiment arrière. Ted devait tenir sa serviette sur ses genoux comme d'habitude, sortant ses papiers pour les étudier tandis que Joan appuyait sa tête contre un oreiller pour dormir... mais elle n'avait sans doute pas pu trouver le sommeil ce soir-là.

Le voyage ne semblait pas présenter de caractère particulier, me dit-elle, quand, soudainement, Ted se pencha pour dire quelque chose au pilote qui amorça aussitôt la descente. L'atterrissage se fit doucement, puis l'avion se gara dans un petit aéroport. Joan se rendit compte qu'ils étaient à l'extrémité de Long Island: Montauk Point.

Après lui avoir dit au revoir, Ted descendit de l'avion. Il sauta tout de suite dans une auto qui l'attendait et qui démarra aussitôt.

«Oh non! Ce n'est pas vrai!» m'entendis-je dire. Mais je savais que c'était trop vrai, seulement à entendre la pauvre voix désolée de Joan. «Oui, c'est bien vrai. Kendall... le capitaine du bateau de Ted, vous vous souvenez, avait amené *le Curraugh* de Cap et l'attendait dans le port.» Elle fit une longue pause puis continua: «Il est parti en croisière dans les Caraïbes... avec une poulette, je crois.» Je ne savais vraiment plus que lui dire. Je savais qu'elle devait se sentir terriblement abandonnée. Joan n'était pas le genre de femme à faire des scènes devant d'autres personnes ou à demander des explications. La présence du pilote et du chauffeur l'avait incitée à se taire. «Oh Joan!...» dis-je finalement.

«Et je suis revenue chez moi par mes propres moyens», termina-t-elle. Jetant un coup d'oeil dans le hall de mon appartement que j'avais dû transformer en bureau j'aperçus alors toute la paperasse qui y était entassée: discours, communiqués de presse... Cette masse de papiers représentait une infime partie du travail éreintant qu'avait dû accomplir Joan durant cette campagne en faveur de Ted. Ces derniers mois avaient été terriblement stressants et éreintants pour elle. Et maintenant, une journée après sa défaite, comme il n'avait plus besoin d'elle, il l'abandonnait.

«Cela me rend furieuse», dis-je.

Mais Joan, qui avait pris l'habitude de ne pas se rebeller et d'accepter les mauvais coups du sort, semblait moins déprimée que moi.

«Je ne suis plus fâchée, dit-elle finalement. Kara et Teddy ont invité une cinquantaine d'amis à la maison. Il y a un couple que je connais mais les autres sont tous de nouveaux visages pour moi. Lorsque je suis arrivée, ils étaient déjà en party sur la pelouse. Je me sentais vraiment de trop. Puis je me suis assise et j'ai parlé avec Patrick. Je me suis mise à penser à ce que m'a dit Barbara lors de ma dernière journée à New York. C'est vrai que je devrais tout laisser tomber et commencer à penser à moi.»

«Après tout ce que vous avez fait Joan», dis-je, incapable de croire à ce qui arrivait, «et tous ces changements que vous avez apportés à votre vie!»

«Je sais, répliqua-t-elle, mais vous connaissez la véritable raison pour laquelle j'ai accepté de participer à cette campagne... je l'ai fait uniquement pour moi.»

2

DEVENIR UNE KENNEDY

*« Je me sentais à part, pas bonne
à grand-chose. Lorsque j'ai dit
que je ne voulais pas de gouvernante
pour mes bébés, on m'en a
donné une malgré moi. On faisait
tout à ma place. Je n'étais personne
et personne n'avait besoin de moi »*
— Joan.

J'ai grandi en admirant les femmes comme Grace Kelly et Joan Kennedy. Pour moi comme pour bien d'autres, elles représentaient l'idéal féminin, le prototype réussi des jeunes femmes des années cinquante qui pouvaient accomplir quelque chose dans la vie sans pour autant perdre leur féminité. À cette époque, on attendait de nous que nous soyons vertueuses, belles et compétentes. Nous pouvions poursuivre notre carrière jusqu'au jour où un homme (le bon!) s'intéresserait à notre humble personne et nous épouserait. À partir de ce moment-là, nous devions nous consacrer à notre métier de mère de famille et d'épouse. Voilà quel était notre devoir et il n'était pas bien compliqué.

J'étais encore au collège quand Joan épousa Ted et devint l'une des cibles favorites de la presse. Sa vie en tant qu'épouse du plus jeune fils Kennedy était racontée dans toutes les revues et les journaux. Je croyais à tout ce qu'on racontait sur elle, je scrutais ses photos pour imiter sa coiffure et son allure. Naturellement, je savais que par sa destinée elle était « bien différente de vous et de moi » comme l'a si bien dit F. Scott Fitzgerald en parlant des riches. Jamais je n'aurais imaginé que je pourrais un jour la rencontrer et avoir tant de choses en commun avec elle. Cependant, dix-sept ans plus tard, nos vies devaient se croiser dramatiquement et depuis ce jour nous sommes devenues de véritables amies.

À l'automne 1976, alors que mon mariage avec mon « homme idéal » s'avérait un échec, je décidai de retourner à Boston où j'étais née. J'avais terminé mes études et avais fait mes premières armes comme professeur et jeune épouse. Je décidai alors de retourner à Harvard et, mes enfants étant encore jeunes, je me cherchai une maison à proximité de bonnes écoles soit à Brookline ou Cambridge. Mais un jour, une amie me présenta à Dan Mullin, un agent immobilier de Boston qui ne me fit visiter qu'un seul appartement. Il était situé à Back Bay, l'un des plus beaux quartiers de la ville. Les chambres étaient grandes et ensoleillées et les enfants l'aimaient beaucoup. Nous l'avons donc pris et ce n'est que plus tard que l'agent d'immeuble me dit que Joan Kennedy habitait également l'immeuble. En fait j'y demeure toujours et je me suis souvent demandé ce qu'aurait été ma vie si j'avais trouvé quelque chose à proximité de Brookline ou Cambridge.

Plusieurs mois après notre emménagement, par une soirée froide de novembre, je rencontrai Joan pour la première fois à l'assemblée annuelle du condominium qui se tenait dans l'un des appartements de l'immeuble. Elle était assise à l'autre bout de la pièce, aussi jolie qu'elle pouvait l'être sur ses photos. Mais sa timidité me surprit. Elle ne parla pas beaucoup durant cette assemblée se contenant d'écouter ce qui s'y disait.

Lorsque les discussions furent terminées, tous les résidents se retrouvèrent dans la salle à manger autour du bar pour déguster les cocktails et les fromages. En regardant derrière moi, je me rendis compte que Joan était restée seule. Elle semblait mal à l'aise, les jambes croisées, les mains sur ses genoux, se contentant de regarder ce qui se passait autour d'elle.

Par la suite, je devais souvent remarquer que la plupart des gens hésitaient à aborder Joan. Voulant à tout prix respecter son intimité et la traiter comme tout le monde, ils ont tendance à l'ignorer totalement. Mais tout de même... ces gens étaient ses voisins! Je me demandai alors si Joan était trop timide pour aborder une vingtaine de personnes à la fois ou si elle craignait de s'approcher du bar. Il était bien connu qu'elle avait un problème d'alcool et il me vint à l'esprit qu'elle pouvait se sentir surveillée. Dès ce moment, j'éprouvai de la compassion pour elle. Je savais ce que c'était que de sentir des dizaines de paires d'yeux fixés sur vous, se demandant si vous allez céder à la tentation du premier verre. Je savais également ce que cela pouvait être que de regarder les autres boire. J'avais moi-même dû faire face à ce problème. Joan et moi avions cela en commun avant même d'avoir échangé une seule phrase.

Même si j'étais la résidente la plus récente de l'immeuble, je rassemblai tout mon courage et me dirigeai vers elle en me présentant.

« Hello, je suis Joan Kennedy », dit-elle de sa voix douce. Lorsque je lui demandai si elle désirait quelque chose au bar, elle me répondit: « Oui... je vous en remercie. » Je ne voulais pas boire et je présumai que Joan n'y tenait pas non plus. C'est pourquoi je revins dans le living-room, portant deux verres en plastique remplis de soda avec une tranche de citron. En lui tendant le verre, je lui souris pour lui faire comprendre que mon breuvage n'était guère plus intéressant que le sien. Bien qu'à ce moment aucun mot n'ait encore été prononcé sur le sujet, une certaine complicité s'était déjà établie entre nous.

Je ne me souviens plus de quoi nous avons parlé alors mais ce dont je me souviens, c'est qu'à la fin de la soirée nous avions décidé de nous revoir. En fait, au cours de conversations ultérieures, nous pûmes découvrir que nous avions beaucoup de choses en commun. Mais toutes ces choses étaient moins importantes que le fait que ni l'une ni l'autre ne pouvaient toucher à l'alcool. Lorsque deux personnes ont souffert des tourments de l'alcoolisme, il semble qu'il s'établit tout de suite un profond courant de sympathie entre elles.

Plus nous apprenions de choses l'une sur l'autre et plus nous nous rendions compte de la similarité de nos vies. En plus du fait que nous devions vivre sans mari et que nous avions le même degré d'instruction, nous avons découvert que nous jouions toutes deux du piano, que nous aimions les arts et aussi aller aux concerts et au théâtre.

Mais il y avait aussi des différences. J'étais divorcée tandis que Joan vivait séparée de son mari. Ses trois enfants, plus âgés que les deux miens, demeuraient avec leur père. Et bien que personne ne puisse se vanter d'une victoire sur l'alcoolisme, les pires temps pour moi étaient chose du passé, tandis que pour Joan, la partie était loin d'être gagnée. En fait, elle parlait très peu de son problème, comme si elle n'était pas encore prête à l'admettre.

Au cours des mois qui suivirent, nous nous parlions souvent au téléphone et nous nous rencontrions de temps à autre pour siroter un Perrier ou une tasse de thé. Nous nous amusions à comparer nos vies, nos souvenirs d'enfance, nos années d'études et nous nous étonnions toujours de la similitude des attentes de nos parents en ce qui avait trait à notre avenir. Nous étions des femmes typiques de notre génération.

Ce qui avait prévalu de façon capitale dans la manière dont avait été élevée Joan était l'obligation de réussir. Une obligation qui l'avait poursuivie tout au long de ses études et qui avait fini par connaître son apogée lors de son mariage avec Ted Kennedy. Or, c'était presque une coïncidence qui l'avait catapultée dans la famille Kennedy. J'ai toujours été sidérée par le caractère tout à fait romantique du personnage de Joan Kennedy. On pourrait croire à une série télévisée. Au fur et à mesure que Joan me racontait son histoire, je ne pouvais m'empêcher de noter la terrible fatalité qui l'avait poursuivie toute sa vie.

Joan est née en 1936 à l'hôpital Mère Cabrini de Riverdale, à New York. Elle était la fille d'Harry Wiggen Bennett et de Virginia Joan Stead qui lui a légué son prénom. Son père, descendant d'ancêtres qui s'étaient établis au Massachusetts au 17e siècle, était protestant et républicain. Sa mère, cependant, était catholique et Joan fut élevée dans cette religion. Ce fut certainement l'une des raisons majeures pour lesquelles elle allait devenir une épouse possible pour un Kennedy. Et pour une famille aussi consciente de son image, il est certain que la lignée a dû également être un atout sérieux.

Les Bennett n'étaient pas riches. Le père de Joan était cadre supérieur dans une compagnie de publicité, et il déménagea avec sa famille en banlieue de Bronxville, dans une villa de style méditerranéen. C'est à cette époque que la famille Kennedy quitta le domaine familial de cette même banlieue pour se rendre à Londres où Joseph Kennedy avait été nommé ambassadeur à la Cour de Saint-James.

Lorsque Joan me parlait de son père, il me semblait ressembler en bien des points à l'homme qu'elle avait épousé. Harry Bennett était grand, bel homme, et se produisait dans des productions théâtrales des environs. Joan se décrivait comme une petite fille d'un caractère facile et timide, qui obéissait à tout ce qu'on lui demandait. « Une trop bonne petite fille » comme se la rappellent ses anciennes compagnes de classe. Elle n'aurait jamais songé à ne pas faire ce que lui ordonnait un professeur. Les autres jeunes n'aimaient pas tellement sa docilité et cette façon de vivre ne la rendait pas tellement populaire à l'école, surtout au cours de ses premières années. « On m'a toujours appris à sourire et à ne jamais me plaindre. Cela a été la même chose après mon mariage. » En l'écoutant parler, je me rendis compte que toute sa vie elle avait désespérément tenté de plaire à son père, ce qu'elle allait continuer de faire plus tard avec son mari.

Elle avait certainement fait tout son possible pour plaire également à sa mère. Celle-ci lui avait enseigné le piano et avait toujours insisté pour qu'elle se conduise « comme une dame ». Si Joan parlait occasionnellement de son père, par contre elle mentionnait rarement sa mère. Je compris qu'elle lui rappelait surtout des souvenirs pénibles qu'elle préférait oublier. J'appris finalement par une amie de Joan que sa mère était alcoolique.

Ce fut pour moi une révélation dramatique. Cela voulait dire que Joan était victime d'un fac-

teur génétique qui la prédisposait à l'alcoolisme.
Cela voulait dire également qu'elle avait grandi au
contact d'une mère alcoolique.

Je n'ai jamais parlé à Joan de la maladie de sa
mère ou des effets que cela avait pu avoir sur sa
propre existence. Mais me basant sur ma propre
expérience et sur celle d'autres femmes alcooliques, je savais combien cela pouvait être difficile
pour un enfant. Je savais également que pour la
mère de Joan il n'y avait eu aucun espoir de guérison, à une époque où cette maladie était plutôt considérée comme une tare sociale, un secret honteux
qu'on tenait caché, surtout lorsqu'il s'agissait d'une
femme. Les enfants en souffraient beaucoup et
Joan avait certainement dû manquer de la sécurité et de l'affection qu'une mère se doit de prodi-
guer à sa fille. Sans nul doute, tout cela avait dû
contribuer à développer ce problème qu'elle cherchait maintenant désespérément à régler. Malheureusement, pour sa mère il n'y avait plus d'espoir.
Après plusieurs années de vie conjugale difficile,
ses parents avaient fini par divorcer et son père
s'était remarié. Des années plus tard sa mère avait
été trouvée morte, et Joan m'avait avoué que l'alcoolisme avait été la cause de sa fin solitaire et
tragique.

Au cours de ses études, Joan suivit la même ligne de conduite que durant son enfance. Adoles-
cente timide et studieuse, elle retournait chez elle
tout de suite après la classe pour pratiquer son
piano. « J'étais une solitaire, dit-elle un jour. Je n'a-
vais pas d'amis. Candy, ma soeur, était plus populaire. Elle était « cheerleader » et tandis que moi,
je traînais dans les bibliothèques, elle sortait avec
les garçons. » Mais malgré cette remarque, je ne
crois pas qu'il ait existé entre elles plus de rivalité

que celle qui existe généralement entre deux soeurs. En fait, Joan m'a déclaré qu'il y avait toujours eu moins de compétition entre elle et Candy qu'entre Ted et ses frères au cours de leur jeunesse. « C'est à qui était le plus au courant de ce qui se passait dans le monde lorsqu'ils se mettaient à table, dit-elle. Mais chez nous, cela n'existait pas. »

Le monde de Joan était très petit et fermé. Peut-être à cause de Bronxville, peut-être à cause de sa religion, peut-être à cause de ses parents ou encore, peut-être à cause des trois. Tout ce qu'on lui demandait était de bien réussir ses études, ensuite de faire un beau mariage. En 1954, elle obtint son diplôme à Bronxville et entra l'automne suivant au Manhattanville College à Purchase, New York. « Je suis partie de la maison de mon père pour entrer directement au collège chez les religieuses », me confia-t-elle.

À mesure que Joan et moi devenions plus amies, je rencontrai plusieurs de ses amies de Manhattanville. Elles se rappelaient avec humour le temps où elles devaient porter des gants blancs et des chapeaux et apprendre la philosophie et l'histoire européenne que leur enseignaient les religieuses en longues robes noires. La réputation du collège était excellente et la discipline très stricte. Mais, comme l'a raconté l'une des amies de Joan: « Cela n'en demeurait pas moins l'antichambre du mariage. Nos parents nous plaçaient là en attendant que nous trouvions un bon mari. »

Ses amies me dépeignirent la nouvelle Joan qui s'épanouissait à Manhattanville. Elle devenait de plus en plus jolie et prenait conscience de ses talents.

« Joan venait souvent à la maison durant les

week-ends, raconte le frère d'une amie de collège. Elle était jolie et intelligente et avait une vue saine et optimiste de la vie. »

«Dieu merci, mes années d'études sont enfin terminées!» s'était dit Joan lors de ses débuts officiels dans la société newyorkaise au Plaza Hôtel, puis au grand bal des Débutantes du Waldorf et à celui de Noël. À ces événements mondains étaient présents une pléiade de jeunes gens qui recherchaient une fiancée possible. Il y eut ensuite les week-ends de Yale, les excursions dans les théâtres de New York. Lors de ses vacances de printemps aux Bermudes, Joan fut élue reine du collège. Puis à la toute fin de son année, son père, très fier de sa fille, la présenta dans une agence de mannequins. Elle posa pour des annonces de Coca Cola et aussi pour Revlon.

Mais si Joan semblait être sortie de son cocon, elle était toujours prisonnière des ambitions de ses parents. Chaque fois qu'elle se déplaçait pour un événement quelconque, elle était toujours surveillée et protégée des réalités de la vie.

Sa soudaine popularité étonna tout le monde, y compris Joan elle-même, mais cela ne l'empêcha pas de continuer à étudier. Elle perfectionna ses talents de musicienne. Elle était tellement studieuse qu'elle faillit rater une cérémonie offerte en l'honneur des Kennedy, tant elle était occupée par un travail. Si cela s'était produit, elle n'aurait sans doute jamais rencontré Ted.

Et pourtant, leur rencontre était sans doute prédestinée. Joan était l'une des plus jolies et des plus populaires filles de Manhattanville, un collège que les Kennedy considéraient presque comme leur fief. Rose Fitzgerald Kennedy y avait étudié, tout comme Eunice sa fille et sa petite-fille Jean.

Bobby Kennedy avait trouvé sa femme Ethel à
Manhattanville et voilà que maintenant, il n'y avait
plus que Ted qui soit toujours célibataire parmi les
fils. Il était normal que ses soeurs recherchent une
épouse pour lui parmi ces jolies filles bien édu-
quées. En fait, c'est Jean Smith qui présenta Joan
à son frère Ted, tout comme elle avait présenté
Ethel à Bobby quelques années plus tôt. Joan connaissait bien Jean et toutes deux avaient des amies
communes mais Joan ne savait même pas qu'elle
était une Kennedy.

Le nom des Kennedy n'était pas encore aussi
célèbre qu'il allait le devenir un peu plus tard. Cependant, ils apparaissaient toujours en bande. Joseph Kennedy avait financé un édifice pour l'éducation physique de Manhattanville et presque toute
la famille, c'est-à-dire Joe, Rose, Bobby, Ethel, Eunice, Jean et Ted, était présente à la cérémonie
d'ouverture. C'est au cours de la réception qui suivit que Jean présenta Joan à «son petit frère». Ted
et Joan engagèrent la conversation puis Joan et sa
compagne de chambre reconduisirent Ted à l'aéroport de La Guardia pour son retour en Virginie
où il étudiait le droit.

J'imagine que Ted eut tout de suite un pen-
chant pour Joan et que ses sentiments étaient par-
tagés. Mais leurs sorties furent très conventionnel-
les. Après leur première rencontre, Ted appela
souvent Joan au téléphone avant de se décider à
l'inviter à sortir avec lui. Ils dînèrent ensemble à
New York pour l'Action de Grâces. Puis, durant les
mois qui suivirent, ils se rencontrèrent de plus en
plus souvent. Ils se rendaient au théâtre, allaient
skier ensemble et faisaient du bateau. En juin 1958,
Joan reçut son diplôme de Manhattanville et Ted
demanda la main de Joan à son père. Les fiançail-

les furent annoncées pour le mois de septembre et la date du mariage fut fixée pour le mois de novembre.

Il était bien évident que le père de Joan considérait son futur gendre comme le mari parfait pour sa fille. Les Kennedy étaient catholiques et démocrates; de plus, le père de Ted était un millionnaire autodidacte et un ancien ambassadeur; son frère Jack était un brillant sénateur du Massachusetts tandis que Ted lui-même était un bon et charmant jeune homme qui aspirait soit à une carrière politique ou encore à la profession d'avocat. Joan avait réussi à exaucer les aspirations de son père.

Après que ses antécédents eurent été minutieusement vérifiés par Rose en particulier, le choix de Ted plut au clan Kennedy. Joan n'était sans doute pas de la même trempe aristocratique que Jacqueline Bouvier ni aussi riche qu'Ethel Skakel mais elle était très belle et voulait absolument plaire. Quels que soient les plans qu'avaient les Kennedy pour Ted, Joan ferait certainement une compagne respectable. De plus, elle adorait Ted. Mais elle ne pouvait pas violer les principes que lui avaient inculqués les religieuses de Manhattanville. Elle était vierge et entendait bien le demeurer jusqu'à son mariage. Or, depuis Harvard, Ted semblait s'être habitué à la docilité des femmes qu'il rencontrait. C'est pourquoi le comportement de Joan dut le surprendre et l'intriguer. Cela fit mon délice de l'entendre me raconter comment elle l'avait pris au piège. «La seule raison pour laquelle il m'a épousée c'est parce qu'il savait qu'il ne me posséderait pas autrement.»

Âgé de quatre ans de plus que Joan, Edward Moore Kennedy était le dernier-né de cette énergique et ambitieuse famille. Sa mère Rose était une Fitzgerald, la dévote fille d'un brillant politicien irlandais et catholique, ancien maire de Boston. Son père, Joseph Patrick Kennedy, était le fils d'un immigrant irlandais qui s'enrichit dans le commerce de l'alcool et la politique et put ainsi envoyer Joe à Harvard. Mais son statut social n'en était pas pour autant assuré. Il se mit donc à faire de l'argent et se lança dans diverses entreprises: banque, cinémas et productions de films. Plus tard, il se fit grossiste en alcool et s'occupa d'immeubles sur une haute échelle. Il finit par amasser une très jolie fortune estimée à deux cent cinquante millions de dollars qui survécut au krach de la Bourse. Mais ses ambitions allaient bien au delà des considérations d'argent. Il recherchait la puissance politique; sinon pour lui, du moins pour ses fils. C'est pourquoi il leur insuffla toujours l'importance du succès et de la victoire. Il encourageait la compétition et n'acceptait pas que ses fils soient seconds. Joan se rappellera toujours avoir entendu Ted proférer cette déclaration chère à son père: «Ce qui compte avant tout, c'est la réussite.»

Alors qu'il n'était qu'un petit garçon, Ted était adoré et terriblement gâté mais on s'attendait quand même à ce qu'il suive les traces de ses frères. Sa famille déménagea souvent. Aussi fut-il trimbalé d'une école à une autre. Finalement, comme c'était la tradition chez les Kennedy, il échoua à Harvard, mais la pression exercée alors sur lui pour qu'il atteigne la réussite s'avéra trop lourde pour lui. Ne pouvant faire un examen en espagnol, il paya un ami pour le passer à sa place. Malheureusement, on découvrit le pot aux roses et il fut renvoyé. Après deux années sans histoires passées dans l'armée, Ted retourna à Harvard à l'automne 1953 et fut diplômé en 1956. Refusé en droit à Harvard, il voulut aller à Stanford mais son père décida qu'il devait rester dans l'est, à l'Université de Virginie, à la même faculté de droit que Bobby avait fréquentée quelques années plus tôt. Puis, en 1957, il rencontra Joan Bennett et en tomba amoureux. Comme la date du mariage approchait, il appela Joan pour lui demander de remettre le mariage à plus tard. Mais elle refusa catégoriquement. «Si tu ne m'épouses pas à la date prévue, lui dit-elle avec fermeté, tu ne me reverras plus jamais.»

Joan et Ted se marièrent le 29 novembre 1958 à l'église catholique romaine de Bronxville. Tous les Kennedy étaient présents... «et il y en avait beaucoup! de dire Joan en riant. Je ne savais pas du tout dans quel bateau je m'embarquais. À mes yeux, je n'étais qu'une bonne petite fille épousant un bon et beau garçon.» La cérémonie grandiose se poursuivit sous les projecteurs. C'était la première fois que sa vie privée allait être offerte en appât au grand public. Cela ne s'arrêterait plus désormais, qu'il s'agisse d'un événement heureux ou dramatique. Ce fut aussi pour elle le début des frustrations. Elle aurait voulu être mariée par John Cavanaugh, le Président de Notre-Dame, mais la famille de Ted en avait décidé autrement. C'est finalement le cardinal Spellman qui officia à leur mariage.

Ils ne connurent qu'une courte lune de miel de trois jours. Il leur fallut ensuite retourner à Charlottesville où Ted devait poursuivre ses études de droit. Joan apprit à cuisiner, à jouer au tennis et se réserva le temps de faire quelques études. Mais cette période en tant que jeunes mariés fut aussi brève que celle de leur lune de miel. «La politique envahit nos vies presque tout de suite», déclarat-elle plus tard.

Ted était toujours aux études lorsqu'il fut chargé d'organiser la campagne de Jack dans le Massachusetts pour le sénat américain même si déjà on formait le projet de le présenter à la présidence. Ted obtint sa licence en droit en 1959 et après avoir passé une partie de l'été avec Joan pour reprendre la lune de miel interrompue (ils prirent leurs vacances en Amérique du Sud), il devint le directeur de la campagne de Jack dans les États de l'ouest. Dès lors, Ted fut presque toujours absent. Joan, enceinte de son premier enfant, alla demeurer chez ses parents à Bronxville jusqu'à la naissance de sa fille Kara. Puis, un mois plus tard, elle rejoignit Ted au cours de la campagne. Cela dut lui être très difficile de laisser sa fille mais les Kennedy exigeaient sa présence et elle-même voulait se trouver auprès de son mari.

Cette campagne allait être pour Joan une sorte d'initiation à la vie politique. Elle devait constamment sourire, serrer des mains, saluer les foules, dormir très peu, s'habituer à des horaires chargés et jouer un rôle bien défini devant la presse et le public. Ce fut aussi une période d'initiation aux exigences de la famille Kennedy dont elle faisait désormais partie. C'était sans nul doute un dur réveil pour une jeune femme timide, nouvelle épouse et nouvelle mère que de se trouver ainsi mêlée à cette course effrénée au pouvoir politique. Le rôle de Joan était sans doute plus décoratif qu'actif. Comme le faisait remarquer un observateur, elle était considérée comme un «adorable jouet blond». Mais elle accomplit tout de même tout ce qu'on lui demanda de faire et elle le fit très bien. La campagne contre Richard Nixon se révéla un succès et Jack Kennedy fut élu Président des États-Unis.

En janvier 1960, la famille se rassembla à Washington pour assister à l'investiture. Après la cérémonie officielle, Joe Kennedy offrit un grand dîner pour sa famille et ses amis tandis que Jack et Jackie défilaient dans Pennsylvania Avenue. Après la parade, Joan se rendit à la Maison Blanche pour le thé et une série de bals s'ensuivit. Elle assista à chacun d'eux en compagnie de Ted.

J'ai toujours aimé entendre Joan raconter les premières années de son mariage. Cela me rappelait la fascination qu'exerçait le nom prestigieux des Kennedy à Camelot. «Les cinq premières années furent les plus heureuses pour nous», déclarait-elle. Après l'élection de Jack, Ted et elle envisagèrent pendant quelque temps de partir vers l'ouest, loin des Kennedy et de leur influence. Mais la famille avait d'autres plans pour Ted et finalement ils allèrent s'installer à Boston où il devint assistant district attorney au salaire d'un dollar par année. Pendant ce temps, un ami des Kennedy avait été désigné pour remplir le siège de sénateur laissé vacant par Jack jusqu'à ce que Ted soit jugé assez mûr pour l'occuper.

Joan aima tout de suite Boston. Elle habitait avec Ted dans un superbe appartement de Louisbourg Square jusqu'à ce qu'ils emménagent dans leur première maison, une propriété en briques rouges à Charles River Square. Peu de temps après, ils achetèrent une maison à Cape dans Squaw Island, à peu de distance du domaine de Hyannis Port des Kennedy. Joan était tout heureuse de s'occuper de Kara et de Teddy Jr., né en septembre 1961. «Je me croyais installée pour de bon, dit-elle. Mais la famille avait d'autres vues.»

Dès que Ted eut atteint sa trentième année, il annonça sa candidature au sénat et Joan fut aussitôt entraînée dans une autre campagne. Mais cette fois son rôle en tant qu'épouse d'un candidat serait plus important et plus exigeant et les Kennedy allaient se rallier pour l'aider de leur mieux. Ed Martin, l'assistant administratif de Ted, s'occupait de la presse et il soufflait à Joan tout ce qu'elle devait déclarer aux diverses réunions. Joan avoua elle-même un jour: «Je ne sais vraiment pas ce que j'aurais fait sans lui. Il était merveilleux. Vraiment compétent. Sally Fitzgerald, la cousine de Ted, m'a accompagnée à travers tout l'État. Je n'oublierai jamais cela. Nous allions de réunion en réunion. Je crois bien que nous avons dû faire toutes les villes du Massachusetts.»

Mais je soupçonne les invités d'être venus non pour entendre ce qu'elle avait à dire mais pour la voir tout simplement. Elle était si jolie qu'on se servait d'elle comme appât pour attirer les curieux. Si l'on en croit un observateur, elle n'avait aucun goût pour la politique, ce qui n'augurait pas très bien pour son avenir. Cependant, elle travaillait fort et s'appliquait à faire consciencieusement ce qu'on lui ordonnait. Elle voulait aider Ted à gagner. Mais plus que tout, elle tenait à lui faire plaisir. «J'étais si nerveuse, je craignais tant de faire un faux pas... Je ne pouvais m'empêcher de penser que je devais une fois de plus apprendre à sourire et à faire plaisir sans jamais me plaindre... comme avec mon père et les religieuses de Manhattanville!»

En 1962, Ted devint l'un des plus jeunes sénateurs de l'histoire américaine. C'est alors que Joan et Ted déménagèrent avec les enfants et tout leur personnel, dans une superbe maison de Georgetown. La carrière politique de Ted commença tandis que son frère Jack était président et Bobby, attorney général. Inévitablement, Joan et son mari reçurent presque autant d'attention de la part de la presse et du public que Jack et Jackie ou Bobby et Ethel. Ils se trouvaient véritablement au centre du pouvoir politique et social. «Ce fut une époque incroyable», dit Joan avec une espèce de terreur respectueuse dans la voix comme si elle n'arrivait pas encore à y croire.

Mais derrière la façade d'une vie luxueuse et étincelante, des nuages sombres commençaient à s'accumuler. Depuis le tout début de son mariage, Joan s'était sentie dominée par son énergique belle-famille. Plus tard, quelqu'un assura l'avoir entendue dire : «Ted aurait dû épouser ma jeune soeur Candy. Elle a toujours été une sportive accomplie. Elle joue au tennis et est une excellente cavalière, alors que moi je suis allergique aux chevaux... Mais de toute manière, il n'est pas question de pouvoir retourner en arrière; ce n'est pas ma soeur que Ted a rencontrée, c'est moi.»

Elle se sentait également écrasée par la façon dont les Kennedy traitaient les choses courantes. «La maison était toujours remplie de gouvernantes, de cuisinières et d'autres domestiques, me raconta-t-elle. Je me sentais inférieure à eux. Quand j'ai dit que je ne voulais pas de gouvernante pour mes bébés, on m'en a quand même donné une malgré moi. On prenait soin de tout et on décidait de tout à ma place. Je n'étais personne... rien... et personne n'avait besoin de moi.»

Une amie de Joan, qui habite Washington, se souvient d'une visite qu'elle effectua à Georgetown un après-midi pour y prendre le thé. «La cuisinière était là mais la gouvernante avait pris congé pour la journée. Teddy Jr. dormait dans son landau et Joan s'affairait autour de lui. Elle semblait heureuse de pouvoir s'occuper de lui, pour une fois.»

Bien des femmes auraient été enchantées de

posséder une telle domesticité et toute cette
énorme machine efficace qu'était la famille Kennedy derrière elles. Joan n'avait qu'à demander
pour obtenir ce qu'elle désirait... et souvent, sem-
ble-t-il, on lui donnait plus qu'elle ne demandait.
Mais en réalité, elle n'avait pas plus de temps pour
elle-même ou pour agir à sa guise. En tant qu'é-
pouse de Ted, ses obligations premières devaient
aller vers lui et ses journées étaient toujours frag-
mentées. «Il m'était bien difficile de vivre à Washington et d'avoir en même temps une vie bien à
moi, devait-elle avouer. J'ai essayé beaucoup de
choses, par exemple de prendre des leçons de
piano mais à chaque fois que je m'organisais un
programme, il arrivait toujours quelque chose
d'imprévu. Ted arrivait soudain et me disait: «Que
dirais-tu de venir faire un voyage d'un mois en
Russie avec moi?» Ou bien c'était en Arabie Saou-
dite ou en Iran. Souvent il me proposait: «Si nous
allions en Europe?...» Et moi je répondais que bien
sûr, cela me plairait. Ce qui fait que je n'arrivais
pas à poursuivre des études sérieuses. Finalement,
quoi que j'aie commencé à étudier, je devais toujours renoncer à mes projets.»

Et puis il y avait ses obligations envers la famille Kennedy et l'inévitable comparaison que
Joan faisait toujours entre elle et les autres femmes de la famille. La première de toutes était évidemment Rose, la mère du clan que Joan décrivait
comme une «sainte». «Jamais je ne l'ai entendue se
plaindre de quoi que ce soit. Et naturellement, j'é-
tais censée agir de la même façon.» Pour ce qui
était de Jackie qui devint la première dame des
États-Unis, Joan la considérait comme la sophis-
tication personnifiée. Quant à Ethel, elle était à ses
yeux un modèle de mère. Enfin il y avait les soeurs
Kennedy, intelligentes, engagées et talentueuses.

«Je n'arrivais pas à les suivre, me confia-t-elle. Je me disais qu'il m'était impossible de leur ressembler. Je me sentais nulle à leur contact.»

Son sentiment d'infériorité s'accentua lorsqu'elle fit deux fausses couches successives. «J'admirais Ethel et j'aurais souhaité pouvoir avoir autant d'enfants qu'elle.»

Ironiquement, tout le monde n'avait pas la même piètre idée que Joan au sujet d'elle-même. Jack l'affectionnait et la trouvait délicieuse. Pour sa part, Art Buchwald l'avait placée en tête de liste des femmes les mieux habillées de Washington, un honneur que Joan n'arrivait pas à considérer comme quelque chose d'important. Pour plusieurs autres observateurs de la famille, Joan était la plus estimée des femmes Kennedy. Bien sûr, Rose était hors classe mais Jackie était considérée comme distante et peu amicale. On trouvait Ethel trop exigeante et Eunice trop réservée. Joan était plus agréable, plus facile d'approche. Elle était timide mais sa volonté de plaire la rendait très agréable et sa candeur faisait partie de son charme. Cependant la famille, elle, n'était toujours pas charmée et si on l'aimait bien, on croyait qu'elle n'était pas une personne sur laquelle on pouvait compter. On craignait toujours ce qu'elle allait dire. Un jour où elle avait dit à la presse que Jack ne pouvait soulever son fils à cause de sa douleur au dos, la famille intervint pour qu'elle réfute cette déclaration. Une autre fois, alors qu'elle avait parlé des perruques de Jackie, on l'avait obligée à faire des excuses.

Mais il y avait plus grave encore et de très mauvais augure pour l'avenir: l'attitude des hommes Kennedy envers leurs épouses... et aussi celles qui ne l'étaient pas. Les Kennedy n'étaient pas particulièrement intéressés par les femmes dotées d'une forte personnalité. Ce qui leur importait était d'être adulés. Parce qu'ils servaient la société, ils considéraient comme un devoir de la part de leur épouse de les servir, eux... Pour ce qui était des autres femmes, Ted avait suivi l'exemple de son père. Rose avait toujours fermé les yeux sur les infidélités de son mari. Ses fils l'admiraient surtout pour cela et s'attendaient à ce que leur propre épouse en fasse autant. On attendait également des femmes Kennedy qu'elles s'impliquent dans les ambitions familiales, qu'il s'agisse de politique ou d'événements sociaux, grands ou petits. Mais la croyance populaire voulant qu'elles aient contribué à l'histoire de cette famille de façon substantielle n'est qu'un mythe. En fait, Rose était littéralement saisie par la peau du cou et sortie de la pièce lorsque la conversation prenait un tournant sérieux. Seule, Jackie ne tolérait pas ce genre de traitement. Elle refusait qu'on la mette sur un piédestal mais, par contre, elle exigeait d'être au centre de l'action. Joan, pour sa part, se contentait de demeurer constamment à l'arrière.

Ted était très fier d'elle. Il la traitait avec courtoisie et considération partout où ils passaient. Si l'on examine les photographies de l'époque, on se rend vite compte que Joan regarde toujours son mari avec adoration. Toutefois, on peut dire qu'il s'agissait là d'un couple assez mal assorti. Ted était intelligent, solide, doté d'un esprit analytique, bref, un véritable politicien. Joan était sensible, sérieuse, souvent ingénue et inconsciente de l'impression qu'elle créait autour d'elle. Ted était brillant et compétitif. Joan pas du tout. Joan était fidèle, tandis que Ted ne l'était pas.

Si l'on en croit l'un des observateurs de la famille Kennedy, Ted avait déjà commencé ses infidélités avant même la naissance de leur premier enfant, à l'époque où il s'occupait de la campagne présidentielle de Jack dans l'ouest. Mais au cours de ces années, les journalistes s'étaient abstenus avec tact de révéler les incartades de Jack et de Ted. Aussi, lorsque les rumeurs des infidélités de Ted circulèrent à Washington et parvinrent aux oreilles de Joan, avec sa naïveté habituelle, elle refusa d'y croire.

L'éducation de Joan ne l'avait pas préparée à accepter facilement l'infidélité. Elle n'était pas une «sainte» comme Rose et n'était pas une très bonne actrice, bien que ce soit le rôle qu'on lui ait assigné à Washington, apparaissant dès qu'on lui en donnait l'ordre. En tant que Kennedy, elle avait le devoir d'être charmante et posée, sans toutefois trop attirer l'attention sur sa personne. Je n'ai pas de difficulté à imaginer que soumise à une pareille tension, elle devait de temps à autre prendre un verre ou deux pour se calmer les nerfs et raffermir son courage. De plus, lorsque Ted travaillait très tard en dehors de la maison, sans doute prenait-elle de plus en plus souvent de l'alcool pour adoucir l'amertume de sa solitude.

Dallas, 22 novembre 1963. Une volée de balles met fin à la vie de Jack Kennedy. Cet événement allait être pour Joan le premier d'une série de dramas qui devaient ébranler sa vie.

Ted se trouvait au sénat et Joan était en train de se faire coiffer chez Elizabeth Arden lorsque les médias annoncèrent l'assassinat du Président. Les responsables du salon firent tout en leur pouvoir pour que Joan n'apprenne pas cette terrible nouvelle par la radio jusqu'à l'arrivée de Milton Gwitzman, l'assistant de son mari qui vint la chercher pour la ramener chez elle. Ted l'y attendait et tentait désespérément de rejoindre Bobby à la Maison Blanche. Lorsqu'ils apprirent que le Président était mort, Ted et Eunice s'envolèrent aussitôt pour Hyannis Port afin de tenir compagnie à leurs parents.

Joan fut laissée seule à Washington. Ce soir-là, elle avait planifié une réception pour son cinquième anniversaire de mariage. Une fois Ted parti, elle se tourna vers sa famille. Sa soeur Candy ainsi que le mari de cette dernière, Robert MacMurrey, qui étaient là pour la réception, demeurèrent avec elle durant ce terrible week-end tandis que les Kennedy pleuraient la mort de Jack à Hyannis Port. Ce n'était pas la première fois et ce ne serait pas la dernière où elle se sentirait mise de côté. Cependant, elle reprit sa place auprès des femmes Kennedy au cours des funérailles nationales et reçut même à sa demeure après la cérémonie. Mais elle n'arrivait pas encore à accepter ce qui venait de se produire. Quelques mois plus tôt, à la suite du décès du fils de Jackie et du Président, le petit Patrick, elle s'était rendue à la maison de Cape afin d'apporter un peu de consolation à Jack. Et voilà que maintenant, il était mort. Contrairement aux autres femmes Kennedy qui allaient porter dignement aux yeux de tous le poids de cette horrible tragédie, Joan s'enferma dans sa chambre pendant des jours entiers, tentant de surmonter son chagrin.

Même si Joe Kennedy avait été victime d'une grave attaque qui l'avait paralysé et l'empêchait désormais de communiquer avec ses deux derniers fils, la politique, et en particulier la course à la présidence, demeurait toujours l'un des buts de la famille. Bobby était le suivant sur la liste et en 1964, il brigua les suffrages pour l'élection au sénat des États-Unis dans New York, tandis que Ted travaillait à sa réélection au sénat dans le Massachusetts. Une fois de plus, Joan se trouva enrôlée malgré elle dans une campagne politique. C'est alors que la tragédie frappa de nouveau.

Défiant le mauvais temps, Ted avait pris l'avion pour se rendre à Springfield, le 19 juin, où il devait accepter sa réélection à la Convention démocrate de l'État du Massachusetts, lorsque son petit appareil s'écrasa, tuant deux passagers. Ayant échappé miraculeusement à la mort, Ted fut transporté dans un hôpital avec un poumon perforé et le dos brisé. Joan releva le défi et pendant toute la durée de l'hospitalisation de Ted, elle se lança dans la campagne électorale. Mais plus seulement, cette fois, en tant que joli minois. Elle voyagea à travers le Massachusetts, parlant pour Ted et serrant des milliers de mains. Ce fut sa plus belle époque en tant que Kennedy. Son père lui-même, Harry Bennett, remarqua un grand changement en elle. «Joan devient de plus en plus comme Candy», déclara-t-il à l'époque. La raison en était simple. Ted avait vraiment besoin d'elle alors. Il fut réélu et Joan se sentit si fière de sa victoire que lorsqu'il se présenta à la présidence en 1980, elle suggéra avec humour à un groupe de supporters: «Nous devrions peut-être le mettre au lit pour cette campagne aussi...»

Ils retournèrent ensuite à Washington. Mais c'était un Washington bien différent sous Lyndon Johnson qui ne cachait pas son inimitié envers les Kennedy et envers Bobby en particulier. De plus, le pays tout entier était soulevé par la rébellion des jeunes, la tension et la violence des mouvements des droits civils et la guerre du Vietnam qui n'en finissait pas de s'amplifier. Pour Joan, cependant, rien n'avait tellement changé. Son rôle en tant qu'épouse d'un Kennedy était terminé et les longues heures que nécessitaient les activités politiques de son mari les séparaient de plus en plus. On n'avait plus besoin d'elle.

Au mois de juillet 1967, Patrick, leur premier fils, naquit et, l'année suivante, Ted et Joan furent de nouveau entraînés dans une campagne électorale alors que Bobby annonçait sa candidature à la convention démocrate. Le 4 juin 1968, quelques instants après sa nomination en tant que candidat de la Californie, Bobby fut tué à l'Ambassador Hotel de Los Angeles.

Lorsque Joan apprit ce qui s'était passé, elle n'arriva pas à pleurer. Les larmes ne vinrent qu'au cours du service funèbre à la cathédrale St. Patrick de New York puis dans le train qui ramenait le corps de Bobby à Washington. Son chagrin était si grand qu'elle ne put assister à l'enterrement, au cimetière d'Arlington. Elle disparut sans que personne ne sache où elle était allée.

La tragédie rapproche parfois les couples. Cependant, en tant que dernier fils, Ted portait désormais sur ses épaules tout le poids des aspirations familiales avec toutes les responsabilités que cela comportait. Quelle place occupait Joan dans tout cela? Je me le demande. Chaque fois qu'on évoquait la possibilité de présenter Ted à la présidence, Joan était terrifiée, certaine qu'il serait la cible d'un assassin. On sentait également une certaine tension dans leur mariage et les rumeurs au sujet des infidélités de Ted se faisaient de plus en plus persistantes. C'est également à cette époque que Joan commença à boire davantage, ainsi que le remarquèrent certains observateurs politiques et mondains. Il n'était pas dans les habitudes de Joan de faire des scènes, ni des esclandres. Elle était trop timide et trop réservée. Aussi, plutôt que de se fâcher ou de poser des questions au sujet de Ted et de ses aventures avec d'autres femmes, elle prenait quelques verres pour se calmer. « Je ne savais vraiment pas comment me comporter, devait-elle me confier un jour. Malheureusement, j'ai découvert que l'alcool agissait sur moi comme un sédatif. Quand je buvais, les choses ne me faisaient plus aussi mal. »

Mais la légende de Camelot persistait et par respect pour cette famille qui avait déjà tant souffert, les reporters demeuraient discrets au sujet de l'alcoolisme de Joan, tout comme ils continuaient à observer une conspiration du silence autour des aventures extramatrimoniales de Jack. Ted ne fut pas aussi privilégié et l'affaire de Chappaquiddick le mit soudain au ban de la société, devant toute la nation.

C'est toujours avec beaucoup de difficulté que Joan parvenait à parler de cette nouvelle tragédie qui la frappa de plein fouet. Mais Chappaquiddick devait ressurgir une fois de plus durant la campagne de 1980. Les événements furent republiés, revécus, réanalysés et réimprimés encore et encore, mettant en lumière de nouvelles théories, de nouvelles questions.

C'était le 18 juillet 1969. Joan était de nouveau enceinte et se trouvait dans sa maison de Cape. On lui avait bien recommandé de ne pas trop se déplacer. Ted assistait alors à une soirée dans une maison en location située dans une île. Les six femmes présentes à cette soirée, toutes célibataires et ex-employées de Robert Kennedy, avaient été invitées par six hommes, amis et collaborateurs des Kennedy. Tous sauf un étaient mariés mais ils n'étaient pas accompagnés de leur épouse. Ted et Mary Jo Kopechne repartirent dans l'auto de Ted. À un moment, celui-ci quitta la route principale pour s'engager sur un petit chemin de terre. C'est alors que l'auto plongea dans un étang d'un étroit pont en bois. Ted parvint à sortir de la voiture mais Mary Jo Kopechne périt noyée. Aujourd'hui encore, les activités de Ted au cours des heures qui suivirent demeurent controversées. Le lendemain, l'auto fut découverte par deux pêcheurs. La police fut appelée sur les lieux de l'accident et Kennedy fit une déclaration à la police locale.

À partir de ce moment, la machine terriblement efficace des Kennedy se mit en branle. On permit à Ted de quitter l'île sans le questionner davantage. On envoya le corps de Mary Jo Kopechne à ses parents en Pennsylvanie sans même exiger une autopsie. Tous ceux qui avaient assisté à cette soirée se perdirent dans la nature comme par enchantement avant que les officiels aient eu la chance de leur poser certaines questions embarrassantes. Au cours des journées de tension qui suivirent, les avocats de Ted défilèrent dans la maison de Cape tandis que Joan demeurait en haut, dans sa chambre, exclue encore une fois des décisions qui allaient se prendre et changer peut-être toute sa vie. On décida cependant que Joan devrait assister aux obsèques de Mary Jo Kopechne en compagnie de Ted. Comme toujours, elle accomplit parfaitement son rôle d'épouse loyale d'un Kennedy, se tenant près de Ted, de l'autre côté de l'allée où les Kopechne pleuraient la mort tragique de leur fille.

« Avant Chappaquiddick, raconta un ami, elle ne représentait pour Ted qu'un objet décoratif, mais après cela elle devint son unique alliée. Il avait désespérément besoin d'elle. Elle le savait et elle en profita pour se rapprocher de lui. » Mais pour Joan, ce fut une expérience épouvantable. En fait, elle avouera plus tard que ce fut le commencement de la fin. À la suite de cet énorme stress émotionnel et physique, peu de temps après l'accident, elle perdit l'enfant qu'elle portait.

Au cours des mois qui suivirent sa fausse couche, Chappaquiddick sembla envenimer tout ce qui menaçait déjà leur mariage. Jusque-là, Joan n'avait jamais vraiment cru à l'infidélité de Ted. Or — ironie suprême —, si l'on en croit des observateurs sérieux, Ted et Mary Jo n'avaient jamais été impliqués dans une aventure sentimentale, de quelque façon que ce soit. Sachant que la mort de la jeune femme n'aurait été en fin de compte qu'un malencontreux accident, les conseillers de Kennedy avaient cru que, suite à cette tragédie, Ted allait s'attirer la sympathie de la population. Ils commettaient là une véritable erreur. Bien au contraire, on l'avilit et, dès lors, Ted dut se dire que quoi qu'il fasse, cela n'avait plus aucune importance. Quant à Joan, cette malheureuse affaire venait de lui confirmer les rumeurs qui circulaient sur le compte de Ted et qu'elle s'était toujours refusée à croire.

À dater de ce jour, leurs relations ne devaient plus jamais être les mêmes. Ted ne prenait même plus la peine d'être discret dans ses aventures avec d'autres femmes. Terriblement meurtrie, Joan alla demander conseil à Jackie à l'époque de l'aventure de Ted avec Amanda Burden, liaison qui fit couler beaucoup d'encre. Jackie répondit à Joan : « Les hommes sont ainsi faits mais cela ne veut rien dire. » Mais Joan ne ressentait pas les choses de la même manière. Elle n'était pas habituée à ce genre de comportement et se sentait complètement dépassée et anéantie. Comme elle le disait elle-même: « Je fais des efforts désespérés pour me dire que ces aventures sont sans importance mais je ne peux m'empêcher de me demander constamment avec qui il peut être... » Ce qui la blessait davantage, c'était de découvrir qu'il s'agissait souvent de femmes qu'elle connaissait personnellement. « On me demande souvent si les aventures sentimentales de Ted me faisaient du mal... naturellement qu'elles m'en faisaient. Elles ont encore contribué à m'enlever le peu de confiance que je pouvais avoir en moi. Je ne pouvais m'empêcher de penser que je n'étais peut-être pas assez jolie ou assez intelligente pour faire concurrence à ces femmes. Puis, je me disais: Après tout, puisque je ne peux rien changer, pourquoi ne pas boire pour oublier ce que je ne peux éviter? »

Il n'y avait plus qu'un seul couple Kennedy pour alimenter l'insatiable curiosité du public au sujet de cette célèbre famille. Depuis son mariage avec Aristote Onassis, Jackie était passée au jet set international. Ethel préservait jalousement sa vie privée, réfugiée à Hickory Hill, sa résidence de Virginie. Seuls, Joan et Ted demeuraient dans le feu de l'action, à Washington. Et tandis que Ted poursuivait sa carrière politique avec l'énergie du désespoir, Chappaquiddick revenait continuellement remettre en jeu sa crédibilité. Peu à peu, la perception que le public avait de Joan changea également. La femme qu'on avait vue aux funérailles de Mary Jo Kopechne, celle qui souffrait en silence depuis des années n'était plus pathétique pour le public. Ses années à Washington étaient maintenant comptées. En fait, Joan avait changé. Elle avait sombré dans l'alcoolisme.

« Pour commencer, j'ai bu socialement, devait-elle raconter plus tard à un reporter, puis, sans m'en rendre compte, je me suis mise à boire comme une alcoolique. Mais, à cette époque, je ne le savais pas encore. Personne ne le sait vraiment. Naturellement, il arrive souvent que vous vous réveillez le matin avec un terrible mal de tête en vous disant que vous ne recommencerez pas. Puis pendant une ou deux semaines, il ne vous arrive plus rien... et vous vous remettez à boire. Cela est inévitable. »

Se sentant solitaire, oubliée, privée d'amour et presque de trop, Joan se mit à boire de façon incontrôlable. Pendant de brèves périodes, elle pouvait demeurer sobre mais elle retombait fatalement dans ses excès. Si elle avait été une buveuse quotidienne, le problème aurait sans doute été plus évident et plus rapidement décelable par son entourage, mais ce n'était pas son cas. La famille et ses amis savaient sans doute qu'elle buvait trop mais ils ne pouvaient s'imaginer qu'il lui était impossible d'arrêter. Plus tard, Joan devait déclarer: « Il faut bien l'admettre, les médecins de ce pays ne connaissent pas grand-chose à l'alcoolisme. C'est la raison pour laquelle je n'ai pu obtenir d'aide de leur part. J'ai pourtant essayé mais j'ai finalement dû renoncer. Je ne savais plus où me diriger. »

C'était un cercle vicieux et auto-destructeur. Joan se souvient qu'elle buvait pour surmonter ses sentiments de solitude et d'infériorité pour finalement se rendre compte que, sobre ou non, ses complexes étaient toujours là. Ted comprit-il ou non la nature de son problème? Toujours est-il qu'il l'encouragea à travailler pour la Fondation Kennedy, ce qui eut pour résultat qu'elle se compara de nouveau aux autres femmes Kennedy et se trouva de plus en plus en état d'infériorité. Il y avait cependant un domaine dans lequel elle excellait: la musique. Encore une fois, Ted l'encouragea à s'affirmer dans ce domaine.

Joan devint un membre du conseil d'administration du National Symphony Orchestra et accepta de faire la narration de *Pierre et le Loup,* sous la direction du chef d'orchestre des Boston Pops, Arthur Fiedler. «La musique m'a toujours apporté beaucoup de réconfort», m'a-t-elle confié un jour.

En dépit de sa lutte désespérée contre l'alcoolisme, elle était tout de même capable de se produire en public. «Je m'efforçais alors de ne pas boire, mais cela me prenait beaucoup de courage.» Elle joua du piano à la prestigieuse Philadelphia Academy of Music, au Washington Performing Arts Society et narrait occasionnellement *The Young Person's Guide to The Orchestra* de Benjamin Britten.

Mais la musique ne lui suffisait plus pour redonner un sens à sa vie. Lorsqu'elle se remémore cette époque de son existence, elle raconte: «La seule chose dont j'étais certaine, c'était que j'étais une très jolie femme avec une belle silhouette.» Elle tenta donc d'attirer l'attention par des styles de robes osés. La presse l'avait photographiée portant une mini jupe, des bottes noires et un corsage transparent. Si quelqu'un lui ouvrait la porte, elle pouvait lui envoyer un mot de remerciement. Ce comportement n'était certainement pas celui d'une femme sûre d'elle-même mais bien un appel au secours.

Elle essaya également de s'impliquer dans des liaisons romantiques mais ces brèves aventures se soldaient toujours par des échecs et un sentiment de remords. Au cours d'un voyage en Europe, elle donna rendez-vous à un vieil admirateur. «Il devait me rencontrer dans ma chambre d'hôtel après une réception, raconte-t-elle. Je lui ai remis la clé de ma chambre en lui disant de m'y attendre. Mais quand je suis entrée, complètement ivre, il ne pouvait en croire ses yeux. Il ne m'avait jamais vue ainsi. Nous étions pourtant censés passer une soirée inoubliable et j'étais là, à peine capable de marcher! Je me suis mise à pleurer. Il voulait m'aider mais ne savait plus que faire. Tant de gens se sentent complètement démunis devant le problème de l'alcoolisme!»

Sa famille aurait sans doute pu l'aider mais son père avait déménagé à La Nouvelle-Orléans avec sa seconde épouse; quant à sa soeur Candy, elle était mariée et vivait au Texas. Pour ce qui était des Kennedy, ils ne représentaient pas vraiment une famille pour Joan. Ils avaient réussi à surmonter toutes ces tragédies par la seule force de leur volonté et sans l'aide de pratiques aussi frivoles que la psychothérapie. Nul doute que les conseillers de la famille auraient vu d'un mauvais oeil son problème publicisé: admettre que Joan était alcoolique pouvait nuire à la carrière politique de Ted. En fait, très peu d'articles firent allusion au problème de Joan et l'entourage de la famille sympathisait avec elle. Un médecin, compagnon de faculté de Ted à Harvard, raconta un jour: «Le sénateur arriva en trombe avec tout son entourage. Il était radieux de santé, bronzé et souriant. Derrière lui, suivait Madame Kennedy, les yeux vides, les cheveux défaits et le corsage maculé de taches de nourriture. Il était impossible de ne pas avoir pitié d'elle.»

Comme il arrive trop souvent dans ce cas, on considérait la maladie de Joan comme un secret honteux. «J'essayais bien d'en parler, dit-elle, mais cela m'embarrassait, embarrassait Ted et tout le monde autour de moi. Personne ne tenait à en parler.»

Comme par une sorte d'entente tacite, on faisait semblant de ne rien remarquer; même Ted qui, selon un observateur, n'avait jamais aimé être confronté à la réalité des choses. Joan était donc seule pour surmonter ses graves difficultés. Cependant, on dépensa beaucoup. On paya des psychiatres renommés, des spécialistes furent consultés et divers programmes dans des centres de traitement furent tentés... En vain. «J'étais si malheureuse, me confia-t-elle, que je disparaissais pendant des jours entiers sans rien dire à personne, même pas à Rosalie, ma secrétaire.» Sa façon de faire était toujours la même. Elle prenait un avion quelque part, pour n'importe où. Lorsqu'on se rendait compte de sa disparition, on avait recours à un ami de la famille pour la retrouver et la ramener au bercail.

Puis, en novembre 1973, alors que Joan était en voyage en Europe, une autre tragédie la frappa. Ted l'appela pour lui apprendre que leur fils Teddy, qui avait alors douze ans, était atteint d'une forme rare de cancer et que, pour le sauver, une intervention chirurgicale était nécessaire. Joan rentra aussitôt pour être là pendant l'opération de son fils au cours de laquelle on dut l'amputer d'une jambe. Mais la maladie de Teddy n'arriva pas à atténuer le fossé qui s'était creusé entre son père et sa mère. Après l'opération, ils ne purent même pas se mettre d'accord sur la façon de distraire leur fils et de le consoler de sa terrible épreuve. Ted dormait à l'hôpital la nuit tandis que Joan le remplaçait durant la journée. Ted amena des athlètes célèbres dans la chambre de Teddy pour le distraire. Joan et Ted se disputèrent à ce sujet. Joan jugeait que son fils n'avait pas besoin de tout ce cirque mais surtout de calme, de paix et de tranquillité pour mener à bien sa convalescence.

Déjà tourmentée par l'idée d'avoir échoué en tant que femme et épouse, elle avait maintenant le sentiment de n'avoir pas pu être une bonne mère. Elle parvint à traverser cette terrible crise sans absorber une goutte d'alcool. Mais dès qu'elle sentit qu'on n'avait plus besoin d'elle, elle recommença à boire de plus belle. On tenta alors d'autres formes de traitement. En 1974, elle fut admise à la célèbre clinique de Silver Hill, à New Canaan, au Connecticut, mais elle rentra chez elle un mois plus tard. Peu de temps après, elle fut arrêtée et inculpée pour avoir conduit en état d'ébriété. Elle fut alors envoyée dans un centre de désintoxication à New York. «C'était épouvantable, raconte-t-elle. On m'avait placée avec trois autres femmes, toutes dépendantes de la charité publique. On m'obligea à rester là pendant vingt-huit jours. Il y avait des filles de rue qui se prostituaient autrefois pour cent dollars la nuit et faisaient maintenant la même chose pour une seule bouteille de vin. Cette expérience fut si traumatisante qu'une fois rentrée chez moi, je me suis mise à boire encore davantage.»

Pendant ce temps, à Washington, c'était la politique comme toujours. Au mois d'août 1974, alors que le scandale de Watergate ébranlait le gouvernement, Richard Nixon devint le premier Président des États-Unis à démissionner de ses fonctions. Gérald Ford lui succéda et les leaders du Parti démocrate insistèrent pour que Ted entre de nouveau dans la course, alléguant qu'il était le seul à pouvoir défaire Ford ou Reagan.

Mais tout ce qu'il pouvait y avoir de positif dans sa décision de poser à nouveau sa candidature était assombri par la terreur d'un troisième assassinat politique dans la famille. Lorsqu'un reporter demanda à Joan si ses craintes n'étaient pas exagérées, elle faillit en perdre le souffle. «Exagérées? Exagérées? Comment pouvez-vous parler de la sorte? Montez dans ma voiture et je vais vous conduire à Hickory Hill chez Ethel. Dans cette maison, il y a onze enfants sans père et vous me direz si vous croyez encore que j'exagère le danger d'être un sénateur Kennedy!» Harry Bennett, le père de Joan, déclara alors: «Personne ne tient vraiment à le voir se lancer dans cette dangereuse aventure... en tout cas, dans aucune de nos deux familles. Joan est morte de peur à l'idée de le voir faire un mouvement dans cette direction et personne ne peut l'en blâmer. Cependant, tous savent très bien que, malgré leurs appréhensions, il fera ce que son devoir lui dictera, et c'est cela qui les effraie tant. Je sais qu'ils prient tous pour que cela ne se fasse pas.»

Cependant, l'affaire Chappaquiddick et les «flirts» de Ted comme on appelait ses incartades, jouaient contre lui. La détérioration de son mariage était chose nouvelle et Ted fut sans doute soulagé de constater qu'elle était enfin connue de tous. On peut même croire qu'un jour il fit exprès d'inviter un ami journaliste à Hyannis Port pour ensuite lui demander s'il voulait voir Joan. Il l'invita alors à le suivre et la lui fit voir, complètement ivre sur le siège arrière de sa voiture. Il faut dire que l'alcoolisme de Joan pesait lourdement sur les épaules de Ted et l'idée qu'il pouvait l'y avoir poussée n'était pas pour l'aider à surmonter ses difficultés politiques.

En plus des onze enfants orphelins d'Hickory Hill, il y en avait trois autres à McLean qui devaient influencer Ted dans sa décision. La pénible opération de Teddy Jr. avait été suivie par un traitement de chimiothérapie et il commençait à peine à accepter la perte de sa jambe. Kara, anxieuse et insécure, devenait obèse et s'adonnait aux drogues. Elle avait quitté la maison à plusieurs reprises. Patrick, pour sa part, était affligé d'asthme. Eux aussi étaient terrifiés à l'idée que leur père puisse être tué comme leurs oncles. Ils avaient été harcelés par leurs camarades d'école au sujet de Chappaquiddick. De plus, l'alcoolisme de leur mère leur apparaissait comme une chose terrifiante, embarrassante et incompréhensible. Un reporter, qui fut témoin du retour de Joan après une cure de désintoxication, la trouva dans un tel état qu'il en ressentit de la colère pour Ted. Ses enfants, qui semblaient complètement dépassés, l'accueillirent à l'aéroport sans leur père et, plus tard, ce journaliste commenta ce retour en ces termes: «Si cet homme entraîne sa famille dans une autre campagne électorale, il n'y aura pas en enfer de châtiment assez sévère pour lui.» Plus tard, lorsque Ted décida finalement de ne pas poursuivre la lutte, ce même journaliste commenta: «En tant qu'être humain, c'est la meilleure décision que cet homme ait prise dans sa vie.»

L'année 1976 mit fin aux espoirs de Ted concernant la présidence, du moins pour un temps. Ce fut aussi une année décisive pour son mariage et pour la guérison de Joan. Si l'on en croit un observateur, plusieurs amis de la famille Kennedy détestaient Joan. Quoi que Ted ait pu faire, se disaient-ils, elle n'avait aucune excuse pour se comporter de la sorte. Elle représentait le plus grand obstacle à l'avenir politique de Ted. De son côté, ce dernier ne supportait pas l'idée que les gens puissent le blâmer pour l'alcoolisme de Joan. Mais il se sentait tout de même responsable à son endroit et savait qu'il était aussi responsable de la destruction de leur mariage. Mais si leur union se révélait un lamentable échec, il n'était cependant pas question de divorce entre eux. Non seulement parce que les deux familles étaient catholiques mais aussi parce que Ted porterait l'odieux d'avoir abandonné Joan. Cependant, il fallait faire quelque chose.

Ceux qui connaissaient bien les méthodes Kennedy croyaient que, comme d'habitude, des intermédiaires s'occuperaient de trouver une solution. Une relation de la famille déclara un jour: «Lorsque les choses allaient mal, Ted cherchait toujours quelqu'un pour ramasser les morceaux et sortir ensuite par la porte arrière.» À son avis, la machine bien huilée des Kennedy n'était qu'un mythe. Trop de choses se trouvaient finalement hors de leur contrôle. Et il est probable que lorsque vint le temps de prendre une décision au sujet de Joan, il se trouva quelqu'un pour suggérer: «Appelons McLean et mettons-la dans un taxi.» L'hôpital McLean était un centre de désintoxication très coté et se trouvait en banlieue de Boston, territoire des Kennedy. On acheta un appartement pour Joan sur Beacon Street et elle y emménagea immédiatement après les fêtes du nouvel an.

Quelle que soit la personne qui suggéra cette solution, l'ultime décision fut prise par Joan elle-même. Elle se sentait probablement en partie responsable des incartades de Ted et savait sans doute qu'elle était une des raisons majeures pour lesquelles Ted ne s'était pas présenté à la présidence. Peut-être aussi croyait-elle que c'était encore la meilleure solution pour tout le monde, Ted, les enfants... et toute la famille Kennedy. En tout cas, elle était certaine d'une chose : elle ne pourrait plus jamais supporter la vie qu'elle menait depuis quelques années à Washington.

«Lorsque j'ai réalisé que l'alcool était devenu pour moi un véritable problème, je suis allée voir Jackie pour lui en parler. On m'avait déjà dit qu'un alcoolique rend responsables de sa condition tout et tout le monde excepté lui-même. Jackie et moi en avons parlé longuement. Je me sentais très proche d'elle parce que toutes les deux, nous avions besoin d'espace pour vivre...»

Quitter Washington, sa maison, ses enfants, son mari et tout ce qui lui rappelait son pénible passé, c'était en fait pour Joan admettre sa défaite. Mais c'était aussi son unique espoir. Joan en était arrivée à une autre terrible conclusion. «Ma mère était morte cette même année des suites de son alcoolisme et j'avais fait tout ce qui m'avait été possible pour l'aider... Je savais qu'il fallait maintenant que je travaille à ma propre survie.

Ce ne fut certainement pas facile de poser un geste aussi important pour une femme qui laissait derrière elle tout un passé d'épouse de sénateur, entourée de gens pour la servir, et qui n'avait jamais vécu seule. Cela dut lui demander une extraordinaire somme de courage et de volonté pour accepter ainsi les conséquences et les controverses que sa décision allait fatalement entraîner.

L'appartement de sept pièces sur Beacon Street était presque vide lorsqu'elle s'y installa, sans pratiquement aucun meuble. Mais c'était également le début d'une nouvelle vie dans un environnement différent, une chance de suivre de nouveaux traitements, de retrouver sa sérénité et de se faire une place au soleil, loin des indiscrétions de la presse et des pressions politiques. Elle se rendit vite compte cependant que, pour une Kennedy, Boston n'était qu'un petit village. Elle alla déjeuner un jour avec une amie pour découvrir plus tard que cette femme avait été l'une des maîtresses de Ted.

«Toute la ville le savait excepté moi, me dit-elle indignée. J'étais la dernière à l'apprendre et je m'étais assise avec elle à une table du Ritz!»

Mais si elle appréciait d'être éloignée de Washington et du monde de la politique, Joan n'en retrouva pas sa sérénité pour autant. Certes, elle s'était inscrite au Lesley College pour y faire des études et fut admise dans plusieurs centres de désintoxication, mais elle se sentait toujours seule, errant sans but, regrettant de n'avoir plus ses enfants auprès d'elle, incertaine de son avenir avec Ted et toujours incapable d'arrêter de boire. Cette fuite lui avait redonné un peu d'espoir mais c'était tout ce qu'elle avait pu en retirer jusque-là. Elle demeurait toujours dépendante des Kennedy, non seulement pour sa protection mais également pour les privilèges qui en découlaient. Elle dépendait entièrement de Ted pour ce qui était de ses besoins financiers et même pour ses traitements. Et lorsqu'elle échouait, les conseillers et amis de la famille étaient là, jour et nuit, pour l'aider à passer à travers ses angoisses. Joan vivait toujours comme une Kennedy.

3
UN JOUR À LA FOIS

*« Il va se représenter! Je ne
crois pas que je pourrai
le supporter. »*
— Joan.

La plus grande différence qui existait entre Joan et moi était le fait que je n'avais pas été un objet de curiosité pour le public à cause de mon mariage.

Née à Boston, j'ai passé toute mon enfance à Milton, une très jolie petite ville. Mes trois plus jeunes frères et moi-même sommes allés à l'école publique élémentaire et revenions à la maison pour le dîner. Des petits succès comme le fait de rapporter un A à la maison ou de sauter une année nous valaient des compliments de notre famille. On attendait de nous que nous fassions de notre mieux mais on n'en discutait jamais ouvertement. Mais comme nous, les enfants, aimions bien nos parents, nous tentions notre possible pour réussir et leur faire plaisir. Étant également l'aînée de la famille, on me confiait plus de responsabilités qu'aux autres, par exemple celle de devoir donner l'exemple à mes frères, Tout comme Joan, on m'avait appris à ne pas trop afficher mes émotions et à me comporter en toute circonstance comme « une dame ».

Mon père, tout comme celui de Joan, était cadre supérieur dans une agence de publicité, ce qui nous permettait certains luxes comme des Buick, de belles maisons, de bonnes écoles et des cartes de membres de clubs sélects. Mais cela me valut également de devoir déménager à New York à l'âge de treize ans puis, encore une fois, à Kenilworth, Illinois, dans une banlieue de Chicago que l'on compare souvent à Bronxville. Je m'inscrivis ensuite à la Northwestern University's School of Speech où j'obtins un diplôme en création dramatique et en éducation. J'avais toujours rêvé de devenir écrivain ou éditeur. Cependant, j'acquiesçai au désir de ma mère qui insistait pour que je me prépare à l'enseignement « au cas ou... » Il fallait que je travaille... en tout cas, jusqu'à ce que je me marie.

Pour ma part, j'avais pris la décision de ne pas me marier, tout comme Joan l'avait décidé à sa sortie du collège. J'acceptai un travail de professeur à Milton. Ce fut mon premier pas vers l'indépendance. Cet emploi m'offrait enfin la chance d'être moi-même et de vivre... jusqu'à ce que je devienne la femme de quelqu'un. Je me rendis donc à Boston avec mes valises pleines à craquer de vaisselle, de batterie de cuisine, de linge de maison et tout le reste. Je me trouvai un appartement à Cambridge où j'emménageai avec deux anciennes amies du collège. Toutes les trois, nous avions un même but : nous lancer dans une carrière tout en continuant à étudier et apprendre à vivre avec un budget serré.

Or, notre budget prévoyait une bouteille de scotch par semaine, pour nous, nos amis et invités. Après tout, le fait de boire de l'alcool nous semblait un symbole de notre nouvelle indépendance et de notre maturité. Alors, je me mis à boire... mais comme on m'avait appris à tout faire, c'est-à-dire « comme une dame ». C'est seulement plus tard que je me rendis compte, comme beaucoup d'autres femmes de ma génération, que plusieurs jeunes gens étaient finalement devenus alcooliques par l'habitude des « drinks » bien préparés et servis sur des plateaux en argent avant les repas. Nous ne buvions pas en cachette, nous ne buvions pas seules. Mais c'étaient là les seuls points positifs qui pouvaient nous faire considérer comme des non-alcooliques. Nous ne buvions pas outre-mesure non plus... mais de façon régulière. Si quelqu'un que nous connaissions avait un problème d'alcool, nous n'en discutions jamais. J'aimais prendre un verre avec les amis. Je supportais très bien l'alcool. Je savais ce qu'était l'alcoolisme mais je ne pouvais discerner les premiers signes de danger. Et autant que je puisse me souvenir, je ne buvais jamais trop.

Les trois années qui suivirent à Cambridge et sur Beacon Hill, à Boston, furent merveilleuses. J'adorais mon travail mais à mesure que mes amies convolaient de plus en plus, je commençai à ressentir l'obligation de le faire à mon tour. Cette pression venait de mes parents à qui je voulais toujours plaire et aussi de la société elle-même qui exigeait qu'une femme finisse par prendre mari et élève une famille. À l'âge de vingt-quatre ans, je tombai amoureuse et me fiançai à un beau garçon bien éduqué de Boston. Mes parents étaient fous de joie à l'idée que j'avais déniché « le bon mari ».

Nous nous sommes mariés à Boston, puis ce fut la lune de miel en Espagne et au Portugal. En revenant, nous nous sommes installés dans une petite maison sur Beacon Hill. Nous étions heureux. Je trouvais le mariage tellement amusant que je regrettais d'avoir attendu aussi longtemps pour me décider à m'y engager. Un peu plus d'un an plus tard, notre fille Dana naquit. Je croyais que mon bonheur était complet.

Malheureusement, de façon presque imperceptible, des nuages commencèrent à s'accumuler. Mon mari et moi avions des conceptions assez fausses sur le mariage. Comme à tous les jeunes couples de cette époque, on nous avait raconté qu'une fois mariés nous serions heureux jusqu'à la fin de nos jours. Lorsque je retournai travailler à la télévision éducative pour enfants en tant que script et animatrice au poste WGBH-TV de Boston, je fus enchantée par mon travail mais, très bientôt, je me retrouvai dans le même dilemme que connurent bien des jeunes femmes de la décade suivante: les innombrables conflits engendrés par les responsabilités d'un travail et les exigences des tâches de mère et d'épouse. Je devais être parfaite en tout et pour tous.

Même si je ne m'en rendais pas encore compte, ma consommation d'alcool devenait un problème. Je commençais toujours avec le fameux cocktail précédant les repas et augmentais ma consommation afin d'oublier les difficultés qui surgissaient dans mon mariage. Mon mari et moi avons finalement découvert que nous avions deux personnalités vraiment opposées. J'étais intense, idéaliste et avais besoin de beaucoup plus que je n'avais pour remplir ma vie. Quant à lui, il était un homme calme qui prenait la vie comme elle venait et gardait toutes ses pensées pour lui-même. J'avais espéré que nos différences nous compléteraient mais je découvris qu'en fin de compte elles nous divisaient cruellement. Le fait de boire semblait atténuer le fossé de plus en plus profond que je sentais entre nous. Mais il était aussi de plus en plus évident que je ne pouvais plus supporter l'alcool comme par le passé... et certainement pas aussi bien que mon mari. Je n'avais jamais pensé que le fait que mon père ait été un grand buveur puisse avoir eu une influence sur mon propre comportement. Tout comme Joan, j'ignorais que je devais supporter le poids de cette prédisposition génétique. Il ne m'était jamais venu à l'esprit non plus que si mon mari prenait un verre pour se détendre, moi je buvais pour me réfugier dans le rêve.

Mon fils Bradford naquit alors que nous venions de déménager dans une très belle maison à la campagne. Mais la joie de cette naissance fut presque aussitôt assombrie lorsque mon mari tomba très malade puis revint à la maison pour une longue convalescence. L'année suivante, mes parents furent tous deux atteints du cancer et moururent à six mois de distance. La maladie et la mort sont de tristes événements qui surviennent dans toutes les familles et ces événements de ma vie ne peuvent certainement pas se comparer aux tragédies qui ont frappé Joan au cours de ces mêmes années. Mais nous ressentions la même détresse et la même solitude. Et lorsque nous réalisions que nous ne pouvions pas obtenir de notre mari l'aide que nous attendions, nous nous mettions à boire.

C'est ainsi que, finalement, je devins dépendante de l'alcool. Un soir, me sentant seule mais apparemment sans tristesse, je laissai à la maison deux enfants adorables ainsi que leur père qui dormaient et je sortis. Couverte d'un manteau appartenant à mon mari par-dessus ma chemise de nuit en flanelle bleue et portant de grosses bottes de caoutchouc, je suivis comme un automate la ligne jaune du milieu de la route jusqu'au poste de police du village. Dans mon ivresse, je me disais que le poste de police devait être ouvert toute la nuit et qu'il s'y trouverait quelqu'un à qui je pourrais parler. Une chose surtout était certaine: on ne m'y servirait pas d'alcool. C'est pourquoi je m'étais préparée à cette éventualité en emportant avec moi un pot de beurre d'arachides rempli de scotch.

Lorsque je l'eus vidé, l'un des policiers me ramena chez moi dans sa voiture de patrouille.

Je ne me souviens que très peu de cet incident. On me l'a raconté plus tard... en riant mais sans bien comprendre les motifs qui m'avaient fait agir de la sorte. Naturellement, je me sentais très humiliée par ma conduite, d'autant plus que durant toutes ces années j'avais été une buveuse sociale fort respectable. Je priais tous les jours pour pouvoir continuer à observer une certaine discipline sans me rendre compte qu'il était déjà trop tard.

Afin d'oublier mon problème, je tentai des efforts désespérés pour exceller dans tout ce que je faisais. Selon toutes les apparences, je fonctionnais bien (sauf pour ce qui est de cette soirée mémorable au poste de police). J'étais une bonne mère, j'entretenais bien ma maison, je faisais du jardinage, des conserves, je jouais au tennis, étudiais la peinture et le piano, et accomplissais des tâches bénévoles dans ma communauté. Seulement voilà: j'avais un problème d'alcool. Mes amis et mon mari le savaient mais ils ne comprenaient pas que cela puisse m'arriver. Ils ne savaient pas comment m'aider et je ne le savais pas moi-même.

Finalement, en 1973, un médecin me fit comprendre que je pouvais être alcoolique et me dit carrément: « Il faut cesser de boire immédiatement. Aujourd'hui! »

Cela me semblait impossible mais je le fis. Ce

soir-là, à une réception, mon mari me demanda ce que je voulais boire et je lui répondis: « Un ginger ale.» Pendant les six semaines qui suivirent, je ne touchai pas à une goutte d'alcool. Cela me procurait un sentiment extraordinaire de victoire. Malheureusement, le mal insidieux réapparut. Je luttai désespérément contre l'envie de prendre un verre. Puis je rationalisai la situation à ma manière. Mes amis buvaient tous et semblaient s'en porter très bien; il n'y avait donc pas de raison pour que je m'abstienne toute ma vie. Il était encore trop tôt pour m'en priver complètement. Je ne voulais pas être une « alcoolique », il me faudrait donc boire avec modération. J'essayai cette méthode et passai du scotch au vin blanc. Je mesurais mes quantités, j'espaçais les verres et, à certaines occasions, je ne buvais pas du tout. Pendant deux ans, et je le savais très bien, je refusai d'admettre que l'acool pouvait être un problème pour moi. Mais un jour, l'heure de vérité arriva.

C'était la fête des mères. Le jardin commençait à être en fleurs. Il faisait très beau. Les enfants m'avaient servi mon déjeuner au lit, des oeufs et du bacon avec des rôties, et ils me préparaient un pique-nique surprise dans le jardin. Avant le dîner, mon mari et moi étions installés dans le jardin. Mon mari me servit un cocktail... un seul. Mais après le pique-nique je ressentis une sensation étrange. Un besoin incroyable de prendre un autre verre. Cependant il n'y avait plus rien à boire dans la maison et comme c'était dimanche, tous les magasins étaient fermés. Un démon s'empara de moi. Je me revois encore comme dans un film dire au revoir à toute ma famille déçue de devoir passer la fête des mères sans moi. Je me rendis en auto jusque chez des amis qui me recevaient toujours à bras ouverts et qui avaient un bar très bien garni. Je me souviens d'avoir regardé mes mains sur le volant et mon pied sur l'accélérateur en me demandant si c'était vraiment moi qui conduisais. Je songeai un moment à rebrousser chemin mais le démon qui m'habitait me força à continuer. C'était la première fois que je ressentais à ce point la puissance maléfique de l'alcool.

J'arrivai finalement à la maison de mes amis. Je m'installai dans leur jardin et bus en leur compagnie pendant tout l'après-midi. En retournant chez moi ce soir-là, je pleurai amèrement, acceptant enfin le fait que j'étais une alcoolique.

Le lendemain, je pris la ferme résolution de ne plus boire. Ce fut sans doute la décision la plus importante de ma vie. Une toute nouvelle vie commençait pour moi. J'étais libre et l'avenir s'annonçait plein d'espoir. Les yeux et l'esprit clairs pour la première fois depuis des années, je pus enfin parler à mon époux au sujet du stress qu'engendrait notre mariage et qui avait contribué, en partie, à mon alcoolisme. Le divorce était chose impensable dans nos deux familles. De plus, mon mari était un bon époux, un homme charmant et un excellent père mais nous dûmes nous rendre à l'évidence que notre mariage ne nous avait pas apporté ce que nous attendions l'un de l'autre. Nous décidâmes de nous séparer. Je sentais que c'était la seule façon pour moi de pouvoir vivre sans alcool.

Ce n'était pas facile. Les enfants et moi sommes demeurés à la campagne et j'ai recommencé à enseigner. Mais tandis que je devais m'ajuster à cette nouvelle vie de parent unique ainsi qu'à tous les problèmes qu'engendre une séparation, je recommençai à boire pour faire face à la musique. Heureusement, cela ne dura que le temps des fêtes de Noël.

Je décidai alors d'assister à une série de conférences sur l'alcoolisme qui se donnait dans un centre de désintoxication du New Hampshire. À cette époque, chaque personne devait se prêter à une entrevue avec l'un des psychiatres en chef de l'établissement et lorsque ce médecin me demanda la raison pour laquelle je voulais assister à ces conférences, je lui répondis: «Parce que je suis une alcoolique.»

Cet éminent médecin me regarda quelques minutes, puis il se pencha vers moi en souriant et me dit:

«Mais voyons... c'est impossible!»

Lorsque je racontai cette entrevue à Joan, elle me dit qu'elle avait connu la même expérience lorsqu'elle avait tenté de chercher de l'aide à Washington. En fait, la plupart des médecins ne savent rien au sujet de l'alcoolisme. Pour eux, une femme alcoolique doit nécessairement ressembler à une pocharde tandis que les hommes alcooliques doivent passer leur vie sur les bancs d'un parc public, tenant à la main une bouteille cachée dans un sac de papier brun.

D'autres mythes sont aussi tenaces. Si un homme boit trop, on en fait peu de cas alors qu'une femme est invariablement condamnée et doit subir, en plus, le poids de l'humiliation. Et pourtant, l'alcoolisme ne connaît pas de sexe ou de rang social.

Pour la majorité des gens, il n'est pas facile de comprendre le problème de l'alcool. Pour quelqu'un qui n'en souffre pas, la solution semble des plus faciles: «Pourquoi ne pas arrêter simplement?» On nous a souvent posé cette question, à Joan et à moi. Nous nous la sommes posée aussi. Personne ne comprend vraiment ce qui peut causer cette obsession mentale ou ce qui déclenche ce besoin d'un autre verre ni pourquoi la quantité est moins importante que son effet. L'alcoolisme rend ses victimes étrangères au monde.

Mais ceux et celles qui ont connu cette maladie et ont pu la maîtriser comprennent mieux que personne ceux qui sont encore aux prises avec ce grand problème. C'est ce qui nous a rapprochées, Joan et moi.

Après notre première rencontre en 1977 et très souvent au cours des deux années qui suivirent, nous allâmes ensemble au théâtre, au concert où assister à divers spectacles. Un mémorable soir d'hiver, Joan m'invita à aller avec elle à Lowell House, à Harvard, pour entendre le regretté Marshall Dodge. Je me souviens encore qu'après la représentation nous sommes sortis Marshall, Joan, deux de ses amies et moi-même et que nous avons marché longtemps dans le square enneigé en écoutant ses histoires.

Il arrivait parfois que je ne voie pas Joan pendant plusieurs semaines. Incapable de cesser de boire, elle oubliait ses rendez-vous et négligeait même ses cours de musique. Depuis son arrivée à Boston, elle suivait une cure à McLean mais avec de piètres résultats. Lorsqu'elle se remettait à boire, plusieurs amis, nouveaux et anciens, se rendaient à son appartement pour l'aider. Hazel, qui était professeur de sociologie, passa plusieurs heures et même plusieurs jours à lui parler. Quelquefois, lorsque Joan expérimentait les journées difficiles de sevrage, Hazel allait se promener avec elle et l'emmenait au cinéma pour lui changer les idées jusqu'à ce que son besoin d'alcool diminue. Hazel quitta même sa maison de banlieue durant quelque temps et déménagea dans l'appartement de Joan. Elle enseignait pendant le jour et prenait soin d'elle le soir. Mais malgré cela, Joan s'enfermait presque tout le temps dans sa chambre avec une bouteille de vodka posée sur sa table de nuit. Souvent, elle mettait un foulard sur sa tête et des verres fumés pour aller acheter d'autres bouteilles dans des magasins d'alcool.

Une autre personne fut très importante dans la vie de Joan: Kitty Gillooly qui avait été engagée par Ted pour faire la cuisine et s'occuper de l'appartement de Beacon Street avant même que Joan y emménage. Au cours de l'automne 1976, Ted avait utilisé cet appartement tandis qu'il faisait campagne pour sa réélection et Kitty ne savait pas du tout qu'en réalité il était réservé pour Joan. Lorsqu'on lui dit finalement que Madame Kennedy allait y emménager, Kitty accepta d'y rester. «Elle est arrivée à Boston et n'a fait aucun commentaire», se souvient-elle.

Joan demeura dans sa chambre les premières fois où Kitty venait à l'appartement. Puis, un dimanche matin, Kitty arriva à l'improviste. Elle venait rapporter une robe de chez le teinturier. C'est ainsi qu'elles se rencontrèrent finalement. «Hello, lui dit Joan en lui tendant la main. Je suis Joan Kennedy.» C'était sa façon habituelle et charmante de se présenter.

La première tâche de Kitty fut de récupérer les clés que détenaient les amis, cousins, neveux et nièces qui avaient pris l'habitude d'utiliser l'appartement. Maintenant que l'appartement était celui de Madame Kennedy, c'était, selon Ketty, la chose la plus importante à faire. Bien sûr, Kitty fut bientôt impliquée directement dans la famille, dans les activités politiques de Ted et en particulier dans la lutte que Joan menait contre l'alcool. Tous les Kennedy étaient très touchés émotivement par ce problème, c'était inévitable. Elle voulut donc parler en personne aux médecins et conseillers de Joan. Tous étaient d'accord sur un point : Joan devait comprendre qu'elle ne s'en sortirait que par la force de sa seule volonté. Mais comme tous ceux qui l'aimaient bien, Kitty n'aimait pas laisser Joan seule craignant qu'il ne lui arrive un jour un accident tragique.

Certains jours, Kitty arrivait, faisait le ménage, s'occupait de son linge et terminait tout son travail sans même avoir eu la chance d'apercevoir Joan. Celle-ci s'enfermait dans sa chambre, dans le noir. Compatissante, Kitty restait souvent assez tard pour demeurer avec Joan le plus longtemps possible si Hazel ne pouvait pas venir.

«Elle était pour elle-même sa pire ennemie, me dit-elle. Elle tournait en rond dans son pyjama et j'arrivais à la convaincre de se coucher en lui disant : «Madame Kennedy, vous devriez prendre le lit ; je crois que vous commencez à avoir la grippe.» Je ne parlais jamais de son habitude de boire ; d'ailleurs, les symptômes se ressemblaient étrangement.» Puis, Ketty retournait auprès de son mari et de ses enfants mais sans jamais réussir à calmer ses inquiétudes.

Lorsqu'elle se remémore ces années où Joan lutta si âprement contre sa maladie, elle se souvient qu'elle passait son temps à aller vérifier si elle était debout ou tombée, si elle était vivante ou morte. «Tous les jours se passaient de cette façon. Pourtant, Joan ne s'est vengée sur qui que ce soit de son malheur. Elle pouvait être malade à mourir mais cela ne changeait pas son caractère. C'était facile de s'entendre avec elle. Elle n'était pas exigeante et appréciait tout ce qu'on faisait pour elle.

Elle pouvait quand même fonctionner quand elle devait le faire et quand elle n'y était pas obligée, elle dormait, tout simplement.»

Un après-midi, Joan découvrit à son réveil qu'il y avait des serveurs dans l'appartement. «Que se passe-t-il?» demanda-t-elle à Kitty. «C'est le sénateur qui reçoit», répondit cette dernière. «Oh!» répliqua simplement Joan en se dirigeant vers sa chambre. «Mon Dieu, ce n'est pas le moment choisi pour se montrer!» se dit Kitty, prise de panique. Mais lorsqu'elle ouvrit la porte au sénateur qui arrivait, Joan se tenait debout dans le salon, toute vêtue de rouge et les cheveux très bien placés. «Elle était ravissante», se rappelle Kitty.

Il y avait cependant des périodes où elle ne fonctionnait pas aussi bien. Un jour, alors qu'elle se rendait au Ritz pour dîner en compagnie d'Eunice, un collaborateur de Kennedy, qui se trouvait dans l'appartement, remarqua qu'elle n'arrivait pas à marcher droit et qu'elle portait une robe très transparente. Avec tout le tact possible, ce dernier lui suggéra de mettre au moins un jupon. Mais Joan lui répliqua que les jupons n'étaient plus à la mode et elle quitta l'appartement.

Quelquefois, la chance la protégeait. Un soir qu'elle revenait de Cape, elle rata sa sortie et lorsqu'elle s'arrêta pour demander son chemin à deux militaires, ces derniers, réalisant qu'elle était incapable de conduire, la ramenèrent chez elle, puis téléphonèrent au bureau de Ted à Boston.

Mais presque toute sa vie se passait dans la pénombre, derrière des portes closes. Joan ne recevait que très peu d'amis. Lorsque Ted venait à Boston pour les besoins de son travail, il restait avec elle mais à l'autre extrémité de l'appartement, dans sa propre chambre.

Joan ne voyait presque plus ses enfants. Teddy Jr., Kara et Patrick allaient à l'école et demeuraient avec leur père à Washington. Parmi les membres de la famille Kennedy, seule Eunice semblait se préoccuper d'elle. Son bien-être était décidé par le bureau de Boston. Un jour, craignant qu'elle ait un accident avec sa voiture, l'un des membres du bureau de Boston décida de lui enlever ses clés. Lorsqu'elle voulut les ravoir, un jeune collaborateur de Kennedy fut chargé de les récupérer, et elle se sentit très humiliée.

Mais il y avait aussi des amis loyaux dont Joan ignorait même l'existence. Un jour, le concierge de l'immeuble la découvrit, étendue sur le sol, dans le hall, incapable de se tenir sur ses jambes. Il la transporta dans son appartement. Deux jours plus tard, ne la voyant pas réapparaître, il téléphona au mari de Kitty qui, à son tour, appela le sénateur, le suppliant d'envoyer quelqu'un à l'appartement pour voir si tout allait bien. Heureusement, Joan était saine et sauve.

D'autres tentèrent de l'aider. Le personnel de McLean se tenait toujours en rapport avec elle par téléphone; aux moments les plus critiques, le psychiatre de Joan la recevait tous les jours et des amis intimes de la famille comme Frank O'Connor et Sally Fitzgerald répondirent souvent à ses appels d'urgence avec patience et amour.

Un soir, alors qu'elle venait de lui parler au téléphone, Sally fut si alarmée qu'elle laissa ses quatre enfants à la maison et se rendit à Boston pour la voir.

Sachant que nous étions très amies, elle arrêta à mon appartement avant de monter chez elle. «Je suis tellement inquiète au sujet de Joan, me dit-elle. Il faut absolument qu'elle retourne à l'hôpital mais je suis sûre qu'elle refusera. Je ne sais vraiment plus que faire. Viendriez-vous avec moi pour lui parler?»

J'acceptai non sans quelque appréhension. Jusqu'à maintenant, Joan avait eu assez d'amitié pour moi pour me confier son problème de dépendance à l'alcool mais elle m'avait épargné les détails de ses rechutes. Jamais je ne l'avais vue boire. Mais Sally me demandait mon aide et je compris que je devais l'accompagner.

Nous sommes donc montées chez elle. Joan nous fit entrer. Elle était vêtue d'un pantalon en lainage et d'un chandail et ne sembla pas surprise de nous voir. Elle nous invita à entrer. L'appartement était sombre. Une fois dans le salon, Joan alluma les lumières.

Toujours debout, Sally lui parla affectueusement mais fermement: «Joan, ma chérie, laisse-moi faire tes valises. Ensuite je te conduirai où tu voudras aller.»

«Oh! Sally, je ne peux pas. Je suis tellement embarrassée, lui dit Joan d'une voix douce et plaintive. J'y suis allée tant de fois. Je ne peux pas recommencer.»

Puis elle rejeta ses cheveux en arrière et me regarda.

J'étais toujours dans le hall, ne sachant quelle contenance prendre. Pourtant, je comprenais les craintes de Joan concernant son retour à l'hôpital. Même lorsque sa vie était en danger, elle se sentait humiliée, diminuée. Si seulement les gens arrivaient à accepter cette maladie comme n'importe quel autre problème de santé! pensais-je tristement. Les femmes comme Joan n'hésiteraient pas autant à se faire soigner.

Après avoir refusé de suivre Sally, celle-ci la laissa dans le salon et vint me rejoindre dans le hall. Elle me regarda, les yeux remplis de larmes. Le plus doucement possible, je tentai de la persuader de se rendre dans un centre de désintoxication. Mais je savais qu'elle ne m'écoutait pas. Puis d'une voix douce, elle me dit : «Je t'aime bien.» C'était la première fois depuis toutes ces années où nous nous étions confiées l'une à l'autre, qu'elle me démontrait autant d'affection.

Sally vint nous rejoindre et mit son bras autour des épaules de Joan. Mais elle continuait à refuser de nous suivre et Sally et moi ne voulions pas la laisser seule. «Je t'en prie, ne bois plus ce soir, la suppliai-je. Va te coucher, je te téléphonerai demain matin.»

Joan acquiesça : «Je vais me coucher.»

Avant de quitter l'appartement, je laissai une note à Kitty pour lui faire part de notre visite et de nos appréhensions et je la laissai dans la cuisine. Puis, le coeur serré, nous quittâmes notre amie.

«Bonsoir, dit Joan. Et merci d'être venues. Je vais bien.»

La porte se referma et nous nous retrouvâmes à mon appartement où Sally reprit son manteau.

«Je suis tellement découragée, me confia-t-elle hésitant à partir. Plusieurs d'entre nous sont sur le point d'abandonner.»

Je mis alors mon bras autour des épaules de Sally. «Il ne faut surtout pas faire cela... pour l'amour de Joan. Dès qu'elle va se rendre compte que personne ne peut rien faire à sa place, elle ira mieux.»

Joan retourna en clinique. Après quelques mois de progrès réguliers, elle se sentit plus sûre d'elle-même. En tout cas suffisamment pour accepter les invitations de *McCall* et *People* pour raconter publiquement son histoire. Elle était très enthousiaste lorsqu'elle me parla de ces interviews et de son voyage à New York où elle devait être photographiée.

Cet été-là, les deux interviews firent la manchette de ces magazines. «Pour la première fois Joan Kennedy parle de son problème d'alcool, de l'échec de son mariage et de sa nouvelle vie indépendante», lisait-on dans le *McCall* du mois d'août 1978. Sur la photo de la couverture on pouvait voir Joan au sourire un peu figé et aussi Ted qui semblait terriblement mal à l'aise, derrière sa femme. Il n'avait pas assisté à l'interview au cours de laquelle elle décrivait comment tout avait commencé. Elle racontait comment elle avait supporté les fatigues et les tensions de ses voyages avec Ted, comment elle avait réussi à vivre l'épreuve de l'opération de son fils sans toucher à une goutte d'alcool, comment aussi elle recommençait toujours à boire. Elle parlait de sa vie brillante de Washington et de sa retraite à Boston, et osait confier finalement combien les rumeurs des aventures sentimentales de Ted l'avait blessée. C'était un article sympathique et candide. Joan assurait qu'il y avait maintenant une année qu'elle ne buvait plus et qu'elle allait se joindre aux Alcooliques Anonymes.

La page converture du numéro de *People* du 7 août présentait une photo de Joan toute seule. Elle paraissait plus détendue comme si le cliché avait été pris à l'improviste. La légende disait: «Joan Kennedy: elle est fière d'être redevenue sobre et de pouvoir vivre seule, mais si Ted devait se représenter à la présidence, elle serait à ses côtés.» Joan racontait encore au reporter Gail Jennes qu'elle était sobre depuis un an et qu'elle assistait maintenant aux assemblées des AA.

Bien que cela fût perçu par certains lecteurs comme une sorte de préparation à la candidature de Ted, d'autres, par contre — et particulièrement ceux qui étaient confrontés avec le même problème qu'elle — furent touchés par ces articles et les déclarations de Joan. Elle reçut de nombreuses lettres venant de politiciens, de personnages publics, d'hommes et de femmes à travers tout le pays, qui la félicitaient et la remerciaient. Ces lettres eurent un profond effet sur Joan. Elle était si fière et si heureuse lorsqu'elle m'en parla. J'espérais qu'elle réussirait à vivre à la hauteur de l'image qu'elle s'était créée à travers ces articles. Mais à mesure que les semaines passaient et que les lettres continuaient à affluer, la pression fut trop forte et elle recommença à boire.

Une fois de plus, Joan se retira derrière ses portes closes et, à l'époque de Noël, elle était affreusement malheureuse et déprimée. Aussi, elle ne se joignit pas à la famille pour les festivités de Noël à McLean, Virginie, et à Aspen, Colorado, et demeura seule dans son appartement de Boston. Pour ma part, j'étais très occupée par mes cours, ma famille et mon travail et je ne pouvais trouver le temps de lui rendre visite souvent. Mais lorsque je trouvai finalement le temps d'aller la voir après les fêtes, je constatai que non seulement elle ne s'était pas donné la peine de mettre une seule décoration dans son appartement mais qu'elle n'avait même pas ouvert les cartes de Noël qu'elle avait reçues.

«J'ai pleuré pendant des jours entiers. Jamais je ne me suis sentie aussi misérable de toute ma vie», me dit-elle tristement.

C'est sans doute ce profond désespoir intensifié par son besoin d'alcool qui la poussa à accepter des liaisons avec des hommes qu'en temps normal elle n'aurait même pas fréquentés. Un jeune
étudiant qui faisait des travaux divers pour les
gens des environs recevait des appels téléphoniques de Joan le soir et il allait la rejoindre dans son
appartement. Mais un jour, croyant sans doute que
j'en savais plus sur le sujet, il me dit : «Je ne veux
plus faire de travaux dans cet immeuble. Je préfère partir tout de suite avant que cela me cause
des problèmes.»

D'autres incidents suivirent. Plusieurs fois, le
soir, alors que je rentrais chez moi, je voyais Joan
sortir précipitamment d'une auto et monter directement à son appartement, suivie de près par un
homme mince en imperméable. Je ne connaissais
pas cet individu mais je me rendais compte que
Joan menait une vie secrète et que c'était son problème d'alcool qui la faisait agir de la sorte. Mais
malgré ses continuelles difficultés, elle faisait de
grands efforts pour paraître gaie et de bonne compagnie lorsque nous nous rencontrions pour prendre le thé. Jamais elle ne me parlait de ses rechutes et de ses rendez-vous clandestins.

Tous les amis de Joan, moi incluse, voulaient
prendre soin d'elle, craignant qu'il ne lui arrive
quelque chose. Cependant nous savions très bien
qu'une surprotection ne pouvait pas l'aider. Kitty
continuait à la surveiller durant la journée, tandis
que des professionnels s'occupaient d'elle. Pério-
diquement, Joan était hospitalisée.

Au printemps 1979, elle suivit une cure à Ap-
pleton House, un centre de traitement pour alcooliques de McLean. J'essayai de lui téléphoner mais
on me répondit : «Non. Il n'y a personne de ce nom

ici. Cependant, si vous voulez laisser votre nom et votre numéro et si la personne que vous mentionnez venait à entrer, elle pourrait alors communiquer avec vous.» Je fus très impressionnée par les mesures de sécurité qui existaient dans cet établissement. Je me dis cependant que la présence de ses amis devait terriblement lui manquer.

Un soir, Hazel et moi décidâmes d'aller la visiter.

À la réception, on nous fit la même réponse qu'au téléphone. J'eus beaucoup de difficulté à convaincre cette personne que nous étions des amies de Joan et qu'elle attendait notre visite.

Finalement, elle réussit à «localiser quelqu'un de ce nom» et Joan arriva, descendant un grand escalier. Elle portait un pantalon écossais et un chandail. Elle semblait calme et heureuse de nous voir. Mais je la trouvai un peu fatiguée. Elle nous fit visiter une partie de l'établissement et nous dit que sa chambre était située plus haut. Cette chambre lui serait toujours réservée même si elle ne décidait pas de revenir. Pour ne pas la fatiguer, nous avons parlé brièvement puis nous sommes rentrées à Boston, très encouragées par ses progrès.

À quelque temps de là, Joan fut transférée dans un petit cottage qui faisait partie du complexe de l'hôpital. Ces petites demeures étaient considérées comme des endroits de «dernier ressort». On y logeait les patients qui, ayant été traités à l'hôpital, avaient essayé de vivre une vie normale mais avaient échoué et avaient toujours besoin de surveillance. Souvent, les résidents partageaient les tâches de la cuisine et du ménage. C'était une sorte de transition vers la vie autonome. On imposait un couvre-feu et d'autres restrictions aux patients pendant toute la durée de leur ajustement à une vie normale, sans alcool. Pour ces gens, faire une rechute signifiait qu'ils n'auraient plus aucun autre endroit où l'on pouvait leur venir en aide. Mais s'ils finissaient par comprendre que leur consommation d'alcool ne pouvait les conduire que vers la maladie mentale, l'incarcération ou la mort, ils travaillaient très fort pour s'en sortir et retourner chez eux.

Heureusement, c'est le comportement qu'eut Joan pendant son séjour là-bas. Je la revis à Boston en juin, alors qu'on lui avait permis un bref retour chez elle. Elle semblait en grande forme et elle voulut connaître toutes les nouvelles. J'avais obtenu mon diplôme et recommencé à travailler à la télévision à une série pour enfants. Ted subissait des pressions de plus en plus fortes pour poser sa candidature à la présidence et il devrait bientôt prendre une décision.

Bien qu'il ait refusé de le faire en 72 et 76, le moment semblait idéal pour Ted. À la fin de juillet, un sondage fait par le *New York Times-CBS* démontra que les démocrates préféraient Kennedy à Carter. Un autre sondage prouva que la population américaine lui avait maintenant pardonné Chappaquiddick et les Kopchne déclarèrent publiquement qu'ils ne s'opposeraient pas à sa candidature. Des rumeurs circulaient à l'effet que Kennedy venait d'augmenter le nombre de ses collaborateurs tandis que Carter prenait une débâcle presque aussi grave que celle de Richard Nixon durant les derniers jours du Watergate.

Au mois d'août, pendant les vacances du sénat, Ted réunit sa famille et ses collaborateurs à Hyannis Port pour considérer la question d'un éventuel retour dans la course à la présidence tandis que Joan, qui venait tout juste de terminer sa cure, voyageait régulièrement entre Boston et Cape. En fait, elle se trouvait au centre de la décision importante qui allait se prendre. Son problème d'alcool de même que le fait de vivre séparée de son mari pesaient lourdement dans la balance. Il fallait également prendre en considération les affaires extra-matrimoniales de Ted, la crainte d'un autre assassinat et aussi l'opposition de la mère de Joan à ce projet.

Au début du mois d'août, je rencontrai Joan par hasard dans le hall de notre immeuble. Elle arrivait de Cape. Ses longs cheveux blonds étaient défaits et ses joues légèrement bronzées. Elle me prit à part pour me parler.

«Ted a décidé de poser sa candidature, dit-elle d'un ton anxieux. Mon Dieu que vais-je faire?»

Je ressentis de la compassion pour elle. Je savais à quel point Joan était vulnérable en ce moment. Dans tous les traitements contre l'alcoolisme, on suggère fortement aux patients de ne pas faire de changements majeurs dans leur vie pendant au moins un an. Et je me demandais si Ted avait l'intention de se servir de sa femme pour jouer le rôle de l'épouse fidèle et dévouée, la jolie princesse de la famille royale américaine, avant même qu'elle ne soit prête à le faire.

Lorsque je la revis un peu plus tard, elle était toute souriante. «Il a décidé de ne pas se présenter», dit-elle avec un soupir de soulagement. Elle pouvait maintenant demeurer à Boston et s'accorder le temps nécessaire pour solidifier sa victoire contre l'alcoolisme, reprendre ses cours et vivre une existence normale.

Cependant, le suspense n'était pas terminé et je réalisai que Joan était laissée dans la même incertitude que le public. Il circulait une rumeur à l'effet que la décision de Ted allait diviser le parti. On racontait qu'il faisait du jogging, s'était mis au régime et se mettait en forme «au cas où». Puis il admit qu'il ne niait pas «cette possibilité».

À la mi-août je la rencontrai de nouveau dans le hall. Elle était pâle et semblait nerveuse.

«Il a encore changé d'idée, dit-elle. Je ne crois pas que je pourrai passer à travers cela.»

Évitant de lui faire voir à quel point j'étais moi-même effrayée pour elle, je lui répondis: «Je sais que tu le pourras si tu vis un jour à la fois.»

4

RENCONTRE AU SOMMET

*« J'ai beaucoup écouté les gens parler
... et je sais que je peux monter
plus haut, alors que Ted ne peut que
retomber plus bas. »*
— Joan.

Je devinais aisément que Joan n'avait pas eu grand-chose à dire dans la décision de son époux. Les conseillers de Ted avaient sans doute dû beaucoup parler de Joan mais elle ne fut absolument pas consultée dans la décision finale. Ted allait poser sa candidature mais allait-il demander à Joan d'être à ses côtés? Quelques stratèges politiques étaient contre, comme l'était Ted lui-même d'ailleurs, si l'on en croit un collaborateur. Ils se disaient que Joan n'était plus le joli jouet blond des années soixante. De plus, elle était alcoolique. Elle était devenue sobre, d'accord... mais qu'arriverait-il si elle se remettait à boire? En tant que première dame potentielle, tous les regards seraient fixés sur elle et on en parlerait abondamment dans la presse. De plus, les gens avaient toujours en mémoire son comportement alcoolique des années soixante-dix. Il fallait donc, à leurs yeux, la laisser en dehors de tout cela.

Mais il s'en trouvait pour présenter d'autres arguments. Si Joan ne faisait pas campagne avec lui, tous les fantômes du passé de Ted ressurgiraient: l'échec de son mariage, une femme alcoolique, ses propres infidélités, Chappaquiddick. Mais si elle l'accompagnait, ses électeurs en déduiraient qu'ils s'étaient réconciliés et que si Joan lui avait pardonné, ils pouvaient bien le faire eux aussi. Sur ce point, Joan émit son opinion. Elle sentait qu'elle pouvait aider Ted et qu'il aurait besoin d'elle. Elle connaissait la terrible pression qu'engendraient ces campagnes politiques; elle les avait vécues pendant vingt ans. Mais elle avait quelque chose à prouver à Ted et encore plus à elle-même. Elle tint absolument à l'appuyer.

Ce ne fut pas toutefois sans certains doutes et hésitations. Je le sentis lorsqu'elle me parla de la décision de Ted. Je m'inquiétais pour elle. C'était trop tôt. Après tout, elle n'était sobre que depuis quelques mois. Si elle se remettait à boire, ce serait désastreux pour la campagne... et encore plus pour elle-même. Ted et ses conseillers étaient-ils conscients de cela? Même si je ne pouvais m'empêcher d'admirer le courage de Joan, je me demandais quel impact sa participation pouvait avoir sur l'avenir politique de Ted... et sur le sien. Je savais que Joan pouvait compter sur l'aide, les conseils et l'appui de tous les membres de la très efficace famille Kennedy. C'est pourquoi je fus très étonnée lorsqu'au début de septembre, alors que nous naviguions sur le *Curragh*, elle me demanda d'être son assistante au cours de la campagne. Plus tard, lors d'une réunion au Copley Plaza pour en discuter, elle se fit plus précise au sujet des tâches que je devrais accomplir.

« Les collaborateurs de la campagne doivent faire tout et n'importe quoi, me dit Joan. Si le chien doit sortir, quelqu'un se charge de le faire sortir. » Je savais bien qu'elle parlait par métaphore, mais j'étais heureuse et soulagée d'apprendre qu'il ne se trouverait pas un personnage important de Terre-neuve ou de la Rhodésie m'attendant à son appartement pour mettre mes capacités à l'épreuve.

« Et l'honneur ultime, me dit-elle avec un large sourire, est de faire mes valises! » Puis elle me raconta avec humour comment, au cours de la dernière campagne, les femmes qui y travaillaient se poussaient littéralement des coudes pour faire ses valises. Elle me raconta beaucoup d'autres histoires pour me prouver combien ces campagnes pouvaient être excitantes. Elle me demanda mon aide mais, à part les chiens et les valises, elle ne me dit rien de plus au sujet de mes responsabilités. Et lorsque je lui avouai que je ne connaissais absolument rien de ce que pouvait être une campagne électorale, elle me répondit que cela n'avait aucune importance.

Je possédais cependant une certaine expérience en relations publiques, en écriture et en télévision, ce qui me qualifiait assez bien pour ce genre de travail. Mais j'étais bien loin de me douter que durant l'année qui suivrait, j'aurais à utiliser toutes les connaissances apprises au cours des trente-neuf années précédentes. Je croyais que ma tâche principale serait de prendre soin de Joan. Je me disais qu'en tant qu'amie je pourrais lui être d'un grand secours pour l'aider à surmonter son alcoolisme et prendre soin des détails de sa vie privée. Le bien-être de Joan était plus important pour moi que la victoire de Ted. Espérant que cette campagne se terminerait à la Maison Blanche tout en maintenant Joan heureuse et en santé, j'acceptai de devenir son assistante.

Cependant, avant de commencer mon travail à la mi-octobre, j'eus à passer quelques tests. Pouvais-je trouver le moyen de faire nettoyer le costume en suède de Joan dans la même journée où elle devait présider à l'inauguration d'une bibliothèque publique? Pouvais-je organiser un horaire très serré où elle devrait successivement se faire

teindre les cheveux, épiler les jambes, et procéder
à un essayage, sans avoir à la faire revenir de nouveau? Étais-je au courant des sujets qui intéres-
saient particulièrement les organisations féminines? Je fus examinée et jaugée à la fois par les
Kennedy, par le personnel de Washington et par
celui de Boston. Il fallait que je travaille vite sans
oublier le moindre détail. Pas de bureau, aucune
aide, mais de très grandes responsabilités envers
Joan. C'est ainsi que je me lançai tête baissée dans
ce travail. En décidant de reprendre la lutte, Ted
faisait quelque chose de presque impensable. Il faisait campagne contre le président de son propre
parti. La rivalité entre les deux hommes était évidente et Carter n'était pas sans savoir qu'il devrait
se battre non seulement contre un jeune sénateur
très populaire mais également contre la fameuse
légende Kennedy. On se rendit vite compte qu'on
ne lui pardonnerait aucune incartade car, après
l'ouverture de la Kennedy Library de Boston Sud,
la presse lui reprocha durement la façon vulgaire
dont il avait embrassé les femmes Kennedy et on
remarqua avec déplaisir qu'il avait osé poser sa
main sur le genou de Joan au cours de la cérémonie.

Les comparaisons politiques entre Kennedy et
Carter détermineraient largement les autres comparaisons d'un type plus personnel. Mais il ne fallait pas négliger non plus les comparaisons qui se
feraient fatalement entre les deux épouses des
candidats: Rosalynn Carter qui fut peut-être la plus
dévouée et la plus active des premières dames des
États-Unis depuis Madame Roosevelt... et Joan. Je
réalisais que le rendement de Joan serait d'une importance capitale au cours de cette campagne. Je
sentais une lourde responsabilité retomber sur
mes épaules, sachant cependant que c'était peu en

comparaison avec ce qu'allait supporter Joan.

Mais elle accepta de relever le défi avec en-thousiasme. Un dimanche soir, à la fin d'octobre, le téléphone sonna près de mon lit. Je me sentis très inquiète en regardant l'heure. Allait-elle bien? Ces coups de téléphone tardifs étaient souvent dus aux effets de l'alcool.

« Bonsoir, me dit Joan d'une voix enjouée. Je n'arrive pas à dormir. »

« Moi non plus », dis-je en regardant de nou-veau mon réveil.

« J'ai tant de choses à faire, continua-t-elle. Il me faut un texte de deux minutes pour la télévision pour dans deux semaines et demie, c'est-à-dire le 7 novembre. Ce jour-là, Ted annoncera officielle-ment sa candidature. »

« À Boston? » lui demandai-je.

« Oui... Toi et moi devrons nous occuper d'é-crire une déclaration pour le mercredi 31 à midi. C'est une grande première. Jamais encore l'épouse d'un candidat a fait des déclarations publiques pour annoncer qu'elle appuie son mari. »

Je me dis que c'était probablement parce que jamais aucune autre épouse de candidat n'avait eu à le faire.

« Oh oui... et il faut aussi un texte de trente mi-nutes pour la télé sur la façon d'enseigner la mu-sique aux enfants. »

Je pris un crayon et une feuille de papier afin de m'assurer de ne rien oublier.

Joan poursuivit: « Nous pourrions nous y met-tre mardi matin après que tu m'auras accompa-gnée chez mon médecin. Sarah Milam va venir de Washington pour notre assemblée de mercredi.

C'est la femme la plus intelligente de tout le personnel de Ted. Ed sera là aussi. Ed était le représentant de Ted auprès de la presse en 1962. Après
cela, il est allé travailler pour le *Herald*. Il travaille
en coulisse mais il mériterait d'être un homme
plus en vue. Et Milty... il est si brillant! Sally vient
également. De toute manière, ce sont tous des
pros. »

« Que dit Ted dans tout cela? » demandai-je.

«Il est soulagé de savoir que je vais prendre
en main les questions personnelles et émotionnel-
les. Pour ce qui est de la politique, Ted peut répondre à n'importe quoi mais quand il s'agit de questions d'ordre privé on dirait qu'il ne sait pas quelle
attitude adopter.»

«Nous allons bien voir ce que dira Washington... il nous sera ensuite plus facile de voir ce que
nous devrons dire ou pas.»

«Je suis tellement emballée...», répéta-t-elle
encore une fois.

Et je l'étais aussi. J'étais surtout heureuse
qu'elle se confie à moi. L'écouter faisait partie de
mon travail. Elle avait absolument besoin d'une
oreille attentive pour mener à bien la dure tâche
qu'on lui avait assignée.

Le lendemain matin, j'accompagnai Joan
dans ses courses. Elle alla se commander du papier à lettres luxueux pour sa correspondance. Elle
ne cessait de parler de l'itinéraire qui nous attendait. «Dès que Ted aura annoncé officiellement sa
candidature, me dit-elle, nous partirons pour le
New Hampshire et le Maine mercredi. Jeudi, nous
irons à Chicago et à Denver et vendredi, à Los Angeles et à Miami.» Elle parla d'acheter des vêtements pour l'occasion, chez des couturiers, puis je

me mis à penser qu'il lui fallait de nouvelles valises.

Elle passa par la banque et en ressortit en riant, la main pleine d'enveloppes. «Ils sont toujours étonnés quand je leur demande de me donner mille dollars en coupures de cinq. Ils devraient pourtant y être habitués maintenant. Je mets toujours cent dollars par enveloppe.» Kitty en fut également sidérée le jour où en rangeant ses tiroirs elle trouva des dizaines d'enveloppes remplies d'argent. «Madame Kennedy sait-elle que ses tiroirs sont remplis d'enveloppes pleines de billets de banque? Il y en a entre chaque vêtement!» Je dus la rassurer en lui disant qu'elle était parfaitement au courant.

En revenant à la maison, nous arrêtâmes dans un restaurant pour commander des sandwiches, des cornichons et de la salade de chou que quelqu'un irait chercher pour l'assemblée du mercredi matin. On refusa d'accepter la «MasterCard» de Joan (je croyais que ces choses-là n'arrivaient qu'aux gens comme nous) mais ils acceptèrent d'envoyer la facture (ce qui n'arrive jamais à des gens comme nous). Le mardi, nous prîmes l'Impala bleue de Joan pour nous rendre chez son médecin. Je ne comprenais pas très bien ce que j'avais à faire là mais j'appris par la suite que le sénateur avait déjà vu le médecin avec Joan, probablement pour s'assurer de ses capacités physiques à participer à cette campagne et lorsque les deux hommes soulevèrent la question de savoir qui l'assisterait au cours de ce périple, elle répondit: «J'ai déjà trouvé quelqu'un. Elle habite mon immeuble.»

Normalement, cette décision aurait dû être prise par le sénateur et ses conseillers, comme toujours. Mais cette fois, elle avait parlé pour elle-même, ce qui était une indication de sa ferme intention d'organiser sa propre vie au cours de cette campagne. J'ignore si l'on avait informé le médecin de mes qualifications mais je compris qu'on avait arrangé cette entrevue de façon à ce qu'il puisse se rendre compte si j'avais l'habileté nécessaire pour entreprendre ce travail.

Comme j'entrais dans son bureau, il terminait une conversation avec Rick Burke, l'assistant exécutif du sénateur. Après les présentations d'usage, le jeune médecin s'adossa à son fauteuil de cuir et me demanda:

«Avez-vous parlé à Rick?»

«Non», répondis-je en même temps que Joan.

«Eh bien, le voyage est annulé. Je pense que ce serait trop fatigant pour Joan.»

Étonnée, Joan me regarda puis:

«Je crois que cela me soulage», dit-elle, acceptant la décision avec grâce. Je suppose que Joan était habituée à accepter toutes les déceptions et avait appris à rationaliser ce qui lui arrivait. Mais j'étais très impressionnée que ce jeune médecin ait eu le cran de dire «non» à un Kennedy afin de préserver les intérêts de Joan.

Puis, comme si cela avait été décidé au préalable, ils se mirent à parler de mon salaire. Joan et moi en avions parlé très brièvement mais comme elle avait peu d'expérience des problèmes d'argent, cette question avait été référée à Rick, à Washington. Ce dernier en discuta donc avec Joan qui parut très étonnée par mes exigences salariales. Mais à mon grand embarras, voici que maintenant on soulevait ce sujet dans le bureau du médecin.

«Personne n'est payé, dit-elle. Les gens paient pour travailler pour les Kennedy.»

J'en fus très blessée. Il semblait qu'elle était du côté du médecin pour s'opposer à mes demandes. Je n'arrivais pas à comprendre ce qui semblait être une confrontation préparée à l'avance. Je n'avais pas le droit de parler de mes propres obligations financières, pas plus que du fait que j'étais le seul membre du personnel de Joan, ce qui m'obligeait à être en fonction 168 heures par semaine et à faire le travail de plusieurs personnes. Mais j'avais promis à Joan et je n'allais pas revenir sur ma décision. Cependant, je savais que Rosalynn Carter avait plus de vingt personnes à son service, et toutes, à l'exception des travailleurs volontaires du parti, étaient très bien payées.

La question de mon salaire ne fut donc pas résolue ce jour-là. Mais à la lumière de cet incident, je me rendis compte que ce médecin, bien que se faisant le protecteur de Joan, n'en était pas moins une sorte de fonctionnaire de l'organisation Kennedy. Je compris à quel point Joan avait été «programmée» et ce que cela pouvait être que de ne pas avoir de pouvoir de décision.

Le médecin se retourna finalement vers moi pour discuter des priorités concernant le bien-être de Joan au cours du prochain mois: la sobriété, l'estime d'elle-même, le travail, quelques distractions et beaucoup de repos. Parlant comme si Joan n'était pas présente, il me recommanda de surveiller les signes avant-coureurs d'une éventuelle rechute de sa part et m'assura qu'il était disponible en tout temps si le besoin s'en faisait sentir. Au moment où nous allions partir, il dit à Joan en souriant: «N'oubliez pas... Marcia travaille uniquement que pour une madame Kennedy sobre!»

Quelques jours plus tard, Rick me téléphona pour m'annoncer: «Vous aurez quinze mille dollars par année. C'est à prendre ou à laisser.» Ce n'était guère plus que ce que je gagnais dix ans plus tôt mais je n'avais plus d'autre choix que celui d'accepter.

Ce matin-là, il faisait très beau. En me réveillant, je songeai tout de suite que nous n'étions qu'à une semaine de la fameuse annonce officielle. J'allai chercher les sandwiches commandés la veille pour notre réunion. J'en étais à ma toute première expérience en la matière et j'avais hâte de voir comment se déroulaient ces fameuses rencontres et quel serait le rôle de Joan dans tout cela.

J'accueillis moi-même les invités dans le hall aux teintes blanches et argentées. Milton Gwirtzman, un homme grand et fort sérieux ayant à son crédit une grande expérience légale, arriva le premier suivi d'Ed Martin, un Irlandais réputé pour son charme et son sens de l'humour. Tous deux avaient travaillé pour la sénateur lors de la campagne précédente et étaient aguerris aux subtilités de la politique. Ils étaient également passés maîtres dans l'art de recevoir la presse. Sarah Milam, sensible et intelligente, connaissait Ted et Joan depuis leur mariage et avait travaillé pour le sénateur à Washington. Sally Fitzgerald, atteinte d'un cancer en phase terminale, avait beaucoup aidé Joan à surmonter son alcoolisme. Cette femme à la fois énergique et chaleureuse avait voulu se joindre à la campagne, sachant fort bien qu'il s'agissait de sa dernière. Chacun d'eux était venu offrir à Ted sa compétence personnelle et ses loyaux services. Mais tous voulaient également aider son épouse.

Joan se joignit à nous dans le salon. Elle semblait pleine d'enthousiasme. Après avoir salué et embrassé ses invités, elle offrit des sandwiches et du café avant que le travail sérieux ne commence. La réunion débuta. Je pris des notes afin de pouvoir réviser plus tard, en compagnie de Joan, tout ce qui s'était dit.

Le but de cette rencontre était de décider si oui ou non Joan devrait faire une déclaration publique lorsque Ted annoncerait sa candidature le 7 novembre. Les hommes étaient contre, prétextant que si Joan parlait, toute l'attention publique serait portée sur elle plutôt que sur Ted. Ed voyait déjà les manchettes que cela provoquerait: «Joan déclare qu'elle aime toujours Ted au moment même où il annonce sa candidature.»

«Vous savez, je crois qu'il a raison, dit Sally en secouant sa tête blonde. Si un magazine aussi important que le *Time* peut...» Elle ne termina pas sa phrase mais nous savions tous qu'elle faisait allusion à un récent article intitulé «L'âme vulnérable de Joansie» et qui se terminait ainsi: «La vie publique n'a pas été douce pour Joan Kennedy. On peut le voir à ses yeux bouffis, à son maquillage exagéré et à sa tendance à l'alcoolisme. Aujourd'hui encore, elle est terriblement vulnérable et c'est là le facteur inconnu qui décidera de l'avenir politique de son mari.»

«Joan a toujours voulu le bien de tous», assura Sally en s'adressant à Ed.

Encore une fois, je remarquai avec surprise qu'on parlait d'elle comme si elle n'était pas présente; et cela semblait se produire chaque fois qu'on prenait une décision importante à son sujet. Mais cette fois, peut-être s'en rendit-elle compte car elle se redressa sur le divan et parla plus vigoureusement qu'elle ne l'avait fait depuis plusieurs mois.

«Elle a tout à fait raison, dit Joan en renvoyant en arrière sa lourde chevelure blonde. Je veux faire de mon mieux pour Ted. Je ne le blâme pas de s'inquiéter pour moi. Il se sent très mal à l'aise face à ce que vous qualifiez généralement de «questions personnelles», mais je sais qu'actuellement c'est ce qui préoccupe tous et chacun. «Est-ce que Joan va bien?» «Va-t-elle pouvoir suivre toute la campagne?» «Va-t-elle vivre à la Maison Blanche?» Pire que cela. La plupart de mes amis croient que nous sommes divorcés et que nous nous sommes réconciliés uniquement pour les besoins de la campagne.»

Puis elle parla plus doucement mais avec une telle intensité que personne ne songea à l'interrompre: «Tout cela est dégoûtant et je voudrais mettre les choses au point une fois pour toutes. Ted m'assure qu'il se sentira plus à l'aise si je parle et que cela le soulagera d'un grand poids. Si je suis bien secondée et si je me sens en confiance, je peux faire un travail fantastique. Ted voudrait que je parle de mes problèmes personnels, que je mette les choses au clair, que je réponde gentiment et honnêtement aux questions de la presse. Eh bien, je suis prête à le faire. Lorsque tout aura été dit, Ted pourra poursuivre sa campagne et dans deux mois, personne ne parlera plus de nos problèmes personnels.»

J'étais étonnée de l'entendre s'exprimer avec une telle force et une telle franchise. Les hommes eux aussi semblaient ébahis par son attitude et devaient certainement se demander ce qu'il était advenu de l'épouse qui acquiesçait à tout sans maugréer. Je soupçonnais qu'ils avaient pour mandat de lui faire savoir qu'elle ne ferait pas de déclaration et voilà que maintenant ils se trouvaient dans une position qui les obligeait à discuter avec elle. Ed entra bravement dans l'arène avec tout son charme et sa diplomatie. Il était d'accord qu'il fallait régler ces choses avec la presse le plus rapidement possible mais il fallait considérer quel serait le temps idéal pour le faire. «Selon moi, le mieux serait encore de vous asseoir sur l'estrade avec les autres membres de la famille en souriant, de laisser Ted faire sa déclaration puis de partir sans dire un mot.»

Je ne pus alors m'empêcher de penser que ce scénario habituel avait dû contribuer aux problèmes de Joan dans le passé. Mais à présent, lui demander de n'être qu'une épouse ornementale semblait insuffisant. Le public exigerait certains éclaircissements au sujet de Joan et de leur vie de couple. Et elle était bien prête à les lui donner, ne fût-ce que pour elle-même, si ce n'était pour Ted.

Tout le groupe était d'accord pour admettre que Ted se ferait poser certaines questions et Ed voulut savoir ce qui se passerait si quelqu'un demandait: «Sénateur, je voudrais poser une question à Joan.»

Milton, qui n'avait encore rien dit jusque-là, secoua la tête comme s'il voulait éluder le sujet. «Personne n'a jamais posé de question sur les épouses des candidats. C'est le mari seul qui est en cause», dit-il fermement.

«Peut-être..., insista Sally, mais il n'y a jamais eu autant de rumeurs au sujet des autres.» Il s'agissait là d'un point crucial.

«Mais nous ne vivons même pas ensemble!» protesta Joan en tendant le bras vers le salon comme si elle voulait mettre l'accent sur l'absence de Ted. Les femmes approuvèrent avec sympathie. Il fallait mettre un terme une fois pour toutes aux commérages... ou, en tout cas, expliquer ce qui se passait vraiment.

Milton déposa son assiette et y jeta sa serviette de papier roulée en boule. Il avait le regard d'un homme qui va jouer sa carte maîtresse. «Comprenez-vous bien que la plupart des gens ne croient pas que Ted va se présenter? demanda-t-il en regardant Joan. Au fond, ils ne tiennent pas tellement à ce qu'il se présente parce qu'ils craignent trop un nouvel assassinat. Personne ne le croira tant qu'il ne le leur annoncera pas directement.»

«Je comprends, dit Joan dans un soupir. Je ne savais pas cela.»

«Il a enfin la chance de se lever, de leur dire: «Oui c'est vrai, je me présente», et de leur expliquer pourquoi il croit qu'il fera un bon Président, meilleur que Carter ou Reagan, ou n'importe quel autre candidat. Les gens dans ce pays sont plus inquiets de le voir se faire assassiner que de connaître...» Il hésita puis conclut en baissant la voix: «... les vicissitudes de votre mariage.»

«Je suis bien aise que vous nous ayez fait comprendre cela», lui répondit Joan, visiblement affectée et peinée par les paroles de Milton.

Pendant un certain temps, elle sembla s'être retirée de la conversation alors que les autres continuaient de donner leur avis sur la question de savoir si Joan devrait parler en public ou non. Mais lorsque Sally insista sur le fait qu'elle s'inquiétait au sujet des questions personnelles et suggéra qu'on laisse Joan y répondre, Ed refusa carrément. «Si quelqu'un demande si Joan fera campagne avec lui ou si elle va vivre à la Maison Blanche, Ted est parfaitement capable de répondre lui-même à ces questions.» Puis il se cala sur sa chaise comme si le sujet était clos.

Mais Joan ne comptait pas abdiquer aussi facilement. Elle se tourna vers lui et lui dit: «Ah oui? Et que dira-t-il? Je ne blague pas... je voudrais le savoir. Ses réponses sont quelquefois si insipides et si loin de la vérité!»

«C'est lui qui devra se prêter au jeu des questions-réponses», insista Milton d'un ton calme mais ne cédant pas d'un iota.

Finalement, Sarah déclara: «La décision vous revient, Joan. La facilité serait encore de ne pas faire de déclaration. Mais si vous en faites une, ne répondez pas aux questions.» La discusion se poursuivit encore pendant quelque temps, les hommes étant toujours opposés à ce que Joan s'implique personnellement. Puis Sally proposa une solution: «Que diriez-vous de ceci?» Elle prit une feuille de papier sur laquelle elle venait de griffonner quelques lignes. «Je suis heureuse et fière que Ted ait décidé de se présenter à la présidence. Je partage ses aspirations et ses ambitions...»

Joan se recroquevilla sur elle-même, croisa les bras et se retourna vers son amie de longue date. «Ma chère, tout ça, c'est de la merde. Je ne partage absolument pas ses aspirations. Si je parviens à survivre à tout cela, c'est parce que j'aurai la certitude que je le fais uniquement pour moi.» Elle fit une pose puis nous regarda l'un après l'autre en tendant les bras comme si elle plaidait pour se faire entendre. «Je voudrais que vous m'écriviez une déclaration sans équivoque. Faites-moi grâce «des aspirations partagées» parce que ce ne serait pas vrai. Je ne dirai rien de lui, ni pour lui... Je ne veux parler que de moi.»

Ed sauva alors la situation en suggérant une sorte de compromis. «Je suis contre le fait que vous fassiez une déclaration, dit-il. Je crois que ce serait inutile mais disons que vous pourriez donner des réponses rapides qui ne veulent rien dire, c'est-à-dire qui n'impliquent rien ni personne. Par exemple, à une question du genre : «Sénateur votre femme fera-t-elle campagne à vos côtés?», Ted sourit, regarde autour de lui et dit : «Joan...» Joan se lève rapidement et répond : «Naturellement...», plus quelques autres mots sans importance, et se rasseoit ensuite.»

Joan joignit les mains en silence puis soupira : «Je ne lirai rien. Je dirai tout par coeur.» «C'est très bien», dit Ed, satisfait et soulagé.

Finalement avec l'accord de tous et de chacun, Joan entra dans la campagne à ses propres conditions. Elle ferait des déclarations telles que : «Je ferai campagne auprès de mon mari et je répondrai alors à toutes les questions. Après tout c'est la journée de Ted et non la mienne.»

C'était vraiment la première fois qu'elle se présentait devant les membres de l'équipe Kennedy comme quelqu'un qu'il fallait prendre au sérieux.

Ensuite, le groupe discuta de l'éventualité d'offrir le café aux gens de la presse afin que les journalistes puissent rencontrer Joan après l'annonce de la candidature de Ted. Tout le monde trouva l'idée excellente. Ed suggéra alors de n'inviter que des reporters avec lesquels Joan se sentirait à l'aise bien que, reconnaissait-il, cette ségrégation apparaîtrait peut-être injuste et sujette à critique. «L'important est que...»

«Que je parle!» l'interrompit Joan en regardant tout le monde autour d'elle.

«En effet...» admit Ed.

«Alors écoutez bien, continua Joan d'un ton ferme. Je suis décidée à répondre aux questions mais cela ne veut pas dire que ce sera bon pour Ted. Il faudrait que vous me donniez certains points de repère. Je saurai à partir de là ce que je dois dire ou non.» Elle fit une pause. «J'ai entendu dire des tas de choses à mon sujet. On me considère comme une femme vulnérable et très malade. Mais je crois que c'est une très bonne chose que d'admettre qu'on a besoin d'aide.»

Une nouvelle fois, toute l'attention se concentra sur elle. Et comme pour souligner l'importance de sa contribution à la campagne, Milton tira quelques coupures de journaux de son porte-documents. L'une d'elles disait à peu près ceci: «Les candidats devraient-ils être jugés sur d'autres critères que leur rôle d'hommes politiques?» Milton expliqua que l'éditorialiste avait conclu que c'était en effet indispensable et faisait allusion au sénateur Kennedy, à l'affaire Chappaquiddick, à ses relations avec son épouse et aussi aux autres femmes qu'il courtisait régulièrement...

«C'est là que j'aurai besoin d'aide, dit Joan très lentement. Ils vont sûrement me demander ce que je pense de Chappaquiddick et comment je me comporte, sachant que Ted sort avec d'autres femmes. Ce sera très difficile pour moi parce que je n'ai jamais rien eu à voir avec tout cela. Je pourrais toujours répondre que c'est de l'histoire ancienne... ou que sa dernière aventure date d'il y a deux ans.» Elle regarda Sarah, espérant qu'elle l'approuverait.

Sarah secoua doucement la tête. «Je ne crois pas que vous vous en tirerez aussi facilement. La façon dont vous avez répondu il y a quelques années était, à mon avis, excellente. Vous avez déclaré «que cela vous était très difficile et que toute cette histoire était bien triste».

Joan écarquilla les yeux. «Ted a été furieux à un point que vous ne pourriez imaginer lorsque j'ai déclaré cela. S'il ne veut pas que je dise quoi que ce soit, il ferait bien de me le dire!»

Nous n'étions pas plus avancés. Milton réfléchit quelques instants. «Et si vous déclariez simplement que vous avez eu tous les deux quelques problèmes? suggéra-t-il. Vous seriez considérés comme un couple semblable à bien d'autres.»

Je n'étais pas certaine que Joan fût prête à accepter la responsabilité de l'échec de leur mariage mais, pour des raisons politiques, elle voulait bien aider son mari. J'admirai sa docilité. «Je désire simplement faire des gestes positifs afin qu'il puisse dire qu'il est fier de moi, énonça-t-elle. Cela m'est égal qu'il récolte toute la gloire. Je veux travailler à ma réhabilitation et c'est l'unique chose qui compte pour moi.»

«C'est fantastique!» s'exclama Milton. Un grand silence se fit dans l'assemblée. Sarah sourit à Joan. «C'est très bien. Et dans la plupart des cas, c'est encore la sincérité qui est la meilleure des armes.»

«Oui», dit simplement Joan.

Au terme d'une nouvelle discussion sur la manière de présenter la séparation des Kennedy, le groupe tomba d'accord sur un point: Joan devait dire qu'elle avait quitté Washington parce qu'elle avait un problème d'alcool. Tout le monde espérait qu'ainsi le public ne penserait plus que leur mariage s'était soldé par un échec.

«Mais l'argument est que c'est lui qui l'a poussée à boire», rappela Ed.

«Nous voulons aussi dissiper ce mythe», répondit Joan avec conviction. Elle avait appris au cours de son traitement que l'alcoolisme n'était pas dû à des gens, des endroits ou des événements mais qu'il s'agissait bel et bien d'une maladie.

«Vous pourriez dire que vous buviez avant même que Ted ne se mette à courir après toutes les femmes», dit Ed en blague.

«Ah ça non et je peux le prouver! s'exclama Joan en secouant la tête. Pour ce qui est des questions sur l'alcool, je trouverai quelqu'un de compétent pour m'aider.»

Enfin, l'assemblée se termina et après avoir reconduit à la porte les invités de Joan, je revins vers elle. Elle était toujours assise sur le divan. Nous étions toutes deux d'accord pour dire que tout s'était très bien passé. Mais nous avions encore beaucoup à faire avant le jour J. Joan me demanda: «Crois-tu que je pourrai passer à travers tout cela, Marcia?»

Sans doute réalisait-elle combien cette campagne allait lui demander d'efforts.

«Mais c'est déjà fait, répondis-je. Personne n'aurait pu faire mieux.»

Je croyais ce que je disais. Mais en même temps, je commençais à comprendre ce que cela avait dû coûter à Joan d'être la femme d'un politicien pendant toutes ces années. Cet après-midi s'était passé à scruter sa vie. Combien de fois, dans le passé, les collaborateurs de Ted lui avaient-ils imposé ce qu'elle devait ou ne devait pas faire? Combien de fois lui avaient-ils demandé de partager le blâme des erreurs de Ted et de l'appuyer sans condition et à tout moment quand il en avait besoin? Combien de fois sa vie avait-elle dépendu des intérêts politiques? Et combien de fois lui avait-on donné la chance de s'exprimer librement? Mais aujourd'hui les choses avaient été différentes. Elle avait montré beaucoup de courage en exigeant de parler pour elle-même. C'était peut-être une petite victoire mais elle annonçait un tournant décisif dans sa vie.

Vers la fin de la semaine, Ed et moi avions terminé les arrangements pour les déclarations de Joan. Il me dit qu'il avait trouvé un reporter qui était aussi un de ses amis et j'aidai Joan à préparer ses réponses aux questions éventuelles. Quelques jours plus tard, je reçus une invitation pour la conférence de presse du sénateur:

> Le mercredi 7 novembre, j'annoncerai ma candidature à la présidence des États-Unis à Faneuil Hall, Boston, à 10h30 a.m. Il me fait plaisir de vous inviter afin de partager avec vous cette grande occasion et j'espère que vous pourrez y assister. S'il vous plaît, veuillez présenter cette invitation à votre arrivée à Faneuil Hall.
> RSVP
> Sincèrement vôtre,
> Ted Kennedy.

Ce jour-là, Ted annoncerait officiellement qu'il entrait dans la course. Joan aussi.

Ce dimanche soir, avant l'annonce officielle de Ted, Joan me demanda de cesser notre travail pour regarder une émission spéciale à la télévision. Il s'agissait d'un programme d'une heure intitulée «Teddy». Quelques semaines auparavant, Roger Mudd avait persuadé Ted de collaborer à ce projet et avait demandé l'autorisation de réaliser deux entrevues, l'une à la maison des Kennedy à Cape avec toute sa famille et l'autre à son bureau, avec ses collaborateurs. Le sénateur avait accepté et les arrangements avaient été pris pour qu'une équipe de télévision vienne filmer toute la fin de semaine à Hyannis Port, c'est-à-dire à compter du 29 septembre. Les collaborateurs du sénateur se chargèrent de rejoindre Joan et les enfants afin de s'assurer que tous les membres de la famille seraient présents. Mais Joan ne se sentait pas tellement en forme pour cette immense préparation que nécessitait un week-end télévisé. Kara et Teddy, qui avaient d'autres projets, n'apparurent pas non plus. Le sénateur arriva avec toute son équipe et Roger Mudd prit place sur une chaise, sur la pelouse faisant face à la mer, pour ce que l'équipe du sénateur allait qualifier plus tard «d'entrevue impromptue».

Lorsque tout fut terminé et quand toute l'équipe de Mudd fut retournée à New York, Ted téléphona à Joan à Boston, ce qui lui arrivait très rarement, et lui confia qu'il ne s'était jamais senti aussi déprimé, se plaignant du fait qu'aucun membre de sa famille n'avait collaboré à cette émission et que l'interview avait sans doute été un fiasco.

Il était facile de comprendre qu'il puisse être déçu de ne pas avoir eu sa famille autour de lui alors qu'il en avait besoin. Mais ce ne fut que ce 4 novembre, en regardant l'émission, que nous comprîmes la raison de ses inquiétudes.

Ce soir-là, Joan en robe d'intérieur de ratine verte et moi dans ma robe d'intérieur de velours rouge, étions assises sur le tapis tout près de la petite télévision portative afin de ne rien manquer de ses paroles ou des expressions de son visage. La réception n'étant pas très bonne, nous devions nous forcer pour entendre et voir ce qui se passait. Mudd était un meneur de jeu parfait bien que peu préparé, semblait-il, pour cette occasion. Ses questions étaient celles que toute la presse avaient déjà posées, ce qui rendit encore plus étonnant le fait que le sénateur ne semblait pas préparé à y répondre. Il semblait mal à l'aise sur sa chaise et ne regardait jamais Mudd en face ni les caméras. Mais il y avait pire encore : ses réponses étaient évasives et peu compréhensibles.

Lorsque Mudd lui demanda : «Quel est l'état actuel de votre mariage?» Ted sembla encore plus mal à l'aise. Il répondit que Joan et lui avaient eu des moments difficiles mais qu'ils avaient fait d'énormes progrès depuis.

Joan me lança un coup d'oeil inquiet, se demandant ce qu'il allait dire. Faisant visiblement des efforts désespérés pour tenter de définir leurs relations conjugales, il poursuivit : «C'est... je dirais que c'est... c'est... Je suis enchanté que nous puissions partager le temps et les relations... que nous partageons.» Mudd insista : «Êtes-vous séparés, ou êtes-vous simplement... Enfin... comment définiriez-vous votre situation?»»

À ce moment, j'entendis Joan prendre une grande respiration. Ted semblait sur des charbons ardents. «Eh bien... je ne sais pas s'il existe un terme pour définir ce que nous vivons. Joan est impliquée dans un programme visant à l'aider à contrôler son problème de... d'alcoolisme et... elle va très bien. Je suis très fier d'elle pour les progrès qu'elle a accomplis jusqu'ici. Et je... mais si les progrès continuent... C'est le genre de maladie qu'une personne doit continuellement combattre lorsqu'elle en est atteinte.»

Je poussai un soupir de soulagement. Au moins il avait dit qu'il était fier d'elle et avait osé aborder franchement son problème d'alcoolisme.

Puis Mudd rappela une remarque que Ted

avait faite tout de suite après l'incident de Chappaquiddick à l'effet «qu'il y avait une malédiction terrible qui pesait sur la famille Kennedy». Ted répondit que depuis dix ans sa vie était redevenue plus normale et qu'il pouvait maintenant considérer ces tragédies sous une perspective différente.

À ce moment, l'entrevue fut interrompue pour permettre aux caméras de CBS de recréer la scène de Chappaquiddick. Mudd commentait les images, expliquant qu'une équipe de cameramen s'était rendue dans l'île et que lui-même avait conduit la voiture plusieurs fois dans des conditions identiques afin de se rendre compte de l'état de la route et de l'éclairage. Finalement, une caméra avait été attachée à l'avant de l'auto et, sous le seul éclairage des phares de la voiture, il retraça la route qu'avaient parcourue Kennedy et Mary Jo Kopechne le soir fatidique du 18 juin 1969.

Comme le tournage commençait au cottage, là où la soirée avait eu lieu, je réalisai que Joan voyait sans doute cette route pour la première fois elle aussi. Seconde après seconde, l'auto s'avança sur la route pavée. Puis soudainement, elle tourna à droite sur un chemin de terre. Les caméras semblèrent danser, suivant les mouvements irréguliers des phares tandis que l'auto poursuivait sa route cahotique. Finalement, elle s'arrêta et les caméras se pointèrent en direction du pont étroit duquel l'auto de Kennedy avait plongé.

Joan et moi ne disions pas un mot, comme si, soudain, nous avions de la difficulté à respirer.

L'entrevue se poursuivit et Mudd suggéra à Ted d'éclairer le public sur ce qui s'était passé ce soir-là.

Mais le sénateur continuait à répondre par de

vagues phrases stéréotypées comme «tout cela se trouve dans les déclarations que j'ai faites à l'époque». Mudd insista et posa des questions plus précises: «Pourquoi Ted avait-il soudain pris ce chemin de terre? Comment n'avait-il pas remarqué qu'il était impraticable? Pourquoi avait-il parlé d'un cadran dans la voiture alors qu'il n'y en avait pas? Ted pensait-il que le public croyait à ses explications?»

Le sénateur répondit: «Il y a... Le problème est que... à partir de cette nuit-là... J'ai réalisé que notre conduite... je veux dire notre comportement est souvent difficile à expliquer. Mais je crois que c'est comme cela... C'est comme cela que c'est arrivé. Aujourd'hui je réalise, comme je vous l'ai dit, étant donné le résultat et l'impact de l'accident... et aussi cette impression de désespoir, de tragédie... tout ce concours de circonstances, que... mon comportement était inexplicable...»

Puis il y eut un message publicitaire avant que l'émission nous ramène à l'entrevue menée cette fois dans les bureaux de Kennedy à Washington. Là encore, comme s'il n'avait pas eu de temps pour se préparer, Ted sembla mal dans sa peau, même lorsqu'on lui demanda pourquoi il voulait devenir Président. C'était comme s'il n'y avait pas encore pensé alors que tout était déjà décidé.

Au cours des minutes qui suivirent, Joan et moi ne quittâmes pas l'écran des yeux, assistant à la débâcle de plus en plus évidente de Ted. Puis finalement, l'émission se termina et Joan tourna le bouton. Elle s'assit et prit sa tête dans ses mains. Elle semblait désespérée par la piètre performance de Ted et les implications politiques que cette entrevue allait avoir sur son avenir. À voix basse, enserrant de ses bras ses genoux repliés, elle se mit à parler de Chappaquiddick. À ce moment-là, elle se trouvait à leur maison de Cape avec les enfants.

«Personne ne m'a rien dit. Probablement parce que j'étais enceinte. On m'a dit de rester dans ma chambre. En bas, il y avait plein de gens, des collaborateurs, des amis, des avocats. Ted téléphona à son amie Helga avant que lui ou qui que ce soit ne m'ait mise au courant de ce qui s'était passé. Ce fut la pire expérience de toute ma vie. Je ne pouvais en parler à personne. D'ailleurs, personne ne me parlait de rien. Je devais rester dans ma chambre et lorsque j'ai décroché mon téléphone, j'ai entendu Ted qui parlait à son amie Helga.» Elle secoua la tête et regarda ailleurs. «Après cela, les choses n'ont plus jamais été les mêmes.»

Des heures plus tard, nous en parlions encore. Un peu avant minuit, Joan me dit: «Je sais par expérience ce que c'est que de vivre une tragédie personnelle et combien cela peut être douloureux. Je sais combien Ted a souffert et a acquis de maturité grâce à cela. Pouvais-je espérer que d'une affaire aussi terrible que celle de Chappaquiddick, il pouvait résulter quelque chose de bon? Peut-être la maturité et une plus grande force morale si nécessaires chez une personne publique mais aussi humaine.»

Je pris rapidement note de ce qu'elle venait de dire et plus tard, de retour dans mon appartement, je tapai ses commentaires à la machine. Personne n'aurait pu dicter de meilleure réponse à l'affaire Chappaquiddick, car chez Joan cette réponse-là venait du coeur.

5

DEUX DÉCLARATIONS

*«J'ai grand espoir et je suis très
enthousiaste à l'idée que mon mari
sera candidat puis le prochain
Président des États-Unis.»*
— Joan.

Le matin de la fameuse annonce de Ted, avant de me rendre à l'appartement de Joan, je jetai un coup d'oeil par la fenêtre sur Beacon Street. On aurait dit qu'un cirque venait d'arriver en ville. Juste en bas, sous l'auvent, se pressait une équipe de cameramen tandis que des reporters attendaient devant l'entrée principale. Des auto-patrouille de la police étaient stationnées à l'intersection des rues Dartmouth et Beacon afin de détourner la circulation. Des passants tenant des portedocuments, des étudiants en jeans et des coureurs en habit de jogging s'étaient rassemblés afin de pouvoir apercevoir Ted et Joan. Ils se faisaient tellement nombreux que des policiers à cheval devaient les retenir. De l'autre côté de la rue, trois agents des services secrets, placés à des endroits stratégiques, scrutaient le toit de notre building ainsi que les allées et venues de la rue. De notre côté, d'autres agents très bien mis dans leur costume trois pièces, marchaient de long en large sur le trottoir tout en se parlant dans leur walkietalkie. Ces importantes mesures de sécurité avaient été ordonnées par le Président Carter exprès pour Kennedy, mais le même scénario allait se répéter pour tous les candidats au cours de la campagne de 1980.

Je montai rapidement chez Joan pour m'assurer qu'elle était prête à partir et qu'elle avait dans son sac sa carte avec les réponses que nous avions préparées. Mais lorsque la porte de l'ascenseur s'ouvrit à son étage, on ne me permit pas d'en sortir. Deux agents aux visages dénués d'expression levèrent leurs bras comme des soldats de bois et refusèrent catégoriquement de me laisser entrer chez Joan jusqu'à ce que Kitty puisse venir m'identifier.

Dans le hall, Joan était en train d'endosser sa veste couleur lavande, aidée par Kitty qui semblait très excitée par l'arrivée prochaine du sénateur. Joan avait l'air tranquille quoiqu'un peu nerveuse. Je la prévins au sujet de tous ces gens qui se trouvaient en bas pour qu'elle se prépare à affronter les flashs des appareils-photo. Puis, après une accolade rapide je la quittai pour lui permettre de demeurer seule quelques instants avec Ted lorsqu'il viendrait la prendre.

Le hall de l'immeuble, généralement tranquille, était rempli de plus d'une douzaine d'agents secrets tandis que les téléphones, installés pour la circonstance sur le bureau du concierge, ne cessaient de sonner. Des habitants de notre immeuble étaient sortis de leur appartement, poussés par la curiosité, et parlaient entre eux en attendant l'arrivée du sénateur.

Puis soudainement, l'un des agents s'écria d'un ton solennel: «Une minute!»

Presque immédiatement, deux autos de police apparurent et dépassèrent l'entrée de l'immeuble. Elles furent bientôt suivies par deux autos du service secret, une longue limousine grise et noire, six Mercury bleues identiques, cinq autres voitures de différentes couleurs appartenant à la suite de Kennedy, puis finalement une autre auto de police. Les portières de toutes les voitures s'ouvrirent en même temps. Le sénateur descendit de la limousine et aussitôt tout le monde l'entoura pour former un cordon de sécurité. Ils entrèrent à l'intérieur de l'immeuble et se dirigèrent vers un ascenseur dont les portes étaient maintenues ouvertes.

Quelques minutes plus tard, Ted, accompagné de Joan, traversa rapidement le hall, toujours entouré par les membres du service secret. Le personnel, dont je faisais partie, suivait derrière. Lorsque tout le monde fut installé dans les voitures, les portières se refermèrent. Les chauffeurs mirent leur véhicule en marche et se formèrent en cortège pour se rendre à Faneuil Hall.

Je n'avais jamais fait partie d'un cortège jusqu'à ce jour et je ne connaissais pas les règles du jeu familières depuis longtemps au personnel des Kennedy: 1) Courir. 2) Arriver à temps. (Un cortège n'attend personne, sauf les Kennedy.) 3) Entrer et sortir rapidement. 4) S'asseoir toujours dans la même voiture et à la même place. 5) Demeurer très près du groupe. 6) Ne pas prendre de manteau même s'il fait très froid. (Il ne se trouve jamais de place pour les mettre et ils deviennent lourds et trop chauds au bout d'un certain temps.) Il y avait également d'autres règles fondamentales mais celles-là, je devais les apprendre à mes dépens.

Je ne découvris que plus tard la raison pour laquelle les cameras de télévision couvrent toujours le groupe (lequel comprend un médecin et une infirmière diplômée). C'est qu'en cas d'accident, ou d'assassinat, l'événement sera automatiquement enregistré sur bande. À mesure que la campagne progressait, nous devions nous faire à l'idée de gestes de violence possibles et supporter cette crainte à notre façon. Personnellement, je ne réalisai jamais vraiment la gravité des dangers qui nous menaçaient continuellement, nous qui nous trouvions à proximité du candidat. Et pourtant, cette peur d'un assassinat possible avait été en partie responsable de plusieurs dépressions nerveuses au sein de l'équipe du sénateur.

Comme le cortège arrivait au Quincy Market, vingt mille personnes amassées le long de la route se mirent à l'acclamer. Des policiers à cheval retenaient la foule derrière les barricades de bois liées par des cordons de nylon jaune. Plusieurs avaient attendu des heures pour apercevoir le sénateur et sa célèbre famille sans se soucier de la température froide de ce jour nuageux de novembre.

Joan et Ted, toujours entourés par les agents du service secret, descendirent rapidement de la limousine et s'engouffrèrent dans un étroit passage qu'on avait aménagé exprès pour eux à travers la foule jusqu'à Faneuil Hall. Les portes se refermèrent derrière eux et personne d'autre n'eut le droit d'entrer. Milton et moi étions dans l'une des dernières voitures du cortège, et nous n'eûmes pas le temps d'arriver avant la fermeture des portes. Ignorant les consignes, nous décidâmes de passer sous les cordons. Milton me conduisit vers une porte de côté. Ce n'est qu'après bien des négociations que nous réussîmes finalement à convaincre les gardes de nous laisser entrer. Je décidai de me tenir sur le côté de la salle au lieu de me diriger vers le siège qui m'étais assigné, croyant que je pouvais être utile à Joan à tout moment et qu'il me serait ainsi plus facile de me rendre jusqu'à elle, le cas déchéant.

Le sénateur, Joan et les enfants étaient déjà installés sur la scène, auprès des bustes de marbre de Joan Adams, de son fils John Quincy Adams, de Daniel Webster ainsi que d'autres personnages historiques du Massachusetts. Assis face à l'estrade, d'autres Kennedy, des politiciens invités et des membres de l'équipe de Ted attendaient. Rose, la mère du sénateur alors âgée de quatre-vingt-neuf ans, était assise au premier rang. Ses soeurs Joan Smith et Eunice Shriver et leurs maris, Patricia Lawford, sa belle-soeur Ethel Kennedy, Jacqueline Onassis ainsi que plusieurs neveux et nièces étaient là aussi. Étaient également présents d'autres invités parmi lesquels figuraient d'importants personnages politiques. Derrière eux, se pressaient six cents reporters et photographes venus du monde entier.

Comme j'attendais comme tout le monde que la cérémonie commence, une femme qui se trouvait être une connaissance de Joan et de moi-même s'approcha et me demanda: «J'ai entendu dire que vous travailliez pour Joan...tout cela me rend malade. Regardez-les donc là-haut!» Elle regarda Ted avec attendrissement mais sa voix trahissait sa colère. «Pourquoi prétendent-ils être heureux ensemble?»

En la regardant, je me souvins des photographies qui décoraient sa chambre, des douzaines de photos de toutes les grandeurs d'elle et de Ted. Je réalisai que sa question n'avait rien de politique. «Pauvre Joan, dit elle. J'ai pitié d'elle. Et je suis furieuse contre Ted. Je lui ai d'ailleurs écrit une lettre pour le lui dire. Tout cela est écoeurant.» Puis, après avoir repris son souffle, elle ajouta. «Je ne devrais sans doute pas être ici.»

Rendue très mal à l'aise par cette déclaration

d'amour à peine déguisée, je m'efforçai de regarder ce qui se passait sur la scène. Assise à gauche de Ted, Joan souriait et faisait des efforts désespérés pour paraître calme. Elle parlait à mi-voix avec ses enfants qu'elle n'avait pas vus très souvent au cours de ces derniers mois. Elle portait une robe de crêpe lavande avec une jupe plissée et une veste de même couleur. Ses cheveux semblaient platine sous les feux des projecteurs. Elle tenait à la main une carte blanche...les réponses aux questions tant redoutées.

1— Oui, je suis très heureuse de faire campagne avec mon mari.

2— Bientôt je parlerai avec les membres de la presse.

3— Et j'espère alors pouvoir répondre à toutes les questions que vous désirez me poser.

Le sénateur paraissait énergique et sûr de lui quand il se dirigea vers le podium pour y faire la déclaration tant attendue. Il avait remplacé ses anciennes lunettes par une monture carrée en corne que le public ne lui avait jamais vu porter auparavant. Il posa le texte de son discours sur le lutrin et regarda l'auditoire qui devint soudainement silencieux.

«Aujourd'hui je m'adresse à tous les citoyens américains, commença-t-il. Mais je voulais vous parler de chez moi, ici à Boston.

«Depuis plusieurs mois, nous nous débattons dans une terrible crise. Et encore aujourd'hui, il n'existe aucune indication précise d'un pouvoir central. Les buts ne sont pas définis. Les moyens de réalisation sont négligés. Les conflits dans la direction des affaires de l'État nous laissent perplexes. Le gouvernement est hésitant. Des rumeurs inquiétantes circulent à l'effet que nos dirigeants se résignent facilement et retraitent à la moindre occasion...»

Après avoir annoncé officiellement sa candidature, le sénateur souligna que le pessimisme du peuple américain était justifié, étant donné l'incompétence de l'administration en place. Puis il conclut en disant: «Réalisons la promesse d'or que symbolise l'Amérique. Si nous arrivons à réaliser cela, alors un jour, en regardant derrière nous, nous nous souviendrons que cette salle était bien choisie pour le renouvellement des promesses de nos ancêtres. Nous aurons alors mérité notre place sur cette estrade.»

Lorsqu'il eut terminé, tout le public à l'intérieur et à l'extérieur de Faneuil Hall l'acclama frénétiquement tandis que sa famille se levait, le visage illuminé par la fierté. Lorsque les applaudissements se turent enfin, les reporters se mirent à poser leurs questions. La première à laquelle il dut répondre concernait la crise d'Iran où soixante-deux Américains se trouvaient détenus en otage à l'ambassade des États-Unis à Téhéran depuis le dimanche précédent. Je regardai Joan. Elle semblait loin de tout cela, révisant sans cesse les trois points de sa réponse et guettant le signe qui lui indiquerait que c'était le temps de parler. La seconde question portait sur la protection du dollar en pays étrangers et la troisième demandait des précisions sur les erreurs de l'administration Carter qui incitaient Ted à vouloir se présenter et changer le système.

Je regardai cette mer de reporters à l'affût et je me demandai comment le sénateur arrivait à choisir de répondre à une personne plutôt qu'à une autre. Je partageais la tension de Joan qui espérait avoir la chance de parler.

La quatrième question vint d'un reporter qui demanda ce que les Kennedy pensaient de l'interview de Mudd... et de la façon dont il avait répondu à ses questions. Il voulait également savoir s'il continuerait à répondre à des questions tout à fait personnelles.

Le sénateur s'éclaircit la voix et répondit. «À votre première question je répondrai que j'aurais pu faire mieux. Ma réponse à la seconde est: «pourquoi pas?» La foule rit de bon coeur à la réponse honnête du sénateur et applaudit à la facilité avec laquelle il pouvait se moquer de lui-même. Mais la question suivante brisa cette atmosphère, somme toute détendue jusqu'ici.

«Sénateur...ceci afin de vous permettre de mieux répondre à une question que l'on vous a posée lors de votre dernière interview: Votre femme Joan Kennedy vit ici à Boston et vous demeurez à Washington. Quel rôle jouera Joan Kennedy dans cette campagne?»

Voilà, nous y étions. La foule hua le reporter qui venait de poser cette question mais Ted et Joan l'avait attendue de pied ferme.

Le sénateur regarda l'auditoire comme s'il se demandait quelle attitude prendre, puis en se retournant vers Joan...«Joan, voudrais-tu...»

Ce moment qui avait été tellement préparé sembla néanmoins absolument spontané. Joan se leva rapidement de son siège pour prendre la place de Ted sur le podium, le frôlant de son bras comme il s'effaçait sur le côté. Il semblait mal à l'aise en la regardant, même s'il savait ce qu'elle allait dire.

La salle se tut, attendant la suite de cet événement inattendu. Joan saisit les deux côtés du lutrin comme si elle voulait se soutenir, et regarda la foule puis le groupe d'amis et la famille en bas, tout près d'elle. Ses lèvres s'ouvrirent mais les sons en sortaient à peine. Elle parla plus fort et sa voix se raffermit. «Je crois que la question était: «Vais-je faire campagne au côté de mon mari?» Eh bien, j'ai de grands espoirs et je suis très enthousiaste à l'idée que mon mari sera candidat, puis le prochain Président des États-Unis.»

Sa voix devint encore plus forte tandis qu'elle poursuivait: «Je parlerai aux membres de la presse et, à ce moment-là, j'espère que je pourrai répondre à toutes les questions que vous vous posez aujourd'hui.»

La foule applaudit en signe de sympathie et Joan regagna son siège. La conférence de presse se poursuivit sur des questions telles que le choix du candidat à la vice-présidence ou le fait que sa candidature risquait de diviser le parti. Finalement, quand tout fut terminé, il y eut un tonnerre d'applaudissements à l'endroit de Joan et de Ted. La famille et les amis s'empressèrent de les féliciter et de leur souhaiter bonne chance. Poliment Ted félicita Joan, embrassa affectueusement sa mère et accueillit ses invités et d'autres politiciens.

Joan dut se sentir très fière, à ce moment. Elle venait de faire avec succès ses premiers pas dans cette nouvelle campagne. Cette fois, elle l'avait fait parce qu'elle l'avait bien voulu et avait promis de répondre à toutes les questions qu'on voudrait bien lui poser.

Les jours suivants, notre première tâche consista à trouver la bonne tribune afin que Joan puisse remplir sa promesse. Une autre tâche importante était de trouver le moyen de manipuler les reporters qui demanderaient à l'interviewer. Lorsque je revins sur Beacon Street où il ne restait plus que quelques barricades bleues rappelant les événements importants du matin, mon téléphone sonnait déjà.

«Bonjour, je suis Tom Brokaw de l'émission «Today». Je ne voudrais pas faire pression sur vous ou sur Madame Kennedy, mais elle peut venir à nos studios pour faire l'émission ou si elle préfère, nous pouvons nous rendre chez elle et l'enregistrer. C'est comme il lui plaira.»

Ce n'était que le commencement. D'innombrables demandes du même genre suivirent celle de Tom Brokaw. Les appels se succédèrent pendant plusieurs semaines, presque jour et nuit. Mais nous devions tout refuser pour l'instant, sachant que Joan devait être parfaitement préparée. Pendant ce temps, les reporters et les éditorialistes, en peine de nouvelles fraîches, écrivaient de petits articles sur elle.. Un éditorialiste du *Boston Herald American* qualifia l'annonce de Ted comme étant le dernier épisode «de l'interminable roman-savon Kennedy». Cependant, cet éditorialiste félicita Joan pour sa franchise au sujet de son problème d'alcool et continua en disant que «sa bonne volonté à répondre aux questions personnelles atténuait l'obscurité de l'affaire Chappaquiddick». D'autres soulevèrent de nouveau la question de savoir si la vie publique permettait autant d'indiscrétions de la part de la presse et spéculaient sur le genre de Première Dame que pourrait être Joan Kennedy. Dans le *Washington Star*, on put lire cette lettre à l'éditeur:

L'historien Arthur Schlesinger Jr a décrit notre époque comme étant excessivement préoccupée par la vie privée des personnalités publiques. Si cela est vrai, je suppose que nous devons nous attendre à bien des commérages au cours de la prochaine campagne au sujet de Joan Kennedy.

(....)«Vous savez, elle s'est remise à boire.» «Ne trouvez-vous pas qu'elle a l'air étrange?» «Pourquoi ne reprend-elle pas sa couleur de cheveux naturelle?» Or, il faut lui accorder ce crédit: elle a fait d'énormes efforts. Joan Kennedy serait-elle une Première Dame dont notre pays serait fier? Demandez-vous si vous ne seriez pas fier de quelqu'un qui a connu la solitude, le désespoir, le chagrin, qui les a combattus et a triomphé de tout.

Joan était très encouragée par les attentions et l'intérêt que lui portait la presse. Malgré cela, elle était loin d'être l'héroïne sûre d'elle comme le public aimait à le croire. Durant les jours suivants, les longues conversations téléphoniques qu'elle eut avec moi ainsi qu'avec d'autres amis semblaient être un signe évident de solitude. Ses enfants lui manquaient. Elle ne connaissait pas l'issue de ses relations futures avec son mari. Elle ne pouvait s'assurer une victoire définitive dans son combat contre l'alcool et voilà que maintenant ses difficultés personnelles devaient être livrées en pâture au public.

Durant les semaines qui suivirent, je m'efforçai de prendre le contrôle de la situation en ce qui concernait les demandes d'interviews qui affluaient de tous côtés. Joan et moi nous rencontrions quotidiennement afin de passer en revue les diverses demandes pour des apparitions en public, des entrevues et des invitations à parler devant des alcooliques en voie de guérison. Nous nous occupions également des horaires pour son école, de ses réunions de famille, des événements de la campagne et aussi des tâches personnelles, des affaires

domestiques, des factures et des lettres d'admira-
teurs. Je montais toujours à son appartement vêtue très simplement d'un pantalon et d'un chandail.
Elle me recevait tout aussi simplement, dans sa
robe d'intérieur, et le visage enduit de cold cream.
Pour le lunch, nous nous contentions d'une salade
de thon et d'un verre de boisson gazeuse.

Lorsque j'arrivais, elle parlait généralement
au téléphone. Je disposais mes papiers sur la table
en l'attendant. Puis Joan venait me rejoindre avec
une liqueur douce ou un café et son calendrier. Souvent, elle apportait avec elle un bijou nécessitant
une réparation ou un porte-documents dont la fermeture était brisée. Elle prenait ensuite place et
se mettait à travailler.

Lorsque nous avions fini notre journée, nous
évaluions la somme de travail accompli d'après la
montagne de papiers que nous avions jetés sous la
table. Ce travail l'enthousiasmait. Elle aimait tout
ce qui avait rapport à la campagne.

Les demandes concernant les interviews que
Joan avait promis d'accorder à la presse continuaient d'affluer. Un dimanche, je lui en lus la liste
qui comprenait entre autres Mike Wallace, Ellen
Goodman, la télévision londonienne et plusieurs
journaux allemands. Je lui expliquai ce que chacun
d'entre eux attendait d'elle. Joan resta silencieuse
quelques minutes. Elle semblait ravie. «Je suis
heureuse qu'il s'agisse de gens importants.» Puis,
se contredisant aussitôt: «Mais je ne me sens pas
assez compétente pour accorder des interviews.»

En une phrase, Joan venait d'exprimer tout
son dilemme. Elle espérait fortement que cette
campagne lui donne l'occasion de s'affirmer en
tant que personnalité mais, en même temps, elle se
sentait intimidée par les tâches qu'on lui assignait.

Cela n'avait rien à voir avec l'expérience. Il s'agissait simplement de retrouver suffisamment confiance en elle pour pouvoir répondre à toutes les questions qui lui seraient posées et que nous connaissions à l'avance...non seulement sur les sujets publics mais également sur ceux qui concernaient sa vie privée.

J'avais déjà commencé à recueillir toutes les informations concernant les questions d'intérêt public et je lui offris quelques suggestions au sujet des réponses sur sa vie privée. À notre demande, Washington nous inonda littéralement sous le poids de la documentation adéquate. Des livres de notes avaient été préparés pour Joan afin qu'elle puisse se renseigner sur les sujets intéressant particulièrement les femmes et tout spécialement l'égalité des droits à l'éducation, à l'assurance santé, etc. Pour ce qui touchait aux sujets de politique en général, Joan devait simplement répondre : «C'est une question qu'il faudrait poser à mon mari, je ne suis pas particulièrement compétente en cette matière.»

Mais elle devait répondre aux questions personnelles et elle avait reçu une énorme enveloppe brune contenant plusieurs suggestions de réponses à certaines questions qui pouvaient lui être éventuellement posées. Je personnifiais l'animateur et elle devait apprendre à répondre correctement. Les conseillers et administrateurs de la campagne avaient bien fait leur travail. Comme au moment de l'annonce officielle de la candidature de Ted, tout était prévu et minuté.

À la demande de Joan, Washington lui fit parvenir toutes les coupures des journaux se rapportant à sa personne afin qu'elle sache ce qu'on disait d'elle. Certains reporters l'appuyaient inconditionnellement tandis que d'autres demeuraient sceptiques. Mais les lettres que Joan recevait n'exprimaient jamais de telles réserves. Une femme lui écrivait par exemple: «Vous avez ma voix mais je ne suis pas fixée au sujet de Monsieur, il est un peu trop libéral à mon goût.» Une autre disait: «Lorsque vous vous êtes levée de votre chaise pour faire face aux questions de ce «voyou» de reporter, je me suis dressée et je vous ai applaudie chaleureusement.»

Plusieurs personnes l'assuraient de leurs prières et lui envoyaient des petites cartes, des pensées spirituelles et des livrets de méditation. D'autres lui faisaient parvenir des conseils très spécifiques au sujet de la campagne. Par exemple, un homme lui écrivit ceci: «Menez cette campagne exactement comme vous l'entendez, à votre façon ...vous n'avez pas à entrer en compétition avec qui que ce soit.» Un autre admirateur lui conseillait: «Dites-vous chaque jour: Je vais réussir. Et si je peux me le permettre, en tant que coiffeur, je vous suggérerais de ne pas faire votre raie juste au milieu mais de relever vos cheveux et de les faire onduler.»

Les lettres les plus émouvantes lui venaient de familles d'alcooliques ou de personnes étant elles-mêmes atteintes par cette maladie. Une femme lui écrivait: «Je me suis fait traiter dans plusieurs centres de désintoxication. J'adore la musique et j'ai trois enfants ainsi qu'un mari qui a très bien réussi. Je voudrais seulement que vous sachiez que nous luttons tous, à notre façon. Vous n'êtes pas seule.» Une autre lettre, venant d'une femme, la suppliait de ne pas abandonner. «Si vous ne le faites pas pour vous, faites-le pour nous», disait cette lettre pathétique.

Nous étions très émues par ces témoignages et Joan insistait pour que l'on réponde à chacune de ces missives. Il était bien évident qu'elle avait la sympathie du public et cette certitude lui donna plus d'assurance lorsque, finalement, elle dut affronter la presse.

Une autre réunion avec les experts conseillers était inscrite à l'agenda pour un certain lundi, peu après l'annonce officielle de Ted. Le dimanche, je me rendis donc de nouveau au restaurant où j'avais l'habitude d'aller commander les sandwiches pour ce genre de rencontre. En même temps, je pris un journal et je vis la photo du président Carter embrassant Rosalynn qui quittait Washington pour la Thaïlande où des millions de réfugiés cambodgiens qui avaient dû fuir leur pays mourraient de faim sans l'assistance des USA.

La crise des réfugiés du Cambodge avait incité Ted à téléphoner à Joan pour la persuader de jouer du piano au Symphony Hall de Boston sous la direction du Maestro Rostropovich lors d'une soirée bénéfice des Cambodgiens. Mais parce qu'elle ne jouait plus régulièrement depuis un certain temps, il lui aurait fallu se remettre à de longues heures de pratique. Et cela, en plus de se préparer aux conférences de presse, ce qui lui semblait au-dessus de ses forces.

Je suis certaine que ce ne fut pas facile pour elle de devoir refuser mais elle commençait à reconnaître ses capacités et ses limites.

Ce fameux lundi, j'apportai les sandwiches à l'appartement de Joan ainsi que les piles de papiers nécessaires au déroulement de la rencontre. Nos invités allaient arriver bientôt et parmi eux devaient figurer plusieurs personnes qui étaient déjà là au moment de la fameuse rencontre pour la

préparation de l'annonce officielle de la candidature de Ted. Seraient également présents: Mary
Ellen Cabot, une amie de collège, et Lisa Gwirtzman, l'épouse de Milton. La discussion de cette
journée allait porter sur le choix des reporters qui
seraient invités à la conférence de presse; on devait aussi fixer la date de cet événement, déter-
miner les questions auxquelles Joan devait s'attendre et la façon dont elle devait donner certaines informations «délicates.»

Ed et Milton, Sally et Sarah ainsi que les autres invités prirent place dans le salon, leur bloc-
notes sur les genoux, et furent tous d'accord pour
dire que les déclarations de Joan avaient été posi-
tivement accueillies. Joan semblait très heureuse
des compliments qu'on lui faisait sur ses perfor-
mances.

La discussion commença sur le choix des reporters. Lorsque Ed suggéra un journaliste du
Newsweek, Joan lui dit: «Merveilleux! Et pourquoi pas cinq!» Tous se mirent à rire mais l'idée
principale était d'inviter des gens sympathiques à
la cause des femmes, qui seraient âgés de trente à
quarante ans et du genre «bel homme.» Il fut également décidé de limiter les invités de la presse à
ceux de Boston, UPI et AP. Pas de caméras de télévision mais seulement des photographes. La conférence de presse se limiterait aux questions personnelles et ne devait pas durer plus d'une heure.

On consulta ensuite les agendas. Il fallait choisir une date qui convienne à la fois à Ted et à Joan.
Tous furent d'accord pour éviter que la conférence
ait lieu la dernière semaine de novembre alors que
Ted serait en pleine campagne: il risquerait de se
faire demander ce qu'il pensait de la conférence de
presse de Joan plutôt que son opinion sur des su-

jets plus substantiels. Car il y avait un sujet brû-
lant qu'il fallait aborder à tout prix: la crise d'Iran
qui se poursuivait avec les soixante-deux Américains retenus en otage afin de forcer le gouvernement américain à leur remettre le Shah que le
Président Carter avait accepté en terre américaine pour qu'il y suive des traitements médicaux.

Nous ne savions pas à cette époque que les
otages demeureraient en captivité pendant toute
la durée de la campagne électorale et toute l'année
des élections et que cette crise des otages, peut-
être plus que n'importe quel autre sujet, déciderait
du cours de la campagne, privant Kennedy de sa
nomination en même temps qu'elle serait responsable de la défaite du Président Carter. Ce dernier
devait annoncer officiellement sa candidature le 4
décembre. Aussi la conférence de presse de Joan
fut-elle fixée pour le cinq. En principe, une fois
cela établi, plus certains autres petits détails, tout
semblait réglé.

Ed et Milton nous quittèrent et tandis que je
nettoyais la table des restes du dîner, Joan et ses
amis continuaient à parler dans le salon. Les conversations tournaient autour de sujets anodins.
Ainsi, l'une de ses amies suggéra que Joan demande une réduction pour ses vêtements chez un
couturier, étant donné la publicité qu'elle lui faisait. Une autre lui conseillait de pâlir le fond de ses
cheveux... Mais elles semblaient surtout intéressées par ce qu'elle devrait faire dans le cas éventuel où Ted deviendrait affectueux et voudrait partager leur grand lit de Cape à l'occasion de l'Action
de Grâces. «Ne le laisse surtout pas t'approcher»,
lui conseilla l'une des femmes.

Je décidai de ne pas me joindre à cette conversation et de retourner à mon appartement. Ce

ne fut donc que plusieurs semaines plus tard que j'appris comment une autre de ses amies l'avait influencée.

6

LA DÉMENCE OFFICIELLE

*«Si vous ne m'arrangez pas
une entrevue, vous le regretterez.
Certains d'entre nous
pourraient très mal interpréter
les agissements de Madame
Kennedy.»*
— Une éditrice furieuse.

Le téléphone ne cessait de sonner. Et tous les appels concernaient Joan... même dans mon propre appartement. La compagnie du téléphone avait installé trois autres appareils commerciaux en plus de mes trois téléphones personnels, sans compter une extension pour la gardienne de mes enfants, ce qui faisait sept téléphones en tout... et j'avais tout de même presque toujours deux appels en attente!

Souvent, je devais répondre à deux téléphones à la fois mais cela ne faisait pas taire les voix... celles des célébrités, des secrétaires, des amis de Joan, de ses médecins, des conseillers de Ted, du public et de tout le personnel.

Mais durant les jours qui suivirent l'annonce de la candidature de Ted, ce fut évidemment les voix des représentants de la presse qui dominaient. Ils voulaient tous poser des questions à Joan et s'attendaient à des interviews immédiates. Naturellement, ils ne pouvaient savoir que Joan n'était pas prête à leur parler et que nous faisions notre possible pour que son premier contact avec la presse soit le mieux préparé possible. Sans personnel et sans expérience du monde de la presse, je les faisais attendre, espérant que tout s'arrangerait pour le mieux dans le meilleur des mondes.

Je n'avais pas de véritable bureau. Je devais donc courir d'une pièce à l'autre, m'habituer à écouter les sonneries des téléphones pour voir d'où elles venaient, car il n'y a rien de plus difficile à repérer que deux sonneries qui retentissent en même temps. Les lettres, les notes, les coupures de journaux, tout cela s'amoncelait dans mon hall d'entrée, sur le tapis.

Lorsque Joan m'avait offert de prendre ce travail, j'avais cru que mon bureau serait situé dans une de ses petites chambres. Nos appartements étaient identiques mais Joan vivait seule tandis que toutes mes pièces étaient occupées par ma fille, mon fils, leur gardienne et moi-même. Cependant, pour s'éviter le stress, le chaos des sonneries continuelles et les allées et venues des organisateurs de la campagne, Joan préférait que je travaille dans mon propre appartement. Dès que cette décision fut prise, je transformai mon hall d'entrée en une sorte de bureau. Je réalisai bientôt qu'il n'y aurait plus aucune frontière entre mon travail et ma vie privée. Je venais de me livrer, ainsi que mon appartement, aux intérêts de Joan. Perpétuant le système du cocon protecteur qui l'avait toujours enveloppée, j'en étais arrivée par inadvertance à en faire partie. En la traitant comme un papillon fragile, je l'encourageais dans sa dépendance.

Les collaborateurs des Kennedy, cependant, se trouvèrent très soulagés de savoir que je serais près d'elle, jour et nuit. Et lorsqu'ils se rendirent compte, en déménageant à Boston, au 53 State Street, que je ne possédais aucun équipement, ils m'invitèrent à leurs quartiers généraux pour m'of-

frir ce qui pouvait faire mon bonheur et un semblant de bureau. Puis, je commandai un très gros
pupitre de métal gris et deux énormes classeurs et
fis livrer le tout à mon appartement. Ensuite, avec
l'aide d'une jeune bénévole, je revins à la maison
les bras chargés de fournitures de bureau et fis
l'acquisition d'une machine à écrire IBM Selectric.
Dans les jours qui suivirent, je vidai mon entrée
pour faire place à ces meubles de métal gris. Je
gardai ma longue table de hall mais elle disparut
bientôt sous une montagne de paperasses, de bas
de nylon, de cosmétiques et d'articles de phar-
macie en attendant d'être livrés à l'appartement
de Joan.

Mon téléphone continuait toujours à sonner
mais j'avais maintenant un service de répondeur
automatique qui m'aidait beaucoup. Pendant ce
temps, Joan vivait tranquille et à l'abri du bruit et
des curieux, quelques étages plus haut. Un jour, durant une session de travail, elle me fit remarquer,
un peu songeuse: «Tu sais, je ne reçois presque
plus d'appels téléphoniques.»

Tout de suite après l'annonce officielle de la
candidature de Ted, je me mis au travail, sur plusieurs projets à la fois. L'un d'eux consistait à
écrire aux amis et aux membres de la famille de
Joan pour leur expliquer comment répondre à certaines questions à son sujet et sur l'alcoolisme en
général, au cas où on les interviewerait pour les
faire parler de Joan, de Chappaquiddick ou encore
de la séparation de Joan et de Ted. Nous devions
leur suggérer de ne pas refuser de parler à la
presse, ce qui risquait d'intensifier encore davantage la curiosité des gens, mais de répondre à toutes les questions sans se contredire les uns les autres.

Il va sans dire que les sonneries des téléphones interrompaient continuellement mon travail. Par contraste, les appels que je faisais moi-même à l'extérieur étaient d'une facilité déconcertante. Je n'avais qu'à dire: «Ici le bureau de Joan Kennedy» pour obtenir aussitôt un coiffeur à son appartement le dimanche, une manucure alors qu'il n'y en avait pas de disponible, un vêtement rapidement modifié, un laveur de vitres, tout cela dans la même journée alors que, normalement, il aurait fallu attendre six semaines deux billets pour l'opéra, un taxi sur-le-champ, etc. Je réalisai que lorsqu'on fait partie de la famille des Kennedy, on n'a plus besoin d'attendre sur la ligne, d'accepter ce qui reste, de faire des compromis, d'assister à tel événement ou tel spectacle derrière une colonne. Joan avait pris l'habitude de vivre ainsi et trouvait cela tout naturel. Étonnée par le nombre de personnes toujours disponibles pour satisfaire ses moindres désirs, je me demandais si tout cela n'avait pas contribué à la création de ce statut privilégié dont semblaient jouir tous les Kennedy sans exception. Mais je réalisai également que le nom des Kennedy allait me rendre la tâche beaucoup plus facile.

Les préparations en vue de rencontrer la presse, se poursuivaient. Parmi les priorités, il y avait la façon dont Joan devait répondre aux question sur l'alcoolisme. Son médecin nous appela pour nous dire qu'il avait préparé une cassette. En fait, il m'annonça qu'elle était déjà dans un taxi et que j'allais la recevoir dans peu de temps. Pouvais-je la transcrire immédiatement? J'appelai aussitôt le bureau de Boston afin qu'on m'envoie une bénévole pour répondre au téléphone et je me réfugiai dans ma chambre avec une petite enregistreuse et une douzaine de crayons pour transcrire le texte.

Le docteur y prévoyait les questions et réponses ayant trait à l'alcoolisme de Joan. Était-elle guérie? Quand avait-elle bu son dernier verre? Qu'avait-elle à répondre à ceux qui prétendaient l'avoir vue ivre à Boston?

Il y avait aussi une série de réponses à des questions telles que: «Pourquoi vivez-vous seule à Boston?» «Est-ce la carrière de Ted qui vous a poussée à l'alcoolisme? Ou est-ce parce que vous n'arrivez pas à vous adapter au genre de vie des Kennedy?» À cette dernière question, elle devait répondre: «Les médecins ne savent absolument pas quelles sont les causes de l'alcoolisme mais, par contre, ils sont convaincus que personne ne peut vous rendre alcoolique.» À la question: «Êtes-vous séparés, Ted et vous?» elle devait répondre: «Non, j'ai simplement dû quitter Washington pour me faire soigner.» Quant aux rumeurs concernant les infidélités de Ted, elle devait les qualifier de «commérages». Si on lui demandait pourquoi elle n'avait pas continué ses cours, elle devait répondre que sa principale préoccupation actuelle était de surmonter son alcoolisme.

J'étais encore en train de transcrire le texte lorsque ma fille de douze ans, Dana, revint de l'école et se joignit au personnel bénévole qui remplissait des enveloppes et y apposait les timbres. Puis, Gail, une nouvelle amie, s'arrêta chez moi pour me demander un conseil mais voyant combien j'étais débordée, elle s'offrit à m'aider. Elle avait été autrefois secrétaire légale et elle prit place devant la machine à écrire pour retranscrire le tout. Elle se rendit ensuite à Copley Square pour faire faire des photocopies et demeura ma secrétaire pendant trois ans... la plupart du temps en tant que bénévole.

Quelques jours après que je lui eus remis le manuscrit, le médecin de Joan me téléphona pour me demander de faire quelque chose au sujet de son maquillage. Il le trouvait exagéré. Des amis me firent la même demande mais je ne pus me résoudre à la lui transmettre. Je ne voulais absolument pas dire ou faire quelque chose qui pouvait la bouleverser de quelque manière que ce soit. Elle était trop fragile et se sentait déjà trop diminuée. C'était sans doute de la surprotection de ma part mais je me disais que son maquillage devait être le dernier de nos soucis à l'heure actuelle. Il y avait, à mon avis, d'autres choses beaucoup plus importantes. Cependant, je promis au médecin que je tenterais de lui faire quelques suggestions, avec tact et au bon moment. Je répondis de la même façon à ses amies.

Le médecin de Joan était d'avis que ses vêtements ne convenaient pas du tout. «Elle aime votre style classique, dit-il. Vous pourriez peut-être l'aider à s'habiller de la même manière.» J'étais sidérée par sa demande. Mon style, quel qu'il pût être, n'était absolument pas le genre de Joan. Elle aimait surtout les couleurs vives et les plaids. Mais je m'abstins de répondre que je n'avais nullement l'intention de me mêler de ces détails strictement personnels. Elle avait déjà tant de vêtements et répugnait à se débarrasser de ce qu'elle possédait. D'ailleurs, dans les mois qui suivraient, nous n'aurions certainement pas le temps de courir les boutiques. Pour ma part, je continuais à porter mes anciens vêtements dont la plupart étaient beiges, faute de temps pour m'en procurer d'autres. C'était devenu une blague entre Joan et moi: «Que vas-tu porter aujourd'hui? me demandait-elle en riant. Quelque chose de beige?»

La liste des reporters qui insistaient pour ob-

Joan alors qu'elle fréquentait le Manhattanville College. C'est Jean Kennedy Smith qui la présenta à son frère Ted. Cette photographie prise la même année avait été proposée par le père de Joan à une agence de mannequins. Elle fit ensuite des photos pour Coca Cola et Revlon.

Le 29 novembre 1958 Joan épousa Ted. Ce fut le mariage de l'année et la cérémonie se déroula sous le feu des projecteurs. «Je ne me rendais pas compte dans quoi je m'embarquais», devait-elle déclarer plus tard.

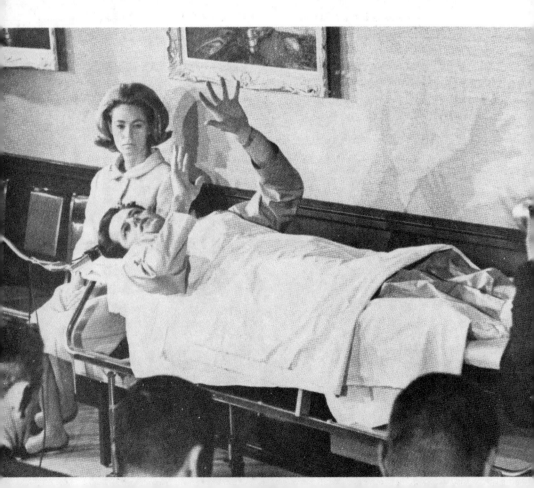

BRUCE DAVIDSON/MAGNUM

Ted et Joan aux festivités d'un bal inaugural en janvier 1960 avec le Président et son épouse Jackie. Deux ans plus tard, Ted était élu au sénat et le jeune couple allait vivre la merveilleuse et dramatique aventure de la cour de Camelot.

Moins d'un an après l'assassinat de Jack, Ted échappa miraculeusement à la mort dans un écrasement d'avion. Joan qu'on voit ici en compagnie de son mari, fit la campagne à sa place dans le Massachusetts. Ce furent sans doute ses meilleurs moments au sein de la famille Kennedy.

Joan avec Teddy Jr et Kara se préparant pour une réception en 1965. Malgré sa vie brillante, Joan commençait à ressentir le poids d'être une Kennedy. «On faisait tout et on décidait tout pour moi. Je n'étais personne et personne n'avait besoin de moi.»

Les Kennedy: Pat Lawford, Stephen et Jean Smith, Ted, Rose et Joan au cours d'une soirée de levée de fonds en vue de défrayer les dépenses de la campagne de feu Robert Kennedy. Joan se sentit si malheureuse après ce second assassinat qu'elle dut quitter Arlington pendant la cérémonie funéraire.

Une autre tragédie surgit lorsque l'auto de Ted tomba d'un pont à Chappaquiddick et que Mary Jo Kopechne se noya. Enceinte à l'époque, Joan assista aux funérailles. «Ce fut l'expérience la plus affreuse de ma vie, devait-elle déclarer, et le commencement de la fin pour nous deux.» Peu de temps après, elle fit une fausse couche.

Au début des années 70, les journalistes commentèrent sévèrement sa façon de s'habiller et ne se gênèrent pas pour insinuer qu'elle buvait trop. «J'ai commencé à boire socialement, puis comme une alcoolique. Mais à ce moment-là, je l'ignorais», dit-elle.

Lorsque Ted Jr, son fils, perdit sa jambe, victime d'un cancer en 1973, Joan réussit à passer à travers cette épreuve sans absorber une goutte d'alcool. Mais lorsque, de nouveau, elle sentit qu'on n'avait plus besoin d'elle, elle recommença à boire.

Son problème d'alcool ne put être caché plus longtemps le jour où elle fut arrêtée pour avoir conduit en état d'ivresse, en octobre 1974.

Jimmy Carter devait devenir le rival de son mari en 1980. Carter tient ici la main de Joan au cours d'une cérémonie à la bibliothèque Kennedy, à Boston.

Ted annonçant son entrée officielle dans la course à la présidence, en novembre 1979. Répondant à une question d'un journaliste, Joan déclara qu'elle ferait campagne aux côtés de son mari.

L'indomptable Rose Kennedy participant à la campagne de son fils dans l'Illinois. Même si elle craignait sa belle-mère, Joan a toujours pensé qu'elle était une sainte.

Ted et Joan navigant avec leur plus jeune fils Patrick à Hyannis Port. Vivraient-ils toujours ensemble si Ted gagnait les élections? Personne ne pouvait répondre à cette question.

Une Joan radieuse reçoit pour la première fois les journalistes dans son appartement de Boston. Naturellement, les questions les plus courantes tournaient autour de sa vie matrimoniale et de son problème d'alcoolisme.

Joan et Ted cherchant à acquérir des votes dans l'Iowa. Même si le couple n'était que rarement vu ensemble, Joan n'en fut pas moins une collaboratrice très efficace au cours de la campagne.

Jackie Onassis avec Joan et Ted à un événement ayant trait à la campagne. Les deux belles-soeurs étaient très liées. Joan considérait Jackie comme «la femme la plus sophistiquée au monde».

Après s'être retiré de la course, Ted reçoit l'ovation de ses partisans et un baiser de Joan. Jamais encore le public ne les avait vus aussi près l'un de l'autre.

Une fois la campagne terminée, Joan avait espéré se réconcilier avec Ted. Malheureusement, tout cela s'avéra n'être qu'une histoire bâtie pour les médias. Quelques jours plus tard un photographe prenait cette photo surprise du couple dans le salon de leur maison de Virginie, et qui en disait long sur leur état d'esprit respectif.

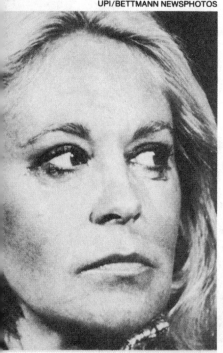

Un «Au revoir» flamboyant aux agents du service secret qui avaient veillé sur Joan et Ted durant toute la campagne. Ce soir-là, en route pour Cape, Ted quitta brusquement Joan à Montauk et Joan dut continuer sa route toute seule. «C'est bien fini... je le sais maintenant», dit-elle.

Joan écoutant Ted décrire son avenir politique en octobre 1980 à Boston. Elle savait maintenant qu'elle ne serait plus sa femme très longtemps. Leur décision de divorcer allait les entraîner dans un conflit financier très amer. Ce devait être la dernière épreuve de Joan en tant que Kennedy.

LILLIAN KEMP

Joan photographiée ici avec l'auteur sur le yacht de Ted, *Le Carraugh*. Elle était encore indécise sur la question du divorce. «Combien de femmes donneraient tout ce qu'elles possèdent pour être mariée à Ted Kennedy? Et voilà que moi, je fais tout pour en sortir!»

Joan, Ted avec leurs enfants lors de la cérémonie de remise de diplôme de Joan au Lesley College en mai 1981. Ce fut un moment de fierté intense et ses premiers pas vers une nouvelle vie indépendante.

Se tournant vers sa propre famille pour y chercher un peu de réconfort, Joan invita son père, Harry Bennet, à Hyannis Port au mois d'août 1981. Il mourut peu de temps après d'une attaque cardiaque, laissant Joan encore plus seule.

Alors que son divorce n'était pas encore prononcé, l'aventure amoureuse de Joan avec le Dr Gerry Aranoff fit les manchettes des journaux. Ils étaient poursuivis par les journalistes et les photographes partout où ils passaient. Aranoff dut même demander la protection d'agents de sécurité.

Aujourd'hui, ayant laissé derrière elle les souvenirs amers de ses années malheureuses, Joan peut faire face à l'avenir, non pas comme une Kennedy mais bien comme une personne autonome, possédant sa propre identité.

tenir une entrevue était de plus en plus longue.
Barbara Walters téléphona de Californie, nous offrant cinq minutes à l'émission «World News» et
me promit de ne pas «heurter Joan». Ellen Spen-
cer, de Philadelphie, promit de prendre «une douce
approche» en filmant un cinq minutes avec Joan
qui s'intitulerait «Joan Kennedy, la femme» et offrit de venir à Boston. Un poste de radio local voulut faire une heure d'entrevue avec Joan. Barbara
Harrison, qui écrivait pour le *New York Times Magazine,* se dit enchantée de savoir que le sénateur
allait briguer les suffrages pour la présidence et
voulut «passer quelques jours en compagnie de
Madame Kennedy». Glen Collins du *New York Times* nous assura que son équipe était sympathique
à Joan et «n'essayait jamais de prendre qui que ce
soit au piège». Gary Clifford de *People* me téléphona en me rappelant que sa publication était lue
par des millions de lecteurs. Jessica Savitch me
confia qu'elle désirait brosser «un portrait de Joan
plaisant et amical». «Good Morning America» voulait que Joan parle avec David Hartman de ce
qu'elle comptait faire si elle devenait la première
dame des États-Unis et m'offrit d'envoyer une
équipe à Boston.

Il était difficile de les refuser tous. Dans la
plupart des cas, ils étaient honnêtes, conscients de
la fragilité de Joan et savaient qu'ils allaient devoir composer avec une femme traquée depuis
plusieurs années. Cependant une éditrice très connue prit une attitude très différente: «Si vous ne
m'organisez pas une entrevue, vous le regretterez.
Certains d'entre nous pourraient très mal interpréter les agissements de Madame Kennedy.»

Je savais qu'elle avait raison. Si Joan ne se faisait pas voir très bientôt, on la soupçonnerait de
s'être remise à boire. Mais, paradoxalement, si elle

apparaissait trop tôt, non préparée, le public pourrait avoir exactement la même réaction. C'est
pourquoi nous fîmes une seule concession à la
presse durant cette période. Gary Clifford de *People* offrit une fois de plus d'inclure Joan parmi les
vingt-cinq figures les plus importantes de l'année
1980 avec le pape et le Président Carter. C'était
une chance que Joan ne pouvait refuser et, de plus,
elle ne serait pas obligée de parler de ses problèmes personnels. Elle accepta donc, ravie de l'honneur qu'on lui faisait, et s'entretint brièvement au
téléphone de son appartement avec un reporter
sympathique à la cause des femmes et à son alcoolisme.

Car c'était sans aucun doute la question première que se posaient le public et la presse: Joan
arriverait-elle à rester sobre? Quoi qu'elle puisse
faire ou dire durant la campagne, tout dépendait
de cela. Et, à tort ou à raison, c'était la même question qui, plus que toute autre, préoccupait son entourage direct. Personnellement, je me sentais
très concernée par ce problème. Je me sentais responsable envers elle et je croyais qu'il était de mon
devoir d'éloigner d'elle tout ce qui pourrait nuire à
sa sobriété. C'est pourquoi, en plus de faire patien-
ter les membres de la presse qui devenaient de
plus en plus pressants, je surveillais constamment
les signes de stress qui pouvaient lui faire oublier
ses bonnes résolutions. Les membres de la famille
Kennedy avaient confiance en moi mais cette confiance même augmentait le poids de mes responsabilités. Je me devais de ne pas échouer.

Quelques jours seulement après l'annonce officielle de Ted, je reçus le premier de plusieurs
coups de téléphone d'Hazel qui me prévenait:
«Joan va se remettre à boire... je le sais... je recon-

nais les signes...» Ce soir-là, Joan et moi décidâmes d'annuler une session de travail pour qu'elle puisse se rendre à une assemblée pour femmes alcooliques. Il s'agissait d'une réunion informelle où chacune des femmes racontait son vécu. Les membres y échangeaient leurs idées et leurs encouragements.

Joan écoutait mais semblait préoccupée. Lorsque son tour vint de parler, elle dit combien elle était contente de ne plus boire et combien elle était heureuse d'être là. Mais en voyant les femmes tendre l'oreille pour écouter ses paroles prononcées presque dans un murmure, je réalisai qu'elles n'étaient pas aussi intéressées par ce qu'elle disait que par ce qu'elle représentait. Parce que Joan et moi étions amies et avions échangé nos problèmes communs et aussi parce que nous reconnaissions toutes deux l'importance de l'amitié et de la vigilance, je ne réalisais pas encore combien, en tant qu'éventuelle future première dame des États-Unis, il lui fallait de courage et d'humilité pour assister à ces assemblées et partager son vécu. On ne lui prodiguait aucune attention ou traitement spécial. Et c'est précisément à cause de cela qu'elle put bénéficier de l'aide du groupe.

Au cours des mois qui suivirent, en réponse aux avertissements d'Hazel lorsque celle-ci croyait reconnaître certains signes alarmants ou encore à sa propre demande, Joan se rendit de plus en plus souvent aux assemblées de ce genre malgré un agenda extrêmement chargé. Aussi souvent que cela était possible, nous y allions toutes les deux.

Même si la plupart du temps nous étions occupées à préparer Joan à une éventuelle conférence de presse, à trois semaines de là, d'autres événements vinrent bouleverser nos journées. Le bureau de Boston m'appela au sujet de la Chevrolet de Joan. Cette auto avait été placée sous la juridiction du bureau mais dorénavant, on me laissait cette responsabilité et je devais recevoir beaucoup d'appels à ce sujet au cours des mois suivants, la plupart du temps pour me dire que la voiture avait été volée. Rick téléphona très souvent pour discuter des projets familiaux au sujet du dîner traditionnel de l'Action de Grâces à Cape, par exemple de l'heure d'arrivée, des menus et des heures de repas. Une fois les décisions prises, je devais appeler les gens pour leur faire part des arrangements. Cela m'attrista de constater que même les réunions familiales devaient être décidées et prises en main par les membres du personnel mais sans doute en avait-il été toujours été ainsi.

Le médecin de Joan m'appela pour inciter Joan à se plier à un examen médical. Je pris rendez-vous pour elle au General Hospital du Massachusetts. Mais pour ma part, je n'étais pas décidée à voir mon médecin. Le lendemain de l'annonce officielle de Ted, je m'étais remise à fumer.

Tout était au point pour la participation de Joan à la campagne et l'équipe de Ted le précédait régulièrement sur son itinéraire afin de lui préparer une publicité bien orchestrée. Cette équipe ne se gênait pas pour avertir Joan, seulement vingt minutes à l'avance que ses projets étaient bouleversés, lui suggérer de nouvelles idées susceptibles d'aider Ted, les lieux où elle pouvait aller et ce qu'elle devait dire. Même si la foule était toujours impatiente d'apercevoir Joan, ses apparitions étaient toujours soigneusement préparées. Tandis que le sénateur voyageait de San Francisco à Reno, puis à Fargo, Memphis, Des Moines, Orlando, Denver, St. Louis, Cedar Rapids et à Concord, New Hampshire, ce même mois de décembre, Joan ne devait se déplacer qu'en Floride avec Ted pour y voir sa mère se joindre à la famille pour Noël et enfin faire campagne en Iowa au début de janvier.

Mais à mesure que la vie de Joan devenait de plus en plus réglée, la mienne tombait en ruine. Mon lavage était rarement fait et mon armoire était dans un désordre indescriptible. Je n'avais plus le temps de faire mon marché ni de cuisiner. Malgré les exigences de mon travail, j'avais espéré pouvoir souper tous les soirs à six heures en compagnie de mes enfants. Mais inévitablement, j'étais dérangée par le téléphone. Après le repas du soir, je retournais à mon bureau avec Joan, quelquefois jusqu'à minuit. Je n'avais plus de temps pour parler à mes enfants ou les écouter me raconter leurs problèmes. Au moins, ils pouvaient toujours me voir et j'espérais que c'était pour eux une consolation. Mais la plupart du temps, ce n'était que pendant quelques secondes, alors que j'étais au téléphone et qu'ils rentraient de l'école. Je n'arrivais même plus à leur dire un mot. J'en étais réduite à leur écrire un bonjour sur une feuille de papier tout en écoutant quelqu'un d'autre me parler sur la ligne téléphonique. «Bonjour! Comment ça va?» écrivais-je. Et eux me répondaient en mimant quelques gestes à mon intention.

Même scénario s'ils avaient à me dire quelque chose avant de partir pour l'école. Ils écrivaient leur petit mot sur un papier et me le mettaient sous le nez tandis que j'avais toujours l'écouteur à l'oreille. Dana étudiait et prenait ses décisions elle-même. Elle m'aidait du mieux qu'elle pouvait dans les tâches domestiques. Par contre, Brad qui avait trois ans de moins que sa soeur, était plein d'énergie mais moins débrouillard. Il trouvait difficile de ne pas avoir une mère disponible. Cette situation me pesait lourdement et j'avais l'impression de sacrifier mon rôle le plus important pour me consacrer à Joan. Certes, si je n'avais pas eu ce travail, j'en aurais fait un autre... mais j'aurais certainement eu plus de temps pour ma famille.

Joan ne prenait pas de repas réguliers. Elle ne faisait jamais la cuisine et mangeait uniquement lorsqu'elle avait faim... quelque chose de congelé ou en conserve. Quelquefois, mes enfants lui apportaient à manger sur un plateau mais un soir que Joan n'avait rien de particulier à faire, nous décidâmes de l'inviter à se joindre à nous. J'avais imaginé ce plan afin de la forcer à manger mieux et, en même temps, de pouvoir concilier mon travail avec ma famille. Mes enfants connaissaient Joan en tant que mon amie mais ils réalisaient maintenant, en regardant les nouvelles télévisées et en lisant les journaux, qu'elle était une célébrité et cela les excitait beaucoup. Brad s'offrit pour aller au marché. Dana mit la table et plaça une carte personnalisée devant chaque assiette tandis que je faisais cuire un boeuf bourguignon entre deux coups de téléphone.

À dix-huit heures, les enfants, trop excités, ne purent faire leurs devoirs. Ils allumèrent les chandelles dans la salle à manger et attendirent. À dix-neuf heures, je soufflai les chandelles. À vingt heures, je décidai finalement que nous allions nous mettre à table et commencer sans elle. Joan arriva à vingt heures trente, se confondant en excuses. Elle admira les cartes qu'avait faites Dana et s'informa auprès de Brad des progrès qu'il faisait à l'école. Mais je savais combien mes enfants étaient déçus. Ce fut la dernière fois que je tentai de concilier mon travail avec ma vie familiale. De temps à autre, mes enfants nous montaient un repas chaud. Mais sans les chandelles et l'argenterie.

Norma Nathan, une potineuse célèbre du *Boston Herald,* était un des reporters les plus habiles qui appelaient au sujet de Joan. Lorsqu'elle voulait un «scoop», elle commençait toujours d'une façon très innocente, d'un ton amical et enjoué. En fait, elle savait exactement comment m'enjoler et forcer mes confidences. Quelquefois, elle commençait la conversation en s'informant de ma santé et en me disant: «Excusez-moi de vous déranger.» Elle allait jusqu'à se plaindre et me répétait combien il était difficile de faire un travail comme le sien. D'autres fois elle me posait une question tout à fait innocente, dans le seul but de me faire parler et tout à coup, me sentant moins méfiante, elle me prenait par surprise et me soutirait certains renseignements. J'appris bientôt qu'elle avait un talent tout à fait spécial pour aller chercher un article à sensation tout comme le font les «pros» du *National Enquirer.*

Un soir, Norma qui était en train de travailler sur un article qui traitait de Joan et de moi, commença à poser des questions fort innocentes comme un avocat habile: «Êtes-vous une amie de Joan?» «Habitez-vous Boston?» «Alors vous êtes voisines? Habitez-vous Beacon Street?» Je me sentis questionnée comme lors d'une entrevue. Or, si mon travail consistait à accepter ou refuser des entrevues pour Joan, je n'en accordais jamais personnellement. Tandis que je faisais des efforts pour sortir de cette impasse, Norma me demanda: «Puis-je avoir l'itinéraire de la campagne de Joan?»

Je lui répondis que cela n'était pas encore décidé.

«Va-t-elle faire campagne?»

«Oui», répondis-je, espérant qu'elle n'en viendrait pas à croire que Joan fût malade ou retombée dans l'alcoolisme. Afin d'expliquer son absence, j'ajoutai: «Mais tout dépend de son horaire de cours, naturellement.»

Je prenais des notes de notre conversation d'une main, tout en réalisant au rythme de sa machine à écrire qu'elle était en train d'écrire tout en me parlant. Notre conversation, même si elle n'avait aucune substance, lui donnait suffisamment de matériel pour écrire un article à sa façon.

«Est-elle aux études à plein temps?»

«Elle devra étendre son cours sur plus d'une année», dis-je évasivement. Joan était fière d'être retournée aux études mais il était évident que la campagne l'empêcherait de suivre normalement ses cours.

Finalement, en désespoir de cause, je dis à Norma que j'avais un rhume, beaucoup de travail à faire et que je ne pouvais lui parler plus longtemps. Je travaillai jusqu'à vingt-deux heures, me mis au lit à trois heures et me réveillai avec un rhume.

Le premier coup de téléphone ce matin-là émana naturellement de Norma. De sa voix maternelle et suave, elle me dit: «Comment va votre rhume?»

Je lui expliquai que je n'allais pas mieux. Puis,

après quelques questions, Norma me demanda: «Vivez-vous avec Joan?»

Je réalisai soudain ce qu'elle voulait réellement savoir. «Je vis dans le même immeuble mais dans mon appartement», lui répliquai-je.

«Je croyais que vous viviez avec Joan, dit-elle. Vit-elle avec quelqu'un?»

«Non, elle vit seule.» Le sénateur lui avait offert un garde du corps et un chauffeur ainsi qu'une bonne à tout faire pour l'aider mais elle avait toujours refusé. Elle désirait préserver sa vie privée et son indépendance.

«On m'a dit que deux femmes vivaient avec elle.»

«Non ce n'est pas vrai», répondis-je, heureuse malgré tout d'avoir pu supporter cette conversation assez longtemps pour dissiper ces fausses rumeurs. Si Norma avait pris la liberté d'écrire de telles choses, j'espérais qu'il n'était pas trop tard pour en empêcher l'impression. Mais je me crus en devoir d'ajouter: «S'il vous plaît, veuillez toujours vérifier les rumeurs avec moi avant de les imprimer.»

«Je vous remercie, cela me serait très utile», répliqua Norma. Et dès lors, elle vérifia toujours ses sources d'information avec moi et ne publia jamais rien que je n'aie confirmé. Cependant, au cours des mois qui suivirent, elle déterra suffisamment de cadavres au sujet de Ted, de Joan, de leurs amis et des amants et maîtresses de ces derniers, qu'elle put ainsi tenir ses lecteurs en haleine.

Heureusement, quelques jours plus tard, Lisa, la femme de Milton Gwirtzman, fut engagée comme attachée de presse et un téléphone fut installé dans le bureau de sa maison, à Newton. En

tant qu'ancienne journaliste du *Berkshire Eagle,*
elle était la personne tout indiquée pour faire ce
genre de travail. Je crus que son arrivée allait calmer la sonnerie de mon téléphone mais Lisa avait
toujours eu pour habitude de travailler en équipe
et elle me faisait part de tous les appels qu'elle recevait. Ce qui fait que nos deux téléphones ne dé-
rougissaient pas jour et nuit.

Cette année-là je dus remercier le ciel à main-
tes reprises et spécialement en cette journée de
l'Action de Grâces. Nous avions tous bien besoin de
prendre quelques jours de vacances loin des exigences incessantes de la campagne électorale.
Malgré les appels importants qui me suivirent à
Manhattan et à Locust Valley, mes enfants et moi
eûmes la joie de nous retrouver ensemble pour le
dîner de l'Action de Grâces et durant tout le week-
end, nous fîmes de longues promenades dans les
bois avec les tantes, oncles et cousins. Joan, quant
à elle, rejoignit Ted et ses enfants à Hyannis Port.
Lorsqu'elle revint, elle me raconta qu'une famille
de mouffettes s'était installée dans leur garage.
«Le service secret ne savait pas que ces animaux
se trouvaient là mais ils les ont bientôt découverts», me dit-elle en riant. Mais elle ne me parla
pas de ses relations avec Ted ni de leur rencontre.
D'ailleurs je ne lui avais rien demandé.

Le mardi après l'Action de Grâces, la secrétaire d'Eunice Shriver me téléphona pour m'annoncer que Madame Shriver irait passer la nuit à
l'appartement de Joan. Lorsqu'elle arriva, nous
étions encore en train de travailler et Joan reçut
sa belle-soeur avec un mélange de plaisir et de timidité. Eunice était une très belle femme. Elle
avait une coiffure simple et élégante et possédait

tous les attributs physiques des Kennedy. Elle était entièrement dévouée à son frère, à sa famille et à la cause de tous les membres du clan Kennedy. Il nous sembla évident, à Joan et à moi-même, qu'elle se trouvait là uniquement pour apporter son appui moral à la campagne et aux efforts de Joan. La conférence de presse semblait être sa principale préoccupation. Et c'est en mangeant des biscuits soda à cause de ses ulcères d'estomac, qu'elle en parla à sa belle-soeur jusque tard dans la soirée. Elle désirait que Joan mette l'accent sur le caractère positif de son frère, qu'elle décrive son mariage comme une alliance et une entraide mutuelle, qu'elle aborde très discrètement le sujet de l'avortement et évite de parler de son alcoolisme. Elle donna également quelques conseils sur la manière d'aborder l'affaire Chappaquiddick et lui suggéra de parler surtout de ses projets futurs en tant que première dame des États-Unis. Elle désirait également que Joan donne beaucoup d'importance aux «belles qualités» de Ted.

J'admirais Eunice et je savais qu'elle s'intéressait à Joan. Mais je la soupçonnais d'avoir toujours cru que Joan n'était pas à la hauteur de la situation. Ce soir-là cependant, elle se montra empressée et très encourageante à l'endroit de sa belle-soeur. Tous ses conseils s'inséraient, bien sûr, dans une stratégie faisant partie du jeu politique mais Joan l'écoutait religieusement. Je compris que Joan ne faisait que continuer à jouer le rôle qui lui avait été assigné depuis son mariage: être une Kennedy avant d'être elle-même.

Un jour ou deux après la visite d'Eunice, je téléphonai à Rick, à Washington. C'était l'anniversaire de mariage de Ted et de Joan et celle-ci voulait poser plusieurs questions au sénateur. Elle désirait d'abord savoir quel jour la famille allait ouvrir les cadeaux de Noël en Virginie, à quel moment ils iraient au New Hampshire, quand Ted comptait se préparer à son débat contre Carter en Iowa et quelles étaient la date et l'heure de ce débat. En fait, Joan voulait surtout savoir quand elle pourrait appeler Ted pour lui souhaiter un bon vingt et unième anniversaire de mariage. Rick répondit à toutes ces questions et me donna le numéro de téléphone où Joan pouvait rejoindre le sénateur le soir même ainsi qu'un autre numéro où elle pouvait le contacter le lendemain après-midi entre 13h20 et 14h00. Je raccrochai en me demandant combien d'autres arrangements strictement privés avaient dû se faire en passant par les membres du bureau et combien d'anniversaires ils avaient vécus séparés.

Presque tout de suite, mon téléphone sonna de nouveau. C'était Lisa qui appelait. «Une femme est entrée dans le bureau du sénateur en criant et tenant un couteau à la main!»

Je sursautai en poussant un léger cri.

«C'est exactement la façon dont vous ne devez pas réagir, me dit-elle. De toute manière, on l'a maîtrisée à temps, mais un garde a été légèrement blessé. Je ne sais pas qui est censé appeler Joan. Il faut vous tenir tout près du téléphone pour répondre vous-même.»

Je réalisai que l'incident avait dû se produire tout de suite après que j'eus appelé Rick, vu que son bureau se trouvait juste de l'autre côté de celui de Ted. Le téléphone sonna de nouveau. «Je suis désolée de vous déranger, commença Norma Nathan, mais j'apprends à l'instant qu'il vient de se produire une tentative de meurtre sur la personne de Ted Kennedy.»

«D'après ce que j'en sais, ce n'était pas bien sérieux», répondis-je d'un ton résolument calme.

«Madame Kennedy en est-elle déjà informée? Qui va le lui annoncer?»

«Je suis désolée, Norma, mais nous n'en savons rien pour l'instant.» Et je raccrochai.

L'autre téléphone se mit à sonner. «Rick a déjà tout dit à Joan», me dit Lisa. Je me hâtai vers l'appartement de Joan et je la trouvai en train de regarder des clichés qu'un photographe venait de lui soumettre. Elle était étrangement calme et me dit: «Rick vient tout juste de téléphoner. Mais j'essaie de ne pas penser à la pire des possibilités.»

J'étais soulagée de constater qu'elle se contrôlait fort bien. Sans doute avait-elle eu tout le temps et l'expérience voulue pour apprendre à le faire...

Joan m'invita à regarder les photos avec elle. Elle devait en choisir pour la campagne. Elle avait été photographiée marchant pieds nus sur la plage et était ravissante. Cela ferait une merveilleuse image à projeter dans les mois qui suivraient.

7

CROISSANTS ET COMPLIMENTS

Questions d'entrevues à Joan :
Quand avez-vous bu pour la dernière fois ?
Quelle est votre réaction lorsque
vous devez vous sacrifier pour la politique ?
Quels effets aura sur vous cette campagne,
étant donné votre état ?
À moi :
Qu'avez-vous mangé pour le petit déjeuner ?
Joan peut-elle être photographiée ?
Où avez-vous eu votre chat ?

«Jetez-moi tout ça! Ils ne peuvent pas la photographier au milieu de toutes ces plantes mortes!»

C'était l'opinion de la spécialiste en plantes qu'on avait appelée en consultation ce dimanche matin, peu de temps avant la conférence de presse de Joan. Pour bien faire comprendre ce qu'elle voulait dire, elle fit de grands cercles avec ses bras, désignant toutes les énormes plantes placées autour du tapis d'un vert argenté comme des arbres bordant un terrain de golf.

«Ted ne les aime pas non plus», dit Joan en secouant la tête.

C'était la première fois que Joan avait à se préoccuper de ce que les autres pouvaient penser de son appartement, et tout spécialement les journalistes et photographes qui allaient bientôt se présenter chez elle. Trois ans plus tôt, lorsqu'elle avait emménagé, elle avait engagé Robert Luddington, un décorateur de Boston qui avait déjà travaillé pour toutes les autres femmes Kennedy et leur avait donné son avis au sujet de la décoration, les agencements de couleurs, les meubles, etc. Luddington avait créé un appartement qui ressemblait en fait à une vitrine avec un foyer tout en miroirs, des papiers peints argentés et des tapis de même teinte. Le salon, d'où l'on avait une vue magnifique de la rivière St-Charles par la fenêtre panoramique, était meublé d'un très grand divan en plaid noir et blanc en forme de L, d'une causeuse noire de style moderne et d'une table à café très basse en chrome et en verre. Une table ovale en verre et chrome et un piano à queue remplissaient la salle à manger. Les deux chambres et le long corridor étaient tapissés de vert irlandais. À mon avis, rien de tout cela ne reflétait la féminité de Joan. Certes, lorsqu'elle était malade et en traitement, c'était là qu'elle trouvait refuge mais on ne pouvait parler véritablement de «foyer» en voyant cet appartement.

Toutefois, elle y avait mis un peu de chaleur, ajoutant ici et là des touches personnelles grâce à certains objets qu'elle avait apportés de sa maison de Virginie. Il y avait des photos des Kennedy, des portraits des enfants, un dessin exécuté par Patrick et de grands tableaux représentant Joan, posés sur le piano ou accrochés aux murs. Une charmante photographie de Ted prise sur son bateau avec ses enfants, ses neveux et nièces, tous souriants. Cependant, Joan recevait rarement chez elle et, très minutieuse, elle insistait pour que Kitty voie à la propreté impeccable de l'appartement.

La femme qui venait de faire cette remarque au sujet des plantes exagérait sans doute. Elles n'étaient pas toutes mortes mais Joan voulut qu'on en enlève et qu'on les remplace par d'autres. Après le départ de la «dame aux plantes», Joan prit place en face de moi à la table de la salle à manger, pour réviser une dernière fois les grandes lignes de ce qu'elle devait dire.

Pendant les jours qui avaient précédé, Joan s'était concentrée sur les questions et réponses suggérées par l'équipe Kennedy et les autres conseillers. Revêtue la plupart du temps de sa robe de chambre ou de son peignoir de bain, elle s'asseyait sur son lit, une tasse de café à la main, lisant et relisant les notes éparpillées sur l'édredon de satin beige. J'étais heureuse que Joan ait pu voir son alcoolisme comme quelque chose de positif. Qu'elle sente que sa lutte l'avait rendue plus forte. Elle voyait les choses différemment maintenant qu'elle avait souffert moralement et physiquement et cherchait souvent à en parler sans aucun sentiment de culpabilité ou d'humiliation. Sa guérison lui apparaissait comme une espèce de miracle, une résurrection. Elle cherchait à être positive et non plus sur la défensive.

À mesure que le temps avançait, Joan devenait plus calme et plus grave. Elle se rendait compte de l'importance de sa première conférence de presse. Mais elle avait de plus en plus confiance en elle et n'acceptait pas toujours les directives qu'on lui faisait parvenir. Elle dessinait des cercles et des étoiles autour des répliques qu'elle aimait particulièrement et écrivait en marge de celles qu'elle n'aimait pas: «chercher une autre réponse». Je trouvais triste qu'elle doive répondre à des questions comme: «Aimez-vous toujours votre mari?» ou: «En y repensant bien, croyez-vous que vous avez choisi le bon mari pour vous?» Ou encore: «Croyez-vous aux histoires que l'on raconte sur les infidélités de votre époux?» «Discutez-vous avec votre mari de ses relations avec d'autres femmes? Et l'inévitable: «Comment avez-vous appris la mort de Mary Jo Kopechne?» Ou la pire: «Avez-vous eu vous-même des amants?»

Joan n'était pas sans savoir que les femmes des autres candidats, si elles devaient étudier certaines questions et réponses, n'avaient pas à se soumettre à cette sorte d'inquisition sur leur vie privée. Mais elle ne pouvait l'éviter. Malgré les conseils de sa belle-soeur Eunice, Joan était bien décidée à répondre aux questions qu'on lui poserait sur son alcoolisme.

Le dimanche soir, Joan descendit à mon appartement pour discuter de ce qu'elle devait porter pour la conférence de presse. Elle me demanda ce que je pensais d'une robe de lainage blanc, d'un collier de perles et de boucles d'oreilles assorties. Ces bijoux venaient de lui être envoyés par Ted pour leur anniversaire de mariage. Je lui répondis qu'à mon avis il était préférable d'être habillée d'une façon très simple et détendue pour la circonstance. Elle choisit finalement un pantalon de lainage gris, un blazer de même ton et décida de relever ses cheveux en les attachant derrière la tête. Elle voulait porter un chandail noir et je lui offris de lui prêter le mien.

La «dame aux plantes» revint le lendemain matin avec d'énormes paquets enveloppés de papier brun contenant les plantes de rechange. Elle les plaça aux bons endroits dans l'appartement de Joan et on me laissa le soin d'enlever les feuilles jaunies et de leur donner l'eau dont elles avaient besoin. Je trouvais que nous avions l'air d'habiter une véritable serre. Après nous avoir confirmé qu'il y avait maintenant beaucoup trop de plantes à son avis, elle nous quitta, nous laissant le problème sur les bras.

Joan avait l'air pâle ce matin-là et ses traits étaient tirés. Enveloppée dans son peignoir de bain bleu, elle s'assit à la table de la salle à manger avec une tasse de café fumant et je la rejoignis. On aurait dit qu'elle venait de ressentir la fatigue de tout le travail accompli au cours de ces derniers jours. Je savais aussi qu'elle avait du chagrin en pensant à Sally, notre collaboratrice émérite qui n'en avait plus pour longtemps à vivre. Malgré sa maladie, Sally avait été une femme extraordinairement énergique et avait su pousser Joan à la limite de ses capacités. Joan acceptait tout de Sally et ne pouvait rien lui refuser. Mais ensuite, elle me téléphonait ou encore elle appelait son médecin ou l'un des membres du personnel de Ted pour se dégager de ses promesses.

«Ted Kennedy ne peut pas comprendre à quel point tout cela est fatigant», dit-elle en prenant sa tasse de café entre ses mains comme pour en sentir la chaleur. «On l'a habitué à cette vie depuis qu'il est enfant. Mais c'est très difficile d'être toujours disponible et toujours prête à répondre à tout. Moi je ne peux pas le faire.» Naturellement, si Ted et elle avaient été plus près l'un de l'autre, il aurait été plus facile pour eux de faire face au public avec le support d'un mari aimant et d'une femme dévouée. Mais dans le cas actuel, Joan ne pouvait compter que sur le personnel du bureau ou sur ses amis, ce qui était loin d'être la même chose.

Lorsque Gail arriva à mon appartement le mardi matin, je la conduisis tout de suite chez une voisine qui avait offert de nous prêter un service à thé «Royal Copenhagen». En entrant dans l'appartement de Joan, Kitty, qui nous avait ouvert la porte, écarquilla les yeux en nous voyant les bras remplis de superbes tasses bleues et blanches qui se balançaient dangereusement. «Moi, je ne touche pas à cela!» s'exclama-t-elle. Je me mis à rire en songeant que Kitty n'osait pas toucher à cette porcelaine fine alors qu'elle avait fait tant de choses plus dangereuses pour Joan dans le passé.

Nous déposâmes le service à thé avec toutes les précautions voulues sur la table de la salle à manger.

«Comme tout est changé ici!» s'exclama Gail en touchant les feuilles de l'une des nouvelles plantes. Et c'était vrai. Les plantes, une nouvelle disposition des meubles, un nouveau choix de livres et cette belle porcelaine... tout était prêt. Mais Joan, elle, l'était-elle? Cette question allait être décidée par notre équipe d'experts qui devait arriver dans l'après-midi pour une répétition finale.

Juste avant trois heures, je retournai à l'appartement de Joan afin de les accueillir. Ce jour-là, l'auteur et admiratrice de longue date des Kennedy, Doris Kearns, s'était jointe à Milton et Lisa. Tous étaient optimistes et d'excellente humeur. Joan sortit de sa chambre pour accueillir ses amis. Puis elle s'installa sur le divan où elle devait demeurer assise pendant toute la durée de la conférence de presse. Elle semblait intimidée et je me demandai si elle était vraiment prête à affronter cette répétition générale.

Nous prîmes place sur nos chaises en face d'elle et les questions qui allaient sans doute lui être posées plus tard, commencèrent à l'assaillir. Je commençai la première. «Madame Kennedy, quand avez-vous bu pour la dernière fois?» Joan répondit dans un murmure: «Lorsqu'on veut guérir, ce n'est pas le passé ni le présent qui importent mais bien l'avenir.» Même si cette réponse était assez vague, je compris l'hésitation de Joan à être plus explicite. Elle préférait mettre l'accent sur sa vie future. Pour elle, il s'agissait d'une renaissance. Mais comment la presse allait-elle interpréter une telle réponse?

Lorsqu'on lui demanda ce qu'elle comptait faire si elle devenait l'épouse du Président des États-Unis, elle répondit sans trop de conviction qu'elle aimerait enseigner la musique aux enfants et la faire apprécier aux parents. Un reporter hostile pourrait critiquer cette réponse.

Puis Milton lui demanda: «Madame Kennedy, quand et comment êtes-vous devenue alcoolique? Est-ce à cause de la pression dont vous êtes victime?»

Joan hésita, baissa la tête et sembla se recroqueviller sur le divan. «Ce n'est pas une maladie contagieuse, ni Ted Kennedy ni la politique n'auraient pu me la transmettre.»

Je savais ce qu'elle voulait dire. L'alcoolisme est une maladie héréditaire. L'important n'est pas comment ou pourquoi on est alcoolique mais ce qu'on fait pour en sortir. Toutefois, pour plusieurs journalistes, cette réponse aurait pu sembler tristement défensive. En dépit des longues heures de préparation, Joan était-elle vraiment prête à répondre aux questions au sujet de son alcoolisme?

Après seulement une douzaine de questions, la session se termina en raison de l'immense fatigue de Joan. Elle n'était vraiment pas aussi efficace qu'on l'aurait cru. Tous se taisaient, se demandant si elle n'avait pas besoin de plus de temps pour se préparer. Au moment de partir, quelqu'un me souffla qu'il faudrait probablement ajourner la conférence de presse.

Ce soir-là, juste avant que Joan et moi ne partions pour une levée de fonds à Cambridge, Hazel m'appela de nouveau pour me dire combien elle s'inquiétait au sujet de Joan. «Elle manque des assemblées d'anciens alcooliques à cause de ses au-

tres activités mais bientôt elle ne sera plus capable
d'assister à aucune de ces réunions si elle ne demeure pas sobre», me dit-elle.

Elle avait raison. Je promis à Hazel que j'es-
saierais d'aller avec elle à l'une de ces rencontres
après la levée de fonds. L'inquiétude d'Hazel, après
la piètre performance de Joan cet après-midi-là,
ne laissa aucun doute dans mon esprit: elle n'était
pas du tout prête à rencontrer la presse.

La levée de fonds avait lieu dans la magnifique maison de l'architecte bostonien Graham
Gund et avait pour but d'empêcher les très beaux
portraits des Washington peints par Gilbert Stuart,
qui se trouvaient au Musée des Beaux-Arts de Boston, d'être transférés à Washington D.C. Une foule
très élégante déambulait dans les pièces luxueu-
sement décorées, admirant des yeux la collection
d'oeuvres d'art contemporain. Les conversations
étaient animées, couvrant les sons assourdis d'un
quartette de cuivres, mais Joan, elle, semblait
complètement éteinte et refermée sur elle-même.

Finalement, après avoir quitté les invités
prestigieux, nous prîmes un taxi, Joan et moi, et
nous nous dirigeâmes vers une église de Malbo-
rough Street. Une fois là, nous nous rendîmes dans
le sous-sol dont la nudité contrastait étrangement
avec le luxe que nous venions de laisser: quelques
chaises en métal ou en bois alignées devant une estrade austère. Mais c'était là que Joan se trouvait
le plus à son aise. Alors que nous attendions que la
réunion commence, je compris qu'elle avait besoin
de cette ambiance amicale et fraternelle pour retrouver sa joie et sa sérénité et pouvoir faire face
aux exigences des mois à venir.

Le lendemain matin, Lisa et moi nous rencontrâmes pour décider si oui ou non nous allions tenir

cette conférence de presse. Nous ne pouvions pas nier que l'entrevue du sénateur avec Roger Mudd avait eu des effets désastreux sur la presse. Richard Cohen, du *Washington Post*, l'avait même qualifié de «guerrier peu reluisant». Il avait remarqué que ses discours étaient ternes et sans vie. Cohen écrivait: «Il est difficile de se battre contre un Président qui est devenu, grâce à l'Iran, une sorte de Commandant en chef. Mais il y avait autre chose également qu'on pouvait sentir tout au long de l'entrevue accordée à Roger Mudd à CBS: l'incapacité de Ted Kennedy à répondre à certaines questions, ses bégaiements lorsqu'on aborde l'affaire Chappaquiddick, ce vide lorsqu'on lui demande les motifs qui le poussent à se présenter à la Présidence, cette impression qu'il y a des tas de choses qu'il préfère ne pas dire, et enfin cette manie de parler de lui à la troisième personne, empêchant en quelque sorte les téléspectateurs d'entrer dans ses confidences...» Nous ne voulions surtout pas que la performance de Joan soit une répétition de celle de Ted.

Mais, il y avait un autre élément que nous devions prendre en considération: la possibilité de voir arriver un reporter non invité et peu amical. Frank O'Connor, qui s'était souvent offert à nous aider, accepta de faire garder l'entrée de l'immeuble pour nous éviter la venue d'intrus de ce genre. Nous devions continuer à travailler comme si cette conférence de presse allait avoir lieu mais sans vraiment y croire. Je me rendis ensuite à l'appartement de Joan pour m'assurer que son enregistreuse était bien en état de fonctionner et aussi pour lui apporter mon chandail noir. Kitty me dit que Joan était dans son bain.

La salle de bains de Joan était très moderne,

un mélange étonnant de beige et de noir; des petites lumières entouraient le miroir, comme on en
voit dans les loges d'artistes. À côté du lavabo en
marbre noir, sur des étagères en verre fumé,
étaient alignés des bâtons de rouge à lèvres, des
flacons de toutes les tailles et de toutes les formes,
des ombres à paupières, des rouges à joues et de
nombreux pinceaux. Diverses corbeilles pleines de
bigoudis, de bouteilles de mousse de bain, de bon-
nets de douche et de rouleaux chauffants remplissaient les étages derrière la baignoire.

«Hello!» me dit Joan alors que je passais devant la porte ouverte de la salle de bains pour aller
porter le chandail dans sa chambre. Je répliquai en
prenant ma voix la plus profonde et la plus mâle:
«Madame Kennedy, quand avez-vous pris de l'alcool pour la dernière fois?» Elle rit de bon coeur et
semblait en excellente forme. Je compris qu'elle
ignorait complètement que la conférence de
presse pouvait être reportée. Lorsque je retournai
à mon bureau, je me sentis plus sûre de moi quant
à la voie que j'avais à suivre.

Quand Lisa m'appela de nouveau, je dus une
fois de plus peser avec elle les avantages et les in-
convénients d'une telle aventure. Au cours des
deux derniers jours, Kennedy s'était opposé à ce
que le pays accorde asile au Shah en exil. Il avait
également suggéré qu'une fois les otages délivrés,
un débat soit tenu sur l'Iran afin de considérer le
bien-fondé des plaintes qui étaient formulées à
l'endroit de l'ex-dictateur. «Apporter notre appui
aux otages ne signifie pas nécessairement devoir
également appuyer le Shah», avait-il déclaré. Considérant toutes les critiques que Ted avait es-
suyées de la part de la presse et des autres candidats relativement à cette prise de position, il était

encore plus important que Joan réussisse. Nous décidâmes alors de ne pas remettre la conférence de presse prévue pour le lendemain.

Gail et moi arrivâmes à l'appartement de Joan aux environs de dix heures afin de tout préparer pour la conférence de presse qui devait débuter à onze heures. Mais alors que nous arrivions, apportant des fleurs et des croissants ainsi que quatre de mes chaises de cuisine, je fus sidérée de trouver Joan dans l'entrée, encore en robe de chambre, les cheveux défaits et les yeux hagards. Derrière elle, se tenait le concierge de l'immeuble, une clé anglaise à la main. Tandis que Gail et moi préparions le café et disposions les fleurs dans des vases, Joan nous raconta ce qui venait de se passer.

Un tuyau sous l'évier de la cuisine avait éclaté à quatre heures du matin et l'eau avait coulé sur le plancher de la cuisine, jusque sur le tapis du salon des locataires de l'étage du dessous. Le bruit de l'eau avait éveillé la famille qui habitait cet appartement, laquelle avait averti le concierge. Ce dernier s'était rendu à l'appartement de Joan pour arrêter la fuite et tout le monde était donc debout depuis les petites heures du matin.

Nous avions préparé Joan à toutes les éventualités, mais certainement pas à celle d'une inondation! Toutefois, elle se prépara très vite et lorsqu'elle sortit de sa chambre, elle s'était déjà habillée et maquillée. Elle semblait fort calme comme si rien ne s'était passé ou comme si ce genre de catastrophe avait toujours fait partie de sa vie.

Au moment même où Gail nous quittait pour retourner à mon bureau, Lisa arriva. Joan nous demanda de rester là mais sans nous faire voir afin qu'elle apparaisse comme une femme autonome et indépendante aux yeux des reporters. En compagnie de Lisa, je me dirigeai donc vers la cuisine inondée avec l'enthousiasme d'un chien qu'on emmène chez le vétérinaire et Joan referma la porte derrière nous.

Tentant désespérément de garder nos pieds au sec, Lisa et moi nous affairions à placer des piles de journaux sur le tapis de la cuisine. Mais chaque pas que nous faisions semblait empirer le désastre, laissant ressortir l'eau du tapis. Nous nous mîmes à rire si fort que Joan vint voir ce qui se passait. Elle ouvrit la porte battante, nous regarda en souriant et en secouant la tête, puis elle referma la porte en entendant le timbre de la sonnette.

Joan ouvrit elle-même aux reporters et avec une simplicité charmante, elle leur raconta l'inondation qui s'était produite au petit matin. Le bruit que faisait le papier mou et humide sous nos pieds, les rumeurs de la rue et la musique qui venait du stéréo de Joan couvraient les voix. Je collai mon oreille contre la porte pour essayer d'entendre ce que Joan disait. Lisa s'avança à son tour pour en faire autant. Puis je décidai d'écouter tandis que Lisa prendrait des notes.

L'image des frères Marx me traversa l'esprit en nous voyant ainsi, toutes les deux, à l'affût de la conversation qui se poursuivait dans la pièce d'à côté. Naturellement, nous avions manqué les premières questions mais nous entendîmes assez clairement les autres: «Quand avez-vous bu pour la dernière fois?» «Qu'est-ce que cela vous fait de passer toujours en second après la politique dans votre mariage?» «La pression de cette campagne vous affectera-t-elle, était donné votre état?» «Quel sera votre rôle dans cette campagne?» En tout, trente et une questions! Dans la mesure où je pus les entendre, les réponses de Joan me parurent très satisfaisantes. Elle semblait avoir le contrôle de la situation. Elle était gaie, sûre d'elle et pleine d'entrain. Malheureusement, nous ne pouvions en jouir comme nous l'aurions aimé, les pieds dans l'eau et regardant sans cesse notre montre, anxieuses de voir cette séance se terminer.

Il était 11h50, l'heure prévue pour les photos. Sans s'occuper de ses chaussures mouillées, Lisa se rendit alors à la porte d'entrée pour ouvrir aux photographes. Puis Joan prit place au piano et joua quelques mesures de «Smoke Gets in Your Eyes» tandis que les photographes la mitraillaient de leurs flashs. À midi juste, je sortis de la cuisine à mon tour pour faire entrer une amie de Joan à laquelle on avait demandé de venir comme si elle avait un rendez-vous après la conférence de presse. De cette façon, on pouvait facilement y mettre un terme. Les reporters partirent aussitôt... à notre plus grand soulagement.

Même si je n'avais pas entendu tout ce que Joan avait dit, je la serrai dans mes bras et lui disant qu'elle avait été magnifique. Elle se mit alors à danser dans le salon, heureuse de constater que tout s'était bien passé. J'espérais qu'elle avait raison. Mais je n'étais pas d'humeur à danser et je retournai rapidement à mon appartement pour remplacer mes chaussures mouillées. Je n'avais pas fait un pas chez moi que tous les téléphones se mirent à sonner. Ed me demanda: «Comment était-ce? Sur quoi vont-ils mettre l'accent?»

Le médecin de Joan était sur une autre ligne: «L'horaire a-t-il été respecté? Mon nom a-t-il été mentionné? Et le nom du centre de traitement? Ensuite, Rick téléphona du bureau de Ted: «Comment était-ce? Que s'est-il passé?» Puis il ajouta: «Quand Joan arrivera-t-elle à Palm Beach?» Tout de suite après, une correspondante du *Newsweek* me demanda: «Êtes-vous l'assistante de Joan Kennedy? On m'a dit que vous aviez travaillé dans une série pour enfants à la télévision. Vos intérêts sont-ils similaires à ceux de Madame Kennedy? Que faites-vous? Êtes-vous payée pour votre travail?»

Je me demandai pourquoi elle me posait des questions sur moi et non sur Joan. Cela me mit mal à l'aise mais pas encore autant que je le fus lors de l'appel suivant: Joe Cargan, un des piliers de l'organisation Kennedy, m'annonça d'un ton furieux: «L'éditeur du *Time* est en train de faire une crise de nerfs. Pourquoi n'avez-vous pas fait savoir à ses reporters que vous donniez une conférence de presse? Voici le numéro où vous pourrez le joindre la prochaine fois!» Puis Hazel me téléphona: «Comment va Joan... et vous?»

Je lui dis que je croyais bien que la conférence de presse avait été un succès. Nous avions enregistré les questions mais nous n'avions pas encore les réactions des reporters. Tout comme c'est le cas lors d'une première à Broadway, il ne nous restait plus qu'à attendre les journaux du lendemain matin pour connaître leurs impressions.

Maintenant que cette conférence de presse était derrière nous, quels qu'en soient les résultats, il me fallait faire face à la perspective d'une rencontre avec un autre reporter, cette fois pour répondre à des questions sur moi-même. Alors que j'attendais à l'extérieur de Faneuil Hall après l'annonce officielle de Ted, un mois auparavant, une jolie femme aux lèvres peintes d'un rouge vif et brillant s'était approchée de moi et s'était présentée. Elle s'appelait Vera Vida et était rédactrice de mode pour le *Patriot Ledger* à Quincy. Elle désirait obtenir une entrevue avec Joan. Depuis, elle n'avait cessé de me téléphoner et lorsqu'elle avait finalement réalisé que cela était impossible, elle s'était rabattue sur un sujet moins important et m'avait demandé si je pouvais la recevoir. «Moi? lui dis-je alors. Mais je ne peux pas faire cela!» «Il ne s'agirait pas de Joan, répliqua-t-elle, d'une voix persuasive. Je voudrais faire un papier sur vous. Vous viviez sur la rive-sud auparavant et nous sommes situés nous-mêmes sur la rive sud. Je vous promets de ne pas vous poser une seule question au sujet de Joan.»

Elle insistait tellement que je décidai d'en parler avec Joan et Lisa pour voir quelle serait la meilleure attitude à prendre. Elles décidèrent que je devrais rencontrer Vera après la conférence de presse de Joan. Comme le moment de la rencontre approchait, je me dressai à mon tour une liste de questions-réponses, certaine qu'elle allait me demander comment il se faisait que j'avais abandonné ma propre carrière dans le milieu de la télévision éducative pour me consacrer aux intérêts de Joan. J'allais certainement parler d'amitié dans ma réponse mais il fallait aussi que je lui fasse comprendre que l'exemple donné par Joan pouvait servir à des milliers de femmes. Puis il me vint à l'idée que Vera voudrait savoir pourquoi je désirais tant aider les femmes alcooliques. J'avais une décision à prendre. Étais-je aussi prête que Joan à admettre publiquement mon propre alcoolisme? Je ne connaissais pas la réponse car je n'avais pas encore eu à faire face à une telle éventualité. Je compris alors plus que jamais combien Joan était courageuse d'en avoir assumé tout le poids.

Aussi blonde que Joan et vêtue comme elle à la dernière mode, Vera vint me rencontrer à mon appartement comme prévu, flanquée d'un photographe. Elle prit place sur le divan en face de moi et se mit à me faire beaucoup de compliments. Puis elle me demanda où j'avais eu mon chat, ce que j'avais mangé au déjeuner... et enfin si Joan pouvait figurer sur la photo. Je lui expliquai qu'elle était trop occupée et Vera continua à me poser des questions beaucoup moins embarrassantes que celles qui avaient été posées à Joan: comment je passais une journée typique de mon travail... Quels sortes d'arrangements devais-je faire pour Joan? Ce que je pensais du sénateur... Ensuite elle s'adressa à mes enfants qui se tenaient assis, tranquillement, tout près, et leur demanda s'ils aimeraient vivre à la Maison Blanche. Tout deux répondirent en choeur: «Non!» Après trente minutes, Vera appela son photographe. Tandis qu'il prenait des photos de moi au piano, tenant le chat, dans la salle à manger, etc., la sonnette de la porte d'entrée retentit. Sept dames d'une association musicale venaient d'arriver pour offrir à Joan un trophée en tant que «Femme de l'année». Je m'excusai auprès de Vera et du photographe et accompagnai ces dames dans l'ascenseur.

Lorsque Kitty ouvrit la porte, Joan s'élança aussitôt dans la salle de bains afin de se préparer. J'attendis dans le hall en compagnie des dames jusqu'à ce que Joan soit prête à les recevoir. Je retournai ensuite à mon appartement pour terminer l'entrevue avec Vera qui insista une fois de plus pour obtenir une photo de moi en compagnie de Joan.

La sonnette retentit de nouveau: deux dames de Cambridge arrivaient pour tenir «un débat d'idées» avec Joan. Je quittai donc Vera et je les accompagnai à l'appartement de Joan déjà rempli d'invités. Lisa répondit à la porte et après avoir présenté les dames, je lui mentionnai la faveur que Vera sollicitait, c'est-à-dire une photo de Joan. Cela me semblait le mauvais moment pour demander une telle chose mais Joan m'entendit du salon et répondit qu'elle acceptait. Abandonnant aussitôt ses autres invités, elle passa devant Lisa et sortit dans le hall.

«Mon Dieu, murmura-t-elle. Il y a là une femme qui a réussi à se guérir de son alcoolisme. J'ai l'habitude de la rencontrer les mardis soir. N'est-ce pas merveilleux? Nous sommes si nombreux dans ce cas!» ajouta-t-elle en joignant les mains et en entrant dans l'ascenseur.

Ce fut une Vera très étonnée qui se leva et s'avança à la rencontre de Joan en lui tendant la main. «Je ne vous poserai qu'une seule question, dit-elle. Que pensez-vous de Marcia?»

Joan passa son bras autour de mes épaules et répondit: «Je l'adore, elle est mon bras droit.» Mais reniant sa promesse, Vera continua à poser des questions à Joan tandis que le photographe prenait ses photos.

Puis Joan retourna à ses invités et lorsque Vera nous quitta quelques minutes plus tard, je réalisai avec une sorte d'admiration médusée qu'elle avait obtenu ce qu'elle était venue chercher, y compris des photos avec Joan.

Au cours des semaines qui suivirent, presque tous les journaux du pays firent paraître des articles sur Joan avec des manchettes du genre: «La nouvelle Joan Kennedy... posée et efficace.» «Joan émerge de sa période noire.» Tous ces papiers indiquaient que la conférence de presse de Joan avait été un franc succès. La plupart parlaient de son aisance, de son calme et de ses manières in-

génues et spontanées. On lui prédisait un brillant
avenir en tant que collaboratrice de Ted Kennedy.
Naturellement, on ne manqua pas de mentionner
qu'elle ne portait pas son alliance mais tous semblaient convaincus que son mariage se portait très
bien et venait de franchir une nouvelle étape de
confiance mutuelle.

L'interview que j'avais accordée à Vera parut
quelques jours plus tard en première page du *Patriot Ledger*. J'étais enchantée de ce que Vera
avait écrit à mon sujet. Et elle était particulièrement flatteuse à l'égard de mon chat.

8

JANVIER EN IOWA

«J'ai besoin d'un homme dans ma vie...
Ted me demande: «Est-ce que tu t'amuses?
Vas-tu dîner avec tes amies?»
S'il savait...»
— Joan.

Tout juste avant de partir avec Ted pour la Floride, Joan voulut aller acheter des valises pour ses déplacements et ceux de la famille lors de la campagne. Et parce qu'il s'agissait d'un cadeau de Noël qu'elle offrait à Ted et aux enfants, elle souhaitait qu'elles soient livrées à leur maison de Virginie à temps pour l'ouverture des cadeaux, le 22 décembre. Lorsque je frappai à sa porte à onze heures, ce samedi-là, pour l'accompagner chez Jordan Marsh, elle ne répondit pas. J'entrai dans l'appartement. Tout était sombre et la porte de sa chambre à coucher était fermée. Je fis du café et en apportai une tasse dans sa chambre. Dès qu'elle fut levée, elle insista pour que je la suive dans la salle de bains.

«Regarde cela!» dit-elle en montant sur sa balance et en pointant les chiffres oscillant entre ses pieds.. «Ce n'est pas croyable! Je ne fais que manger. Hier soir, j'ai avalé trois bols de céréales avant de me mettre au lit... sans compter les six rôties et les cuillerées de sucre. Il faut que je me mette au régime.» Il était bien évident que le stress la portait à manger.

La campagne qui se déroulait ne quittait jamais vraiment nos esprits. Tandis qu'elle s'habillait, elle me raconta ce qu'elle comptait faire si elle devenait la Première Dame des États-Unis. Elle me dit qu'elle enseignerait la musique mais j'espérais qu'elle ferait davantage. Je lui suggérai qu'en plus de son enseignement musical, elle profite de sa position pour venir en aide à toutes les formes d'art et les rendre accessibles aux enfants. Elle discuta alors avec moi d'un projet visant à réunir des conseillers en éducation artistique dont la fonction serait de donner des idées et d'écrire des articles pour une publication nationale qu'elle signerait de son nom. «Ted n'écrit jamais ses propres articles... tout le monde sait cela», déclarat-elle en sortant de la salle de bains où elle venait de remettre de l'ordre dans sa coiffure. «Et ce serait tellement plus facile que d'accorder des entrevues!»

Quelques minutes plus tard, nous nous installions dans un taxi et je lui lus l'éditorial du *Boston Globe* intitulé «La renaissance de Joan Kennedy» qui faisait les commentaires les plus élogieux sur sa personne et spéculait sur les effets que pouvait avoir la campagne sur elle, personnellement. Nous ne pouvions nous empêcher de faire des comparaisons avec les articles concernant Ted qui se faisaient de plus en plus négatifs à cause de ses critiques envers Carter pour la façon dont il conduisait l'affaire des otages d'Iran.

Mais lorsque la conversation se porta sur les hommes, je posai un doigt sur mes lèvres. Je craignais toujours que nos conversations soient entendues et comprises par les oreilles indiscrètes des chauffeurs de taxi. Je les imaginais en train de se battre pour répondre à un appel pour Joan Kennedy dans le seul but de connaître les détails de sa vie privée. Joan me raconta alors qu'elle comptait faire un voyage incognito dans le Midwest pour aller voir son ami Gordon qui venait de quitter Boston pour un travail de consultant en Ohio. Il lui avait rendu visite occasionnellement à son appartement, apportant généralement un sac d'épiceries et préparant à manger pour elle. Il était discret et peu exigeant. Il avait offert son amitié à Joan à une époque où Ted était particulièrement distant avec elle.

«Gordon est si bon pour moi, me dit Joan. J'ai besoin d'un homme dans ma vie et pas seulement d'un homme sûr.» Par l'expression «sûr», elle voulait dire un simple ami et pas un amant. «Les hommes «sûrs» sont bien; on peut leur parler mais j'ai besoin de beaucoup plus que cela», continua-t-elle. Ted Kennedy est bien gentil mais il ne me parle même pas. Il m'appelle et me dit: «Il faut que tu viennes sinon je perdrai les élections», mais quand j'arrive, il ne me remarque même pas, il ne me complimente ni ne me remercie jamais et ne me demande jamais mon opinion sur quoi que ce soit.»

Je la comprenais très bien mais lorsqu'elle m'avoua qu'elle voulait rencontrer d'autres hommes, je ne pus m'empêcher de lui faire remarquer que ce serait terriblement risqué pendant la campagne. Elle m'approuva mais elle ajouta que ses amis l'aideraient.

Joan avait quelques amis à Boston, New York et Washington qui l'appuyaient sans réserve, lui offraient inconditionnellement leur amitié et étaient prêts à faire n'importe quoi pour elle... y compris lui présenter des hommes libres et intéressants. Je me suis souvent demandé quelles étaient chez elle les qualités qui inspiraient tant de dévotion à son endroit. Je crois que c'était son apparente fai-

blesse et son innocence qui la portaient à partager
ses pensées les plus intimes. Elle n'avait pas de secret pour ses amis. Souvent, elle leur téléphonait
tard le soir parce qu'elle se sentait seule ou ne pouvait pas dormir et, naturellement, chacun de nous
n'hésitait pas à allumer sa lampe de chevet pour
l'écouter. Nous adorions sa candeur, à condition
qu'elle ne la déverse pas à son insu dans les oreilles
d'un chauffeur de taxi.

Comme nous remontions Beacon Street déjà
illuminée par les décorations de Noël et que nous
redescendions vers le quartier des affaires, Joan
continua à parler des hommes. De nouveau, je posai un doigt sur mes lèvres mais Joan rit de mes
précautions en me donnant un coup de coude. «Ted
me demande: «Est-ce que tu t'amuses? Tu vas dîner avec tes amis?» S'il savait!»

Lorsque finalement nous descendîmes du taxi,
le chauffeur nous regarda en souriant et dit: «Ce
fut un plaisir.» Je n'en doutais pas une seconde!

La présence de Joan causa, comme d'habitude, toute une effervescence dans le département
des valises chez Jordan Marsh. Joan examinait
chaque sorte de valise et comparait les prix et les
couleurs. Elle choisit finalement un modèle de
toile beige garni de vinyle brun. Mais chez Jordan,
on n'avait pas en stock toutes les valises qu'elle désirait. Elle leur donna donc la commande pour un
nombre incalculable de bagages de toutes les formes et de toutes les grandeurs et porta le tout sur
le compte du sénateur.

Alors que nous sortions du magasin, Joan s'arrêta devant un étalage de chapeaux. Elle choisit un
chapeau de cow-boy, releva ses cheveux et le mit
sur sa tête. Se regardant dans le miroir, elle demanda: «Tu crois que *Women's Wear Daily* aime-

rait cela?» Son comportement en public avait quelque chose de délicieusement candide, tout comme
ses conversations avec ses amis. Mais un peu plus
tard, alors que nous étions attablées dans un restaurant de fruits de mer, elle reprit tout son sérieux et me parla de son amie Sally.

«Je crois que je comprends un peu ce qu'elle
ressent, dit-elle à voix basse. C'est comme l'alcool,
lorsque j'étais malade et que je ne pouvais l'accepter.»

«Veux-tu dire que tu le savais mais que tu ne
voulais pas l'accepter?» demandai-je. Il s'agissait
là d'un sujet que nous connaissions bien.

«Oui... répliqua Joan. Comme Sally au sujet de
sa mort. Je ne sais pas comment être une véritable
amie pour elle. Elle ne parle pas d'elle-même et
nous faisons semblant d'ignorer ce qui lui arrive
parce qu'elle semble vouloir qu'il en soit ainsi.»

À ce moment même, une serveuse un peu
grassette et accusant un certain âge, s'approcha
de notre table. Elle regarda plusieurs fois en direction de Joan, puis, quand elle fut assurée qu'il s'a-
gissait bien d'elle, elle se pencha et murmura: «Je
vous aime bien. Vous êtes tellement belle! Vous se-
rez une merveilleuse Première Dame... encore
mieux que Jackie.» Puis elle se redressa, reprit ses
allures de serveuse et tendit le menu en disant
qu'elle allait revenir.

Un ou deux jours plus tard, Jordan Marsh
m'informa qu'il serait impossible d'obtenir à temps
pour Noël les dix-huit valises qui avaient été com-
mandées. Je téléphonai à Joan, espérant qu'elle allait en choisir d'autres, mais elle voulait celles-là à
tout prix. Je devais donc m'occuper de régler ce
problème. Partant du fait que rien n'est impossible

lorsqu'on travaille pour les Kennedy, je ne m'étais jamais demandé si je pouvais faire telle ou telle chose mais seulement comment. Je téléphonai d'abord à Gertrude Ball au bureau de la famille Kennedy sur Park Avenue à New York. Elle prit en note la liste des valises et accepta de faire quelques appels téléphoniques. Une heure plus tard, elle me rappela pour me faire part de l'insuccès de ses tentatives mais me conseilla de téléphoner à Kathy, au Merchandise Mart de Chicago qui appartenait aux Kennedy. Gertrude avait entendu dire que Joan avait justement un rendez-vous au Mart ce jour-là. Je lui répondis que Joan était en route pour la Floride et non pour Chicago.

Kathy me téléphona quelques minutes plus tard pour me donner le même renseignement et, encore une fois, je dus expliquer que Madame Kennedy n'allait pas à Chicago et désirait les valises qu'elle avait elle-même choisies. Le coup de téléphone suivant émanait aussi du Mart. «Marcia, je suis Sylvia Gold. Nous sommes en train de devenir fous ici. Vous voulez dire que Madame Kennedy ne va pas respecter son rendez-vous? Je suis sur le bord de la crise cardiaque. Mon acheteuse vient travailler pendant son jour de congé pour l'aider à se choisir une fourrure.» Au milieu de mes explications, l'autre téléphone sonna. C'était Marv Liebman du département des valises du Mart: «Écoutez, ces valises ne sont vraiment pas pour elle. Elles ont été faites à l'étranger et les poignées vont lâcher tout de suite.»

Rappelant Sylvia, je lui dis qu'elle devait avoir rendez-vous avec une autre Madame Kennedy. Parlant en même temps à l'autre téléphone, je demandai à Monsieur Liebman de lui réserver les valises de toute manière. «Mais je ne les ai pas en magasin! répondit-il. Si vous voulez, j'ai d'autres valises, de tout nouveaux articles, qui ne figurent même pas encore au catalogue. Elles sont noires avec des garnitures vertes et rouges.»

«La machine bien huilée des Kennedy ne fonctionne pas toujours si bien», me dis-je en ouvrant le bottin téléphonique à la rubrique «valises». Ce soir-là, à 18h30, j'avais finalement réussi à réunir les dix-huit pièces de bagages arrivant de tous les coins du pays.

Le voyage en Floride avec Ted fut la première incursion de Joan dans la campagne. Mais le rythme commençait à s'accélérer, brisant la monotonie de notre vie tranquille à Boston. Le soir qui suivit son retour de Floride, Joan devait paraître avec Ted au Copley Plaza pour une soirée de levée de fonds. Même si le sénateur ne devait faire son apparition que plus tard dans la soirée, de nombreux signes indiquaient son arrivée imminente. Des membres du service secret apparaissaient dans divers coins de l'immeuble, sur l'étage de Joan, au premier étage, dans les halls arrière, et des camions étaient occupés à enlever les autos qui se trouvaient stationnées devant l'édifice afin de faire place au cortège.

Durant toute la campagne, nos voisins allaient être souvent importunés et se faire fréquemment enlever leurs voitures pour faire place aux Kennedy. Pour la plupart, ils acceptaient cet inconvénient avec grâce. Mais ce matin-là, à 5h15, la présidente du comité d'administration, Elizabeth Hunter, avait été réveillée par Madame Parket, la plus ancienne résidente de l'immeuble. En regardant

par sa fenêtre, cette dernière avait vu les agents
postés sur les toits de l'autre côté de la rue. Ses laveurs de vitres devant arriver vers 9 h, elle craignait qu'on ne les prenne pour des assassins et
qu'on ne les abatte sur-le-champ. Madame Hunter
sortit de son appartement et descendit en robe de
chambre afin de parler aux agents. Expliquant
l'histoire des laveurs de vitres, elle demanda quand
le Sénateur devait arriver et à quelle heure il devait repartir. Or, l'agent, ne pouvait donner ces
renseignements pour des raisons de sécurité et un
véritable dilemme se posait. Finalement, afin de
ne pas mettre la vie des ouvriers en danger, Madame Parker dut remettre la visite de ses laveurs
de vitres jusqu'à ce qu'elle soit bien certaine que le
sénateur n'était pas dans les parages.

Un peu plus tard dans la journée, un agent me
fit appeler au premier étage afin de vérifier l'identité de deux tailleurs envoyés de St. Louis pour
faire essayer de nouveaux costumes au sénateur.
Ne sachant trop que faire, je fis monter les tailleurs à mon appartement et les installai dans l'entrée sur des chaises pliantes rouges que j'avais ap-
portées de ma cuisine. Ils attendirent là plus d'une
heure, jusqu'à ce qu'on les appelle. Pendant ce
temps, je ne cessais de monter et descendre avec
la toilette que Joan devait porter ce soir-là et un
tas de paperasses pour régler les arrangements de
dernière minute en vue du voyage impromptu
qu'elle devait effectué à New York le lendemain.
Finalement, le sénateur arriva puis ce fut le tour
des tailleurs. À ma visite suivante à l'appartement
de Joan pour achever de boucler ses valises, les
tailleurs avaient terminé leurs essayages et le sénateur se promenait toujours dans le living-room
en sous-vêtements.

Il repartit aussi brusquement qu'il était arrivé. À minuit, après la soirée de levée de fonds, le sénateur retourna sur la côte ouest tandis que Joan et moi regagnions son appartement. Joan décida alors d'annuler le voyage qu'elle devait effectuer à New York le lendemain, pour une levée de fonds, en compagnie de Jackie. «Je me suis sentie très fatiguée au milieu de la soirée, me dit-elle. Je ne voudrais pas qu'on prenne des photos de moi avec cette mine de papier mâché... la presse soupçonnerait le pire.» Mais il y avait aussi une autre raison. «J'ai été la reine ces derniers jours» ajouta-t-elle, admettant candidement sa crainte que Jackie ne lui vole la vedette. Je réalisai une fois de plus que Joan manquait terriblement de confiance en elle et faisait tout son possible pour éviter qu'on puisse établir des comparaisons. Je tentai de la rassurer mais sa décision était prise. Elle irait à Washington pour voir Patrick au cours de la fin de semaine.

Après le retour de Joan à Boston et avant qu'elle ne reparte pour les vacances de Noël à Palm Beach et McLean, elle me demanda de commander des sandwiches et de recevoir les conseillers d'Harvard de Ted qui devaient se réunir dans son appartement. À la tombée de la nuit, le soir de la rencontre, je montai à son appartement pour allumer les lumières et fus très étonnée de constater qu'elles avaient déjà été allumées. Un sac à main et un appareil-photo se trouvaient dans l'entrée et une valise de femme avait été posée devant la porte de la chambre de Joan. Émanant de l'appareil stéréo d'où s'échappait généralement de la musique classique, on entendait de la musique rock. Un filet de lumière était visible sous la porte close de la salle de bains. «Hello» lançai-je à tout hasard à la personne qui devait se trouver dans la salle de bains. «Avez-vous besoin de quelque chose?»

«Hello», répondit une voix féminine. Elle me dit ensuite qui elle était. Je ne l'avais jamais rencontrée mais je reconnus cependant son nom pour l'avoir souvent entendu prononcer dans les conversations que tenaient entre eux les membres de l'équipe Kennedy.

«Je suis venue allumer les lumières et je reviendrai pour saluer Rick», dis-je à travers la porte. Puis je trouvai un papier sur la table de la salle à manger. J'y inscrivis quelques mots, offrant de commander quelques sandwiches au cours de la rencontre et je donnai mon numéro de téléphone. Je retournai ensuite à mon appartement. Je me préparai alors pour me rendre à un coktail dans une maison voisine. Avant de partir, je laissai mon numéro aux agents de sécurité de mon immeuble, leur demandant de me prévenir dès que le sénateur arriverait. Une demi-heure plus tard, ils m'appelèrent: «Il est arrivé.»

Alors que je marchais le long de Beacon Street pour revenir chez moi, je vis une silhouette masculine près de notre immeuble. C'était Rick qui attendait mon retour. Il me salua chaleureusement.

«Bonsoir. J'ai eu votre message», dit-il.

«Que dois-je commander pour dîner?» demandai-je, heureuse de le voir.

«Seigneur... il n'a besoin de rien! Il est allé se coucher et dormira jusque tard, demain matin.»

«Vous ne voulez pas de sandwiches pour la rencontre?»

«Non, tout est annulé et les collaborateurs sont repartis», répondit Rick, courbant le dos sous le froid. «Nous avons tout ce qu'il nous faut.»

Je lui dis bonsoir et ouvris la porte de l'immeuble tandis qu'il s'éloignait en direction de Copley Square.

En ouvrant la porte de mon appartement, j'entendis le téléphone sonner. Je courus pour le décrocher. «Bonsoir, me dit une voix modulée. Ici Ted Kennedy. J'ai lu votre note, je vous remercie beaucoup mais nous... euh... nous n'aurons besoin de rien. J'apprécie votre offre... mais nous avons tout ce qu'il nous faut.»

«Très bien», répondis-je.

«Et merci pour tout ce que vous faites pour Joan, Marcia. Je vous en prie, sentez-vous à l'aise, appelez-moi en tout temps s'il y a un problème quelconque. Rick ou son assistante peuvent toujours me rejoindre et je vous rappellerai. Je me fie à vous pour que tout aille bien. J'apprécie votre collaboration. Vous possédez un grand sens des réalités.»

Il avait raison, je devais l'admettre. En raccrochant le téléphone, je me demandai combien d'autres collaborateurs de Kennedy avaient accepté ses éloges en échange de leur silence. Et combien d'autres étaient complices de ces arrangements. Je savais que je ne pourrais rien répéter de tout cela à Joan, non par loyauté envers Ted mais tout simplement pour ne pas lui faire de la peine.

Ironiquement, une semaine auparavant, tout de suite après la soirée de levée de fonds de Boston, Joan m'avait parlé de ses relations avec Ted. Assise à sa table de cuisine, elle m'avait dit qu'elle était très contrariée de devoir mentir à la presse. «Toutes ces photos de Ted et moi comme deux tourtereaux et moi qui lui souris comme si j'étais en adoration devant lui! Je ne ressens rien de tel pour lui. Et Myra MacPherson, la meilleure femme reporter du *Washington Post*, qui prétend que mon nouveau bonheur est tellement évident!... cela commence à m'ennnuyer terriblement.»

Cela m'ennuyait aussi car je me rendais compte que Joan se trouvait prise dans une situation intenable. Elle était assez réaliste pour se rendre compte que tout n'allait pas pour le mieux dans le meilleur des mondes entre Ted et elle, mais cela la rendait mal à l'aise de l'admettre. Malgré tout, elle voulait réellement faire cette campagne et la réussir, espérant que cela pourrait provoquer une réconciliation entre elle et son mari. En fait, elle était prise au piège entre le public, la presse... et peut-être bien elle-même aussi. Et tous ces mensonges et les conflits intérieurs qu'ils engendraient pouvaient mettre en danger sa sobriété.

Cependant, pour une certaine partie des gens de la presse, c'était la conduite de Ted et non la sienne qui était en cause. Dans un article publié dans le *Washington Monthly* de décembre, on pouvait lire ce titre: «Le problème des femmes de Kennedy: le problème Kennedy des femmes.» Suzannah Lessard écrivait:

Les relations féminines qu'on associe à Kennedy ne sont que de courte durée... après quoi il quitte la dame en question. Il arrive même qu'il n'ait jamais rencontré cette dame auparavant. Elle a été choisie au hasard par quelqu'un de son entourage comme étant le type de femme qu'il aime fréquenter et on lui a simplement demandé si elle aimerait avoir une «aventure» avec le sénateur... Le scénario n'exclut pas de plus longues relations mais la formule «courte durée» fait partie intégrante de la personnalité Kennedy, une image que les Kennedy ne détestent pas mettre en évidence.

Cependant, si un homme d'un certain âge agit de cette façon pendant une longue période de temps, c'est-à-dire pendant plusieurs décades, alors son comportement est considéré comme «dérangeant». Cela nous suggère l'image d'un homme qui n'a pas évolué, une sorte de tempérament narcissique et un formidable ego enfantin qui doit être constamment satisfait... En tout cas, il nous donne l'impression d'un «vieux beau», d'un phallocrate démodé, d'un exploiteur de femmes qui ne sont rien d'autre pour lui que des objets de plaisir...

C'est cet aspect de son comportement, disait, aussi l'auteur, qui avait incité les femmes à penser que son intérêt pour les questions féminines n'était qu'une forme d'opportunisme politique et à douter de ses capacités en tant que Président.

Les stratèges de Carter et de Kennedy n'étaient nullement surpris de constater que la personnalité des deux candidats était maintenant mise en cause. On reprochait à Carter ses mesures inadéquates pour résoudre la crise d'Iran. Il était donc extrêmement important que Joan entre rapidement dans la campagne avec et pour Ted. On prévoyait déjà un débat entre Carter et Kennedy pour le 7 janvier en Iowa mais, à la fin de décembre, les Russes envahirent l'Afghanistan et Carter annula la rencontre, déclarant que, pour des raisons politiques, il lui était impossible de quitter Washington. Cette période lui permit de se mettre en retrait sans perdre la face et de demeurer presque indifférent aux attaques de Kennedy. Quoi qu'il en soit, les forces de Kennedy ne continuèrent pas moins leurs assauts en Iowa... avec Joan en première ligne.

En attendant, Joan avait passé les quelques jours précédant Noël avec Ted et leurs enfants à Palm Beach, y visitant sa belle-mère. Ses relations avec Rose — «Grand-mère», comme l'appelait Joan — étaient polies quoique distantes. Elles ne se parlaient au téléphone ou ne dînaient ensemble que durant les mois d'été, lorsqu'elles se trouvaient toutes deux à Cape. Je peux seulement imaginer ce qui se passa dans la tête de Rose lorsqu'elle réalisa que son seul fils survivant se lançait lui aussi dans la course à la présidence. Je n'ai jamais su ce qu'elle pensait de Joan, de son alcoolisme, de ses ennuis matrimoniaux avec Ted ou de Joan elle-même. Mais Joan avait pour Rose un respect mêlé de crainte et faisait tout ce qui était en son possible pour lui plaire. Elles allaient très tôt à la messe ensemble à Palm Beach et je me disais que si Joan n'était plus intimidée par la force de caractère légendaire de sa belle-mère comme elle l'avait été dans le passé, cette dernière pouvait être pour elle une source d'inspiration et un exemple à suivre au cours des mois qui allaient suivre.

Je passai Noël en compagnie de mes enfants, à Boston. Joan célébra la période des fêtes avec sa famille et ses dix-huit pièces de bagages, à McLean. Elle retourna ensuite brièvement à Boston afin de se préparer pour son périple en Iowa. Il s'agirait là de son premier effort important dans la campagne et elle était bien déterminée à aborder des sujets brûlants comme ceux de l'avortement, de l'éducation, de l'économie et de la justice pour les femmes, afin de se soustraire aux questions personnelles que les reporters lui posaient habituellement.

La neige tombait toujours lorsque mon frère me conduisit à la maison de McLean. Une file d'autos formées en cortège bloquait la route, les bagages emplissaient le hall et il y avait de la tension dans l'air. Tout le monde était prêt à partir, sauf Joan. Elle s'était lavé les cheveux ce matin-là et les avait enroulés sur des gros rouleaux. Mais un des rouleaux lui avait tellement emmêlé la chevelure qu'elle avait dû en couper un bout. Et maintenant, ses beaux cheveux blonds qui avaient toujours été de longueur moyenne, étaient plus courts du côté gauche.

Elle était toujours ennuyée par cette mésaventure lorsque nous sortîmes de la maison. Nos bottes glissaient sur la glace et la neige tombait sur nos têtes. Nous nous dirigions vers l'une des dernières autos du cortège lorsque Ted ouvrit la porte de sa limousine, en sortit et nous invita à nous installer avec lui. Nous étions maintenant serrés tous les trois sur la banquette arrière avec nos bottes et nos lourds manteaux d'hiver. Jean Smith, la soeur de Ted, se tenait à l'extérieur de la maison, sous la neige, nous saluant de la main. Alors que le cortège avançait sur la glace craquante, Ted ouvrit la fenêtre et lui lança: «C'est ça, le grand rêve américain!»

Lorsque nous arrivâmes à l'aéroport, l'avion affecté pour la campagne, — un 727 — était déjà rempli de près d'une centaine de journalistes, assis dans la section «touriste». La première classe avait été transformée en salon, avec des divans et des tables ainsi qu'un stéréo d'où sortait une musique rock et un espace réservé au personnel avec des machines à écrire électriques, des téléphones, une machine à photocopier et un appareil vidéo. Les membres de l'équipe prirent la place qui leur était assignée. Sur la première rangée: Bob Shrum (rédacteur de discours, Tom Southwick (presse) et Carey Parker (rédacteur de discours); seconde rangée: Paul Kirk (conseiller), moi-même et Teddy Jr.; troisième rangée: Ed Martin (coordonnateur pour la Nouvelle-Angleterre) et Dick Drayne (presse). De l'autre côté de l'allée, Ted, Sally et Joan étaient assis sur un divan avec un énorme plat de fruits et de fromages posé devant eux, sur une table basse.

Ce jour-là, nous fîmes halte successivement à Quincy, Illinois, et à Keokuk et Burlington, Iowa. L'itinéraire était chargé et le temps nous manquait. Lorsque j'y repense aujourd'hui, je n'arrive pas à croire aux miracles que j'ai dû accomplir en si peu de temps. Et pourtant nous n'en étions qu'à la toute première journée de notre périple en Iowa. Ce soir-là, nous arrivâmes très tard à Des Moines où le groupe exténué descendit au Howard Johnson Motor Lodge. Sally, Joan et moi devions partager la même suite tandis que Ted et Rick logeaient dans une autre. Mais, vers minuit, une décision rapide fut prise afin d'éviter que les membres de la presse n'apprennent que Joan et Ted faisaient chambre à part. Nous dûmes rassembler à toute vitesse les effets de Joan et les déménager clandestinement dans la chambre de Ted. Sally et moi héritions en échange des crèmes à barbe, des habits d'homme et de Rick par surcroît!

À 8h30, le lendemain matin, nous étions de nouveau sur la route. Ted et Joan avaient pris place dans la même limousine et notre cortège se dirigea vers l'hôtel de ville où une réception nous attendait, puis au Colonial House Restaurant, et enfin à Ames où le sénateur devait s'adreser à des étudiants de l'université de l'État d'Iowa, tandis que Joan accordait une entrevue au *Ames Daily Tribune*.

Puis nous nous retrouvâmes entassés les uns sur les autres dans de petits avions à l'aéroport de Ames, en route pour Carroll afin d'y accueillir les supporters de Kennedy. Mais comme Ted et Joan serraient les mains de leurs invités alignés en rang devant eux, la température changea soudain. Le ciel s'assombrit et une neige épaisse se mit à tomber. Quelques minutes plus tard, quelqu'un de la suite de Kennedy lança: «Il faut partir immédiatement pour l'aéroport... si on veut bien laisser nos avions décoller!»

Dans la demi-heure qui suivit, la plupart d'entre nous parvinrent à partir par la voie des airs. La majeure partie du groupe se dirigea vers Des Moines pour une importante réception. C'est là que nous devions passer la nuit. Ted, pour sa part, continua sur Marshalltown afin d'y rencontrer les mille cinq cents personnes qui l'attendaient. Les familles furent intentionnellement séparées et réparties dans des avions différents car la neige rendait les conditions de vol extrêmement dangereuses.

Kara et moi nous trouvions dans le même avion que les reporters. Alors que notre avion s'avançait sur la piste de décollage, je vis Joan qui se hâtait d'entrer dans un autre avion, son costume de plaid et ses cheveux couverts de neige. Kara était aussi pâle que moi tandis que derrière sa fenêtre enneigée, le pilote feuilletait un manuel afin d'y lire les instructions en cas de tempête et chercher la direction de Des Moines.

Finalement, nous décollâmes comme des aveugles dans la nuit noire, secoués par la tempête. Rien ne nous avait préparés à cela. En décollant, je crus que notre dernière heure était arrivée et qu'aucun de ces petits appareils n'arriverait à destination.

Cependant, miraculeusement, nous réussîmes à atterrir à Des Moines où des chauffeurs nous conduisirent dans une superbe maison remplie d'une foule de gens ayant largement contribué à la campagne de Ted. C'est là que nous devions attendre le sénateur. Mais Joan arriva seule suivie de Teddy Jr., les cheveux défaits et la cravate de travers. Avec son immense charme habituel et sans le plus petit signe de fatigue après cette longue et harassante envolée, il remplaça son père et parla à la foule. Je vis en lui le prototype parfait des Kennedy. Chez eux, la politique avait toujours été une affaire de famille. Si un Kennedy manquait, il y en avait toujours un autre pour le remplacer. Puis, à minuit passé, le groupe éreinté fut conduit à un autre Howard Johnson où nos bagages ne nous furent envoyés qu'une heure plus tard. Je voyais bien que Joan était exténuée. Ted et elle se parlaient très peu, demeurant plus près de leurs collaborateurs respectifs. Mais ce soir-là encore, elle passa la nuit dans la chambre de Ted pour éviter les soupçons de la presse.

À 7h45 le lendemain matin, nous quittions l'hôtel par 2°F pour nous rendre à Indianola afin d'y visiter la ferme Ellis. Joan voulait paraître à son mieux, même pour visiter une ferme. Malheureusement, il faisait si froid qu'elle dut remettre son costume de plaid sous son épais manteau de même ton. Elle porta d'ailleurs presque tout le temps ce même ensemble durant le voyage, à tel point que certains petits comiques parmi les reporters de la presse décidèrent de «passer le chapeau» pour lui en acheter un autre.

Notre visite de la ferme Ellis était parfaitement orchestrée. Nous devions tous en faire le tour et nous pencher au-dessus des clôtures pour faire la conversation aux cochons tandis que les photographes croquaient ces scènes délicieuses. Puis, Ted et Joan ainsi que quelques membres de leur suite furent invités à l'intérieur de la maison. Ted s'installa dans le confortable salon pour écouter un groupe de fermiers lui faire part de leurs doléances, tandis que Madame Ellis servait le café.

Un scénario complètement différent nous attendait à Knoxville, notre arrêt suivant. Des centaines de personnes étaient massées derrière des barricades depuis trois longues heures afin de pouvoir apercevoir Joan et Ted alors que notre cortège traversait la ville pour se rendre au Palais de Justice. Je réalisai, en voyant l'expression qui se lisait sur tous ces visages, qu'ils n'avaient jamais rien vu de pareil... cette longue suite de voitures étincelantes derrière l'escorte de police dans le bruit assourdissant des sirènes, puis Joan et Ted qui descendaient de la limousine, entourés des agents du service secret, de leurs collaborateurs et des reporters. En fait, moi non plus je n'avais encore jamais rien vu de pareil...

Après que Joan eut prononcé un petit discours et répondu à quelques questions dans la salle de Bingo de Knoxville, puis à Oskaloosa, nous pûmes enfin nous reposer, elle et moi, au Friendship Inn. Nous venions de nous débarrasser de nos manteaux et de nos bottes et commencions à nous relaxer un peu lorsque Rick frappa à la porte pour demander si Ted pouvait utiliser notre salle de

bains. Il avait besoin de bains fréquents pour guérir sa vieille blessure au dos. Rick fit couler le bain
puis vint refermer le robinet. Lorsqu'il revint et
frappa de nouveau, il cachait le sénateur devant
lui. «Ne regardez pas», dit-il. Enveloppé dans une
grande serviette éponge, Ted traversa la pièce en
grommelant quelque chose, puis il disparut dans la
salle de bains de Joan.

Décidément, la vision de Ted vêtu d'une simple serviette ou d'un slip commençait à devenir
l'un des rituels de cette campagne!

Un autre événement avait été annulé ce jour-
là: l'avion que le sénateur utilisait pour sa campagne devait être baptisé *«The Joansie»*, surnom
qu'avait donné Ted à Joan au tout début de leur
mariage. Cependant, étant donné qu'il pouvait être
abandonné d'un moment à l'autre pour des raisons
financières, le baptême avait été annulé.

Ce fut presque une malédiction pour le sénateur. Les sondages démontrèrent que la campagne
de Ted piétinait, ou bien parce que la magie des
Kennedy ne fonctionnait plus ou bien parce que
Ted lui-même n'avait pas réussi à se faire entendre de la population de l'Iowa. Le temps passait rapidement et l'humeur de la suite de Kennedy était
devenue fort sombre quand Ted et sa suite partirent au Minnesota pour une brève campagne qui
risquait de se terminer avant même d'avoir commencé. On décida de nous laisser seules, Joan et
moi. Nous nous envolâmes pour Boston sans aucune escorte de sécurité et nous eûmes à porter
nos propres valises pour la première fois depuis
que nous étions parties. Lorsque nous arrivâmes à
Beacon Street, il ne s'y trouvait ni agents, ni reporters, ni photographes... seulement les voitures des

résidents stationnées devant l'immeuble, à leur place habituelle.

Quelle que devait être l'issue de cette campagne en Iowa, il ne faisait aucun doute que, pour Joan, il s'était agi d'un véritable triomphe. Elle avait su prouver qu'elle pouvait suivre n'importe quel itinéraire, aussi exténuant fût-il, et elle avait charmé à la fois les reporters et la population. Même si la presse n'avait pas été dupe de la conspiration de l'équipe du sénateur pour faire croire à un mariage serein, elle avait définitivement réintégré le clan Kennedy. Maintenant, la question n'était plus de savoir si elle pouvait participer à la campagne mais bien ce qu'on lui demanderait de faire par la suite.

9
DÉCLARATION
D'INDÉPENDANCE

«Avant, j'étais pour eux un facteur
inconnu; maintenant, je ne le suis plus.
Ils devront m'écouter.»
— *Joan.*

«Je suis tellement fatiguée... j'ai peur», me dit Joan à notre retour d'Iowa. Je savais que, par ces mots, elle me confiait sa crainte de recommencer à boire. Aussi, lorsqu'elle m'annonça une semaine plus tard qu'elle allait faire du ski dans le Vermont avec des amis, je me sentis soulagée. Elle tenait à sa sobriété.

Le vendredi après-midi de cette même semaine, alors que j'étais occupée à écrire aux gens de l'Iowa pour les remercier de leur accueil, Lisa vint me retrouver à mon bureau. Nous venions de commencer notre session de travail lorsque la sonnerie du téléphone retentit.

C'était Norma encore une fois. «Où est Joan?» demanda-t-elle. Son ton était amical mais je sentais une certaine impatience dans sa voix.

«Je ne peux rien vous dire, Norma. Il s'agit de sa vie privée.»

«C'est qu'on m'a dit qu'elle se trouvait dans un hôpital sous un nom d'emprunt pour se faire remonter les traits du visage. Le nom qu'elle aurait donné serait Virginia Joan Steed.»

«Ce doit être une erreur», répondis-je sans hésitation. Mais cela ne manqua pas de m'alarmer car je savais que c'était là le nom de sa mère. «Elle est partie avec des amis», dis-je, donnant volontairement plus de renseignements que d'habitude car je savais que Norma n'en démordrait pas. Je laissai à Lisa le soin de prendre les appels de Norma ce jour-là et, sur l'insistance de cette dernière, elle finit par lui avouer que Joan était allée faire du ski dans le Vermont. Je voulus donc prévenir Joan et composai tout de suite le numéro qu'elle m'avait donné à Stratton. Pas de réponse. Je téléphonai environ toutes les vingt minutes au cours des vingt-quatre heures qui suivirent et tout au long du week-end. Mais comme je n'obtenais toujours pas de réponse, je commençai à m'inquiéter sérieusement me rappelant combien elle m'avait semblé fatiguée et craintive la semaine précédente. Je pensai appeler son médecin ou ses amis. Peut-être seraient-ils en mesure de me dire où elle se trouvait. Mais alors je me souvins qu'elle devait être de retour le lundi suivant et je ne voulais pas alarmer les gens inutilement.

Ce lundi, un petit entrefilet parut dans le *Boston Herald*. Même si l'on ne faisait pas allusion à une quelconque chirurgie esthétique, je savais que cet article n'allait pas plaire à Joan. «Tandis que Ted Kennedy bat le pavé pour préparer les élections primaires en Iowa qui auront lieu le 21 janvier, sa femme Joan s'est séparée de l'équipe. Tout au long du week-end, Joan a passé son temps à descendre les pentes de ski en compagnie d'un groupe d'amis à Stratton, dans le Vermont, nous a dit Lisa Gwirtzman, sa secrétaire de presse.» Je priai le ciel pour que cela soit vrai.

À dix-huit heures ce soir-là, Joan arriva chez moi, sans se faire annoncer, une valise à la main.

J'étais si étonnée de la voir que je ne pus m'empêcher de l'accueillir avec beaucoup de chaleur. Elle
était très belle et paraissait reposée. Je le lui dis.
Mes enfants qui étaient en train de souper vinrent
nous rejoindre et Dana m'approuva.

Joan eut un sourire radieux et m'annonça:
«J'ai lavé mes cheveux moi-même, mis des rouleaux chauffants et j'ai emballé toutes mes affaires en moins d'une heure. Je retourne en Iowa.
Sally va me rejoindre à l'aéroport. Je reviendrai
demain soir.»

«Tu es vraiment prête?» lui demandai-je en
sortant dans le couloir.

«Oui, m'assura Joan en prenant sa valise. Il a
besoin de moi là-bas. Les choses ne vont pas tellement bien.»

«Je sais», dis-je en l'aidant à entrer dans l'ascenseur et en lui faisant un signe d'adieu de la
main. Ce n'était vraiment pas le temps de lui parler des rumeurs qui couraient sur une prétendue
intervention de chirurgie esthétique. Elle ne m'a-
vait pas dit où elle était allée et je ne le lui avais
pas demandé. J'étais seulement heureuse de constater qu'elle allait bien.

Kennedy perdit l'Iowa au profit de Carter et,
du côté républicain, George Bush remporta la victoire sur Ronald Reagan. Deux jours après la défaite, Martin Nolan rapportait dans le *Boston
Globe* l'analyse des collaborateurs du sénateur sur
ce qui n'avait pas marché dans la campagne. Il y
avait évidemment l'impact des événements en
Iran et en Afghanistan qu'il ne fallait pas négliger,
mais ce qui avait joué le plus était encore son incapacité à faire face à l'histoire de Chappaquiddick. Sa manie de répéter qu'il «n'avait pas de nou-

veaux renseignements sur cette affaire» n'avait fait qu'accentuer les doutes dans l'esprit des électeurs, et particulièrement des électrices.

Une analyse plus approfondie indiqua que c'étaient les femmes qui l'avaient défait en Iowa. Leur hostilité à l'égard de Ted s'était accrue lorsqu'elles avaient vue Joan faire campagne pour lui; plus elle faisait d'apparitions en public plus la popularité du sénateur baissait. Cette dynamique fut bientôt connue sous le nom de «facteur Joan».

Les collaborateurs de Kennedy étaient bien conscients du fait que la présence de Joan avait pu se retourner contre Ted. Mais Joan, pour sa part, ne pouvait y croire. «Au contraire, je suis très bien, je suis un atout pour lui! me dit-elle. Les femmes m'aiment!»

Oui, les femmes aimaient Joan. Beaucoup lui écrivaient pour lui dire combien elles s'identifiaient à elle: «Je sais ce que vous devez souffrir, mais continuez à le seconder au cours de cette campagne désastreuse.» «J'apprécie l'aide que vous lui apportez au cours de cette campagne.» «Je suis tellement heureuse que vous demeuriez aux côtés du sénateur et je prie pour vous.»

Par contre, d'autres voyaient en elle la victime de Ted, «une aide loyale dont on se servait largement». Plusieurs écrivaient: «Il est sans doute le meilleur candidat mais il m'est impossible de voter pour lui.»

Le vote des femmes, reconnu pour la première fois comme une force politique importante depuis les débuts des mouvements féministes des années soixante, était primordial pour Kennedy. C'est pourquoi afin de raffermir sa crédibilité auprès des électrices, le bureau de Washington se mit à mettre l'accent sur des sujets comme la santé, l'économie et la justice pour les femmes et ne manqua pas de souligner avec fierté l'importance que ce candidat accordait aux questions féminines.

Cependant, les rumeurs de chirurgie esthétique persistaient et risquaient de détourner plusieurs votes féminins. Joan et moi n'avions pas encore discuté de ce sujet et lorsque Norma me rappela en disant: «J'ai la confirmation que Joan s'est fait relever les traits du visage», je l'écoutai en silence, refusant de confirmer ou de nier la nouvelle.

Puis, Ed me téléphona: «Écoutez, Marcia, je viens de lire un entrefilet qui prétend que Joan a subi une opération de chirurgie esthétique. Est-ce vrai?» Je crus déceler dans le ton de sa voix non pas une accusation mais une certaine inquiétude.

Je ne savais que lui répondre. Il était un ami de longue date des Kennedy et n'avait pas ménagé ses conseils et ses précieuses suggestions au cours des campagnes précédentes. S'il voulait nous aider à résoudre nos problèmes, il lui fallait connaître toute la vérité. Lorsque je lui dis que Joan était allée faire du ski, il ne sembla pas très convaincu. Ensuite je lui demandai s'il y avait quelque chose que l'on puisse faire pour dissiper ces rumeurs.

En journaliste expérimenté, il me gronda gentiment pour ma naïveté. «Nous pourrions toujours écrire un article à notre tour pour certifier que ces rumeurs sont complètement fausses», dit-il. Nous ne pûmes nous empêcher de rire... mais ce fut bien la dernière fois que nous eûmes l'occasion de rire sur ce sujet.

L'importance du «facteur Joan» dans la campagne de Ted ne pouvait plus être ignorée et Joanne Howe, l'experte en affaires féminines du bureau de Ted à Washington, vint à Boston pour en discuter dans le salon de Joan. Doris Kearns nous rejoignit et, assises toutes les deux en face de Joan, elles commencèrent à analyser la situation.

«Ted a bien expliqué son point de vue mais les gens refusent de l'écouter. Ils sont furieux contre lui parce qu'il vous a blessée», expliqua Joanne d'une voix douce. Ils croient qu'on vous a forcée à l'appuyer et, franchement, c'est bien ainsi que les choses semblent se passer. Il faut absolument que vous arriviez à les convaincre du contraire... par votre présence à ses côtés.»

Je savais que Joan n'aimait pas qu'on la prenne pour une sorte de marionnette. Elle demeurait assise en silence sur le divan, les bras croisés sur la poitrine.

Parmi les moyens suggérés pour faire échec au «facteur Joan», elles lui proposèrent alors de faire un discours s'adressant aux femmes, des émissions de radio et de télévision enregistrées à l'avance et au cours desquelles elle parlerait de Ted afin de démontrer que sa vie était semblable à celle des autres femmes. En bref, on voulait que Joan fasse campagne seule, et qu'elle ne se fasse voir aux côtés de Ted que lorsque c'était vraiment nécessaire.

Il était certain que les femmes s'identifiaient à Joan. Pour la plupart, elles se souvenaient de Chappaquiddick. Or, les femmes influencent les votes de leur mari et donc le vote des femmes était essentiel à Ted. Si Joan appuyait Ted, les femmes voteraient pour lui. Malheureusement, c'était exactement ce qu'elle avait fait en Iowa et les femmes n'avaient pas voté pour lui.

Joan émit une autre suggestion: «Puis-je dire

que beaucoup d'hommes très valables ont fait des erreurs, que Ted a admis les siennes et les regrette?» demanda-t-elle.

«Vous pourriez dire, répliqua Joanne, qu'il a été sénateur, un père et un personnage public exemplaire.»

Joan se redressa brusquement sur le divan et posa les mains sur les genoux. «Il n'est plus question d'être prudents. Il faut faire preuve de détermination.» Elle semblait soudainement comme inspirée, pleine d'enthousiasme et d'énergie.

À ma grande surprise, Joanne approuva. «Oui... il faudrait que vous preniez les devants dans l'affaire Chappaquiddick et que vous fonciez tête baissée dans le sujet.» Elle suggéra aussi que Joan maintienne une attitude honnête vis-à-vis de ses relations avec son mari et qu'elle ne laisse pas croire qu'elles étaient plus heureuses qu'elles ne l'étaient lorsqu'elle parlait de sa vie avec Ted. Les gens pourraient soupçonner quelque chose de pire que ce qui était en réalité.

Ce conseil sembla excellent, d'autant plus que la séparation de Joan et de Ted était de plus en plus évidente. Même si les collaborateurs de Ted lui conseillaient souvent de démontrer de l'affection à l'endroit de Joan, il était souvent parti sans même lui adresser un mot alors que les caméras étaient encore en action. Plus d'un ami lui avait demandé pourquoi il lui semblait impossible de parler à Joan et d'être amical à son endroit en public. Son charme habituel semblait disparaître en sa présence et ce manque de contact très apparent entre eux avait laissé supposer au public que Ted n'utilisait Joan que pour des fins politiques.

La discussion ce jour-là éveilla l'attention de Joan sur son image publique. Si elle avait à faire campagne pour son mari mais sans lui, c'était à cause de l'impression qu'il laissait lorsqu'ils apparaissaient ensemble et elle n'avait aucune responsabilité dans cet état de choses. Bref, appuyer Ted n'était plus suffisant; Joan devrait également parler pour elle-même.

«Avant, j'étais un facteur inconnu, dit-elle à la fin de la rencontre. Maintenant, je ne le suis plus. Ils devront m'écouter.»

Deux jours plus tard, Joan se sentait toujours aussi forte et pleine d'énergie. Elle ne parut pas du tout ennuyée cette fois lorsque Sally lui organisa un voyage pour une série de levée de fonds sur la côte ouest tandis que Ted concentrait ses efforts dans le New Hampshire. Alors que nous passions en revue tous ces projets, je lui dis que Betty Friedan voulait la rencontrer. Le fait d'être reconnue par la dirigeante d'un mouvement féministe enchanta Joan.

«Je vais organiser moi-même mes plans de campagne, dit-elle. Washington exagère sur les horaires. Je sais ce qui est le mieux pour Ted et pour moi. Je ne veux pas rester là, debout, simplement à serrer des mains. Je veux organiser des rencontres-causeries au New Hampshire.» Puis elle me regarda en face en se redressant légèrement, la main appuyée sur la table. «À partir de maintenant, je ferai campagne seule ou encore accompagnée de Kara et de Teddy. Je m'occuperai des médias. Je parlerai et donnerai mes propres impressions. Lisa m'écrira les sujets sur des cartes en couleur. Tu m'aideras à faire un discours sur les arts et l'éducation. Je déciderai moi-même de la direction à prendre et s'ils ne sont pas heureux de mes décisions... ce sera leur problème.» Elle secoua ses longs cheveux, l'air déterminé, et notre journée de travail se poursuivit avec une efficacité que nous n'avions jamais connue jusque-là.

Pendant ce temps, le sénateur et son équipe révisaient également leurs priorités au cours d'une assemblée qui se tenait à McLean. On avait déjà décidé d'annuler un voyage en Nouvelle-Angleterre afin de pouvoir concentrer toutes les énergies sur un discours majeur qui devait être prononcé le 25 janvier à l'Université de Georgetown.

Ce discours avait pour objet de proposer des mesures drastiques visant à freiner l'inflation et à instituer un contrôle des prix et des salaires ainsi que l'adoption du rationnement de l'essence. Ted présentait l'opposition comme une équipe molle, tout juste bonne en temps de paix et critiquait Carter pour sa prise de position devant l'invasion de l'Afghanistan et la crise des otages en Iran. Une fois de plus, il défendait son attitude lors de l'affaire Chappaquiddick et, finalement, réaffirmait sa candidature. Le discours fut un succès et insuffla une nouvelle vie à sa campagne plutôt chancelante.

L'événement majeur suivant inscrit à l'agenda de Joan était une émission de télévision avec Natalie Jacobsen, l'animatrice vedette très respectée du canal 5 de Boston. Cette émission devait être diffusée en plusieurs parties et, à la demande de Joan, Ted devait apparaître dans l'une d'elles. Il demeurerait à l'appartement de Joan durant quelques jours, pendant la durée de sa campagne en Nouvelle-Angleterre.

Juste avant son arrivée, cela m'amusa beaucoup de constater que Joan avait écrit une note pour Ted qu'elle avait collée sur la porte du réfrigérateur: «Pas de repas ici pas même une rôtie!» C'était là un autre signe de son indépendance qui prit Ted par surprise. Sans doute parce que lui et toute son équipe savaient ce que ce réfrigérateur contenait généralement: homard congelé, poulet dégraissé et boissons gazeuses sans sucre, ils ne se firent pas prier pour commander à manger de l'extérieur. Ils firent également leur possible pour ne pas déranger Joan, et Ted dormit dans sa propre chambre. Le service secret lui-même tenta d'être plus discret que d'habitude.

Alors que Ted et ses collègues s'affairaient à leur campagne, Joan et moi-même tenions notre première rencontre avec Val Crane et Joanne Linowes au sujet des discours que Joan devait prononcer, de son habillement, de la nouvelle image d'elle-même qu'elle voulait projeter face au public, spécialement au cours de l'émission spéciale de télévision. Toutes deux étaient de jolies femmes fort intelligentes et très professionnelles qui accomplissaient ensemble un très bon travail.

Val commença par demander à Joan: «Pourquoi voulez-vous changer votre image?»

Assise à sa place habituelle sur le divan, Joan répondit qu'elle voulait se débarrasser de ce qui subsistait de son personnage «petite fille sans défense». Elle nous parla d'un incident qui s'était produit à la Maison Blanche un jour où elle portait une mini-jupe et où elle avait aperçu un photographe étendu sur le plancher en train de prendre des photos d'elle. À l'époque, elle avait blâmé le reporter de l'avoir photographiée sous cet angle déformant et elle avait déclaré que si on prenait la peine de s'informer auprès du directeur du protocole de la Maison Blanche, on se rendrait compte que sa jupe était d'une longueur convenable. Mais ce temps était révolu: maintenant elle pouvait dire qu'elle s'habillait comme elle l'entendait.

«J'étais sans doute révoltée à ce moment-là, mais aujourd'hui, j'ai changé, ajouta-t-elle. Ce qu'ils ont écrit à mon sujet était à soulever le coeur. Tout le monde s'imagine que c'est si charmant de se trouver aux côtés de Ted, que je l'adore et que je fais tout cela pour lui... Ce n'est pas vrai.»

Repliant une jambe sous elle, Joan poursuivit: «On me considère comme une femme triste et pitoyable, dominée par les Kennedy, incapable de parler pour elle-même. Il serait bon que je paraisse plus forte... bon pour moi et bon pour lui. On me considère comme chaleureuse et honnête mais je veux aussi qu'on me trouve brillante. Je sais que je ne le suis pas. Mais quoi que je dise, je tiens à ce que l'on me croie. Je veux que les gens me prennent au sérieux.»

Non seulement Joan voulait être prise au sérieux mais elle voulait également être un personnage important de la campagne. «C'est la première fois que je suis quelqu'un avec lequel on doit compter. Je dis cela en toute modestie. Je ne veux pas faire ce que n'importe qui peut faire, mais bien ce que seule, la femme d'un candidat peut faire. Je veux être en position d'être écoutée; et quand j'aurai un auditoire je veux être crédible, avoir une personnalité à moi et même, parfois, pouvoir être amusante.»

Lorsque Joanne lui demanda quel genre d'auditoire elle préférait, Joan expliqua qu'elle n'aimait pas rencontrer des petits groupes parce que ces réunions lui semblaient trop intimes. Elle préférait les foules anonymes où elle ne pouvait pas distinguer les visages, et elle se sentait surtout à l'aise devant ce qu'elle appelait «un groupe typique de démocrates». «J'aime parler aux femmes mais pas quand elles sont trop intelligentes», ajouta-t-elle.

Joan nous dit aussi que puisque bien des supporters ne verraient jamais son mari, elle désirait être plus articulée lorsqu'elle devait se substituer à lui. «Beaucoup de gens ne pourront jamais jeter un coup d'oeil sur lui. C'est pourquoi j'aimerais leur dire: «Je suis désolée que mon mari ne soit pas là, mais je le remplace». Bien sûr, j'aimerais pouvoir le dire d'une meilleure façon.»

Après avoir vécu autant d'années dans un milieu aussi politisé, il était surprenant de constater combien Joan était encore inexpérimentée et peu sûre d'elle. Mais en même temps elle pouvait candidement faire un bilan objectif de ses forces personnelles et aussi de ses faiblesses. Dans le passé, elle avait toujours été présentée au public par les créateurs d'images de Kennedy ou prise par surprise par la presse à des moments où elle ne s'y attendait pas. Mais maintenant c'était à elle de remodeler et de créer sa propre image.

Après de plus amples discussions sur des sujets comme la psychologie de l'impact des couleurs et le choix des toilettes de Joan, nos conseillères nous quittèrent en nous laissant réviser, Joan et moi, la façon dont elle pourrait utiliser leurs techniques lors de l'émission spéciale de télévision. La première partie devait être enregistrée le lendemain après-midi au Lesley College de Cambridge, et devait se poursuivre sous la forme d'une promenade télévisée le long de la rivière St. Charles avec Ted. Joan avait choisi le Lesley College qui lui donnerait la chance de parler des problèmes spécifiquement féminins. La promenade en compagnie de Ted serait enregistrée sans le son.

Lorsque je montai à son appartement ce jour-là, à 12h15, pour l'accompagner à Lesley, Joan avait l'air très nerveuse et n'était pas encore habillée. Elle me dit qu'elle n'avait pu encore se décider sur le choix d'une toilette et qu'elle avait passé toute la nuit debout à penser à ce qu'elle allait nous donner à faire, à Kitty et à moi. Je la crus aisément en voyant tous les papiers gribouillés qui traînaient ici et là. Il y en avait dans l'entrée, dans la salle à manger, sur le tapis du salon. Je me penchai pour ramasser les messages qui m'étaient destinés.

«Je n'ai même pas encore pensé à ce que j'allais dire», me lança Joan de sa chambre.

Je la rejoignis et m'assis près de la fenêtre tandis qu'elle me montrait la cape en cuir blanc et le patalon de plaid qu'elle avait décidé de porter pour la promenade au bord de la rivière St. Charles.

«Je suis allée me coucher à 6 heures hier soir et j'ai réglé la sonnerie de mon réveil pour minuit. Ensuite, je me suis relevée, j'ai lavé mes cheveux et je me suis rendormie de deux heures jusqu'à huit heures. Il faut que tu fasses quelque chose au sujet du service de sécurité. Ils étaient dans l'appartement dès huit heures ce matin. J'aurais aussi bien pu être toute nue dans l'entrée quand ils sont arrivés.» Nous éclatâmes de rire toutes les deux en imaginant la scène, puis Joan ajouta: «J'aurais besoin d'un peu plus de temps pour me préparer.»

Je jetai un coup d'oeil à ma montre. Nous aurions déjà dû être à Cambridge et le taxi nous attendait. Cependant, je lui conseillai quand même de s'asseoir, de fermer les yeux et de penser à ce qu'elle allait dire pendant que j'irais à la cuisine pour donner quelques appels urgents.

Finalement elle se dit prête à partir. Nous allions sortir lorsque Joan me demanda: «Quel manteau devrais-je porter?» Elle se tenait dans l'entrée près de la penderie, et sortait ses manteaux un à un pour les examiner. «Je ne peux pas porter de fourrure. Ted ne veut pas que je porte de fourrure pendant une année d'élections.» Finalement, elle se décida pour une cape en lainage noir.

Une fois dans le taxi, je lui fis réviser les réponses aux quatre types de questions: question simple (oui/non), question d'opinion, question-piège, question multicomplexe.

Je suggérai à Joan de répéter une dernière fois. Elle prit une des cartes éparpillées sur ses genoux et lut: «Je voudrais vous parler d'Abigal Adams. Elle était merveilleuse. Elle avait cinq enfants et était très en avance sur son temps. Elle écrivait des lettres à son mari qui était toujours parti dans des conventions constitutionnelles. À cette époque, les hommes se croyaient les maîtres et pourtant elle ne manqua pas de lui rappeler de «ne pas oublier les dames».

L'enregistrement commença dès notre arrivée à Lesley. Les caméras suivaient Joan qui marchait avec Natalie Jacobsen le long des murs de briques du campus, les cheveux au vent et sa cape noire battant dans le vent froid d'hiver. Elle entra ensuite dans l'école et pénétra dans une classe où les étudiantes se rassemblèrent pour l'écouter et la regarder. Leur présence intimida Joan et elle vint me demander: «Ces étudiantes pourraient-elles partir? Je ne veux pas qu'elles entendent ce que j'ai à dire à Natalie ; c'est trop personnel.»

Je lui rappelai à voix basse que cette conversation aussi était enregistrée.

À notre retour, Ted se trouvait déjà dans l'appartement de Joan avec toute l'équipe de l'émission. Les membres de l'équipe attendirent en bas dans le lobby, tandis qu'elle changeait de toilette avant de rejoindre Ted. Ils traversèrent Storrow Drive puis, comme les caméras se mettaient en marche, ils déambulèrent ensemble le long d'une piste cyclable, au bord de la rivière. De loin, Ted semblait écouter ce qu'elle lui racontait d'une manière amicale, presque affectueuse. Il s'agissait évidemment d'une romance fictive.

Plus tard, ce soir-là, en robe de chambre et en pantoufles, je rassemblai quelques papiers pour Joan et des messages pour Rick et je remontai à l'appartement. Je savais que Ted et Rick étaient là et mon intention était de remettre ces documents entre les mains du garde qui se trouvait devant la porte de Joan avant de retourner à mon propre appartement. Mais Joan apparut sur le seuil, enveloppée dans un peignoir de bain, et me demanda d'entrer. J'hésitai à cause de ma tenue et aussi parce que je me disais que le travail pouvait attendre, mais Joan insista. Ted et Rick travaillaient ensemble à l'endroit habituel autour de la table de la salle à manger, si bien que Joan et moi dûmes nous installer à la table de la cuisine pour réviser nos notes. Les deux hommes pouvaient nous voir car la porte était ouverte mais c'est à peine si nous échangeâmes quelques paroles. Ce silence tendu jetait un froid terrible entre nous. Je me souvins alors de ce que m'avait dit Joan, quelques jours plutôt, à propos de son mari :

«Il fait partie de cette race d'Irlandais qui mettent leur mère et leur épouse sur un piédestal mais qui ne leur parlent jamais.»

Ce soir-là, je réalisai combien la presse avait été perspicace et combien la vérité était flagrante.

Quels que soient les mots qui avaient été écrits, quelles qu'aient pu être les photos parues dans les magazines ou les commentaires émis dans les médias pour décrire ce couple, soi-disant heureux, la presse n'était pas tombée dans le panneau et le public, instinctivement, avait compris que cette fausse image de bonheur avait été créée de toutes pièces.

Et pourtant, il avait été décrété que, pour certaines occasions importantes, Ted et Joan devaient paraître ensemble. La veille du jour prévu pour l'enregistrement de la seconde partie de l'émission de télévision, Ted demanda à Joan de faire campagne avec lui au cours des dernières heures précédant le caucus du Maine. Il avait formulé sa demande à la dernière minute et Joan m'avait invitée ainsi que Gail à l'accompagner. Thalia Schlesinger, la soeur du sénateur du Massachusetts Paul Tsongas, nous conduisit à l'aéroport Logan où un petit avion bleu et blanc et deux pilotes nous attendaient. Alors que nous volions vers le nord le long des côtes de la Nouvelle-Angleterre, toutes trois, nous pûmes goûter un peu de repos en savourant nos liqueurs douces. Joan nous confia alors une expérience qu'elle avait vécue récemment. Après avoir fait la tournée de la côte ouest elle avait été installée toute seule dans un cottage très joliment décoré. Cette luxueuse maison était également dotée d'un bar rempli d'alcools rares et fort chers. Alors que Gail et moi retenions notre souffle, elle nous dit qu'elle avait touché les bouteilles les unes après les autres. «J'ai ouvert une bouteille de vodka russe et je l'ai sentie.»

Joan posa sa canette de liqueur douce contre sa joue comme si elle voulait, au contact de sa fraîcheur, dissiper ce déplaisant souvenir. «J'ai bien pensé en boire. Personne ne l'aurait su. J'aurais caché l'évidence sous un maquillage savant, le lendemain matin... et j'aurais trouvé tellement plus facile de faire mon discours ce jour-là...» Mais elle ajouta qu'elle s'était ressaisie en pensant aux conséquences que son geste aurait sans doute entraînées et elle se souvint de cette prière de Reinhold Niebuhr: «Mon Dieu, accordez-moi la force d'accepter les choses que je ne peux changer, le courage de changer celles que je peux changer et la sagesse de savoir faire la différence.» «Cela m'a aidée à replacer le bouchon sur la bouteille et à remettre la bouteille à sa place, conclut Joan. J'étais tellement fière de moi.» J'étais fière d'elle, moi aussi. Je savais par expérience personnelle combien cette épreuve pouvait être difficile à surmonter et quelle intense satisfaction personnelle cette victoire avait dû lui procurer.

Dès l'atterrissage, des chauffeurs nous conduisirent au Stable Inn de Brewer où Joan devait rencontrer Ted qui se trouvait en compagnie de Joe Brennan, le gouverneur du Maine et du sénateur Bill Hathaway. Quelques minutes après notre arrivée, je remarquai qu'elle avait une conversation difficile et tendue avec Ted dans un coin de la salle. Mais toute trace de contrariété avait disparu lorsqu'ils firent leur apparition ensemble sur la scène de la Brewer High School. Joan parvint à sourire quand on lui présenta un bouquet d'oeillets roses tandis qu'on offrait à Ted la clé de la ville de Brewer. Puis Kennedy prononça son discours et repartit aussitôt pour Washington, encore une fois sans avoir adressé la moindre parole à Joan.

À l'aéroport, Joan, Gail et moi rencontrâmes Wayne Cashman et John Bucyk des Bruins de Boston qui étaient venus à Brewer expressément pour offrir leur appui à Ted et avaient l'intention de retourner à Boston dans notre avion nolisé. Ils nous invitèrent à souper avant notre départ et pendant deux heures, tandis que les pilotes nous attendaient patiemment, nous parlâmes de pêche, d'enfants, de chevaux et de hockey. L'aube se levait quand nous arrivâmes à Boston. L'enregistrement de la seconde partie de l'émission télévisée devait débuter dans quelques heures à peine.

Ce même matin du 6 février, en première page du *Herald American,* on pouvait voir côte à côte, deux photos de Joan. L'une avait été prise le 8 août 1979 et l'autre le 30 janvier 1980. Norman Nathan écrivait:

> Elle a le menton ferme, un front sans rides et un visage jeune. À quarante-trois ans, Joan Kennedy est extraordinaire.
>
> Si extraordinaire qu'elle pourrait passer pour une femme de 30 ans. Si extraordinaire qu'on se dit qu'elle pourrait bien avoir subi une chirurgie esthétique... Or, voilà maintenant 27 jours, c'est-à-dire le 11 janvier, le *Herald American* a appris de source très bien informée que Joan s'était présentée à l'Hôpital Hahnemann de Brighton.
>
> Certes aucune Kennedy ne figurait sur la liste des patientes entrées à cet hôpital ce jour-là, mais il y avait bel et bien une femme du nom de Virginia Stead qui avait été admise en privé pour être opérée par un spécialiste en

chirurgie esthétique, Steven Sohn, de Boston.

Virginia Joan Stead était le nom de la mère maintenant décédée, de Madame Kennedy. Joan Kennedy a été baptisée Virginia Joan Bennett lors de sa naissance, le 5 septembre 1936.

Ni Joan Kennedy ni les membres de son personnel ne parlent de l'opération de Virginia Stead... Le docteur Sohn admet avoir pratiqué une opération sur la personne de Virginia Stead le 11 janvier à l'hôpital Hahnemann. «Je n'ai pas à faire de commentaires à ce sujet», nous a-t-il dit. Puis après une pause, il a demandé: «Comment apprenez-vous toutes ces choses?... Non, je préfère ne pas le savoir...»

Inquiète des réactions de Joan à ce sujet, je tentai de la rejoindre par téléphone mais sa ligne était continuellement occupée. Finalement, je décidai de monter à son appartement. Elle vint m'ouvrir. Le *Herald* traînait sur le sol de l'entrée, derrière elle, ouvert à la page du fameux article.

«Pour commencer, je me suis mise à rire, s'exclama-t-elle. C'est de la folie!» me suis-je dit. Puis des tas de gens m'ont appelée en demandant ce que j'allais déclarer là-dessus. Heureusement qu'il ne s'agit pas d'une ligature des trompes ou d'une mastectomie... on aurait encore dit: «Pauvre Joan...»

Comme elle m'invitait à entrer et fermait la porte derrière moi, elle ajouta: «Ah, au fait... ce n'est pas vrai!...»

Je ne répliquai rien à cela, lui demandant simplement quelle réponse nous devions donner aux journalistes. «Tu n'as qu'à tout nier, répondit-elle. Moi je retourne me coucher.»

Mais tandis que je repliais le *Herald,* je me souvins d'une conversation qui avait eu lieu plusieurs semaines auparavant entre Joan et une de ses amies qui lui conseillait de se faire remonter le visage. Apparemment, elle avait pris son conseil au sérieux mais j'étais surtout surprise qu'elles aient pu songer un seul instant que cette opération pouvait rester secrète au cours d'une période aussi intense et impitoyable qu'est une campagne politique.

Quelques heures plus tard, Natalie et son équipe de télévision arrivèrent. Tandis que les hommes s'affairaient à leurs câbles et installaient leurs caméras sur des trépieds dans le salon de Joan, je discutai avec elle dans sa chambre des réponses à apporter à certaines questions. Quelques minutes plus tôt, Natalie avait demandé comment elle devait aborder le sujet de l'opération esthétique qui était dans l'esprit de toutes les femmes. J'en fis état à Joan, espérant que sa réponse m'éclairerait sur la voie à suivre.

Mais elle persista à nier. «Est-ce croyable? dit-elle en passant un chandail par-dessus sa tête. C'est vraiment terrible. Je me demande comment ils peuvent écrire des histoires pareilles.»

J'abandonnai donc le sujet mais sa réponse me déconcerta. Je me rappelai que quelque temps plus tôt, à Cape, elle en avait discuté de façon très détachée: «Jackie et ses amies prétendent qu'on doit commencer par les yeux, ensuite le visage, puis les seins et finalement les cuisses.» Cela semblait l'amuser et je me demandais pourquoi elle se sentait si mal à l'aise d'en parler aujourd'hui.

Nous étions toutes deux de la génération des femmes qui préfèrent tenir secrets leurs soins de beauté mais, étant donné que nous avions partagé tous nos autres secrets, j'étais très triste de constater que, sur ce sujet précis, elle ait refusé de se confier à moi. C'était peut-être sa façon à elle de m'aider à faire face aux questions des reporters exactement de la façon dont elle le souhaitait. Mais cela nous mettait toutes deux dans une situation extrêmement difficile. En continuant à éluder la question de cette opération, nous risquions de perdre toute crédibilité vis-à-vis des gens de la presse. De plus, ce manque d'honnêteté envers elle-même pouvait pousser Joan à se remettre à boire.

Mais la question ne fut pas soulevée durant la durée de l'enregistrement. Natalie et Joan étaient assises sur le divan parlant comme deux vieilles amies. À la fin de l'entrevue, Joan se mit au piano et joua «Smoke gets in Your Eyes». L'émission devait se terminer par un reportage sur la participation de Joan à la campagne du New Hampshire, le samedi suivant.

Cette émission avait pour but de changer l'image de Joan auprès du public. Mais lorsqu'elle invita Ted à la visionner avec elle, il me vint à l'idée que, pour Joan, la façon dont il la percevrait serait bien plus importante que tout le reste. Le soir de l'émission, on réserva une suite dans un hôtel de Boston où Ted se trouvait déjà et Joan me demanda de me joindre à eux.

Lorsque j'arrivai en compagnie de Joan, tout avait déjà été organisé. Les lumières du salon étaient tamisées et les meubles placés autour de deux gros appareils de télévision. Puis Ted et Rick arrivèrent mais c'est à peine si nous échangeâmes quelques mots en attendant le début de l'émission. La même question occupait tous les esprits. Quels effets cette émission aurait-elle sur Ted et sa campagne?

Une série de gros plans de Joan apparut d'abord sur l'écran tandis qu'elle parlait d'une voix douce. Le dialogue avec Natalie était surtout centré sur le sujet de l'alcoolisme. Une prise de vue nous montra Patrick présentant Joan à un déjeuner au cours de la campagne au New Hampshire. Il était évident qu'elle était très émue et les caméras captèrent un gros plan de ses yeux emplis de larmes.

Personne ne disait un mot. Nous étions trop occupés à regarder l'écran et aussi à scruter l'expression des visages qui nous entouraient. Mais le visage du sénateur demeurait impassible. «Cela doit être difficile pour lui», me dis-je. Pas une seule autre femme de candidat n'avait eu à faire une émission de télévision qui pouvait éventuellement diminuer la crédibilité de leur mari. Mais comme l'avait promis Natalie, on dressait de Joan un portrait très favorable.

Après quelques minutes de visionnement, Ted et Rick se firent un signe et sortirent quelques instants de la pièce pour se parler. Puis ils revinrent s'asseoir pour regarder le reste de l'émission.

Lorsque tout fut terminé, Ted se releva, félicita poliment Joan et, toujours sans émotion apparente, quitta la pièce.

Joan dut être très déçue et peinée mais elle ne fit aucun commentaire sur l'attitude de Ted et elle se dit très satisfaite de l'émission. Moi aussi, je me sentais heureuse des résultats mais j'étais triste de constater que cette nouvelle image d'elle-même qu'elle tentait de créer n'ait pas touché son mari. Peut-être était-il un peu dérouté par sa nouvelle indépendance, si inusitée chez une épouse Kennedy... et peut-être encore plus chez la femme d'un candidat. Mais leur brève et silencieuse rencontre était à l'image de leur mariage. Ni l'un ni l'autre n'était capable de faire connaître ses intentions ou ses réactions ou même de partager certains objectifs communs.

Avant même que l'enregistrement de l'émission spéciale soit terminé, Joan et moi avions déjà commencé à travailler sur un autre projet: son discours pour la cause des femmes qui devait consolider son image et convaincre les électrices qu'elle comprenait leurs inquiétudes et leurs problèmes. Ce sujet enthousiasmait Joan et bien que plusieurs rédacteurs aient été engagés pour écrire ce qu'elle devait dire, elle voulait que son discours reflète avant tout sa personnalité et ses idées.

Le 15 février, jour où elle devait prononcer ce fameux discours, il y eut, comme d'habitude, un moment de panique et de confusion totale. Le nouveau costume de plaid que Joan voulait porter pour l'occasion n'arrivait pas de chez le couturier et quelques minutes avant l'heure prévue pour notre départ pour Parker House, alors que le chauffeur nous attendait, Joan insista pour que Lisa, Linda Jamison et moi l'écoutions répéter une dernière fois son discours. Elle semblait nerveuse et peu sûre d'elle alors qu'elle lisait les mots écrits sur ses cartes jaunes. Mais une fois à Parker House, debout sur le podium après avoir souri à l'assemblée, elle regarda la salle et parla merveilleusement bien à la foule énorme qui s'était amassée pour l'écouter. Avec une grande éloquence, elle se disait solidaire des femmes, citant des statistiques, parlant des besoins des mères au travail et lança un appel à la justice sociale et économique. Elle conclut par ces mots: «Je sais que l'une des priorités de mon mari est de faire en sorte que l'égalité des droits devienne enfin le 27e amendement à la Constitution. Et je peux vous dire que si Ted est élu Président, je m'impliquerai personnellement afin d'aider les femmes à continuer leur lutte pour les droits égaux, avec toute l'énergie dont je suis capable.»

La foule l'applaudit chaleureusement et la presse se dit convaincue. Joan était en train de gagner les femmes à sa cause et savait comment les convaincre d'accorder leur appui à Ted. Pourtant, ils faisaient campagne chacun de leur côté. Quelques jours plus tôt, Ted avait prononcé un important discours à Harvard sans même en avoir informé Joan. Nous l'avions appris par les journaux et aussi par l'arrivée des agents de sécurité qui le précédaient toujours lorsqu'il devait utiliser l'appartement. Une fois là, il se mit à tourner en rond dans le salon en sous-vêtements, sans sembler se rendre compte de la présence de Joan ou de la mienne.

Pour sa part, Joan refusa de se rendre au New Hampshire. Maintenant consciente des problèmes auxquels devaient faire face les mères qui devaient travailler (et j'en étais), elle téléphona plusieurs fois au personnel du bureau de Ted en insistant pour que mon nom soit ajouté à la liste des payes, ce qui n'avait pas encore été fait.

Blessée par l'indifférence de Ted, elle se mit à songer à rencontrer d'autres hommes et organisa des voyages incognito pour aller rendre visite à son ami Gordon.

«Je ne sais plus que penser, me dit-elle. Tu

dois m'aider à mettre de l'ordre dans mes idées. Tout va tellement bien pour moi actuellement, surtout pour ce qui est de la campagne et pourtant je ne songe qu'à partir. Il faut quelquefois se faire plaisir à soi-même. Je croyais que cette campagne allait se terminer bientôt mais je sens qu'elle va se prolonger. Je me sens coupable si je demande plus.»

Puis elle mentionna le nom de trois autres hommes avec lesquels, elle aimerait bien sortir: un ténor renommé, un artiste et un joueur de tennis. «Mais il faut que j'y pense, me dit-elle. Je ne peux pas être vue en public avec un homme, alors il faut que ce soit toujours ou chez moi ou chez lui.»

Même si Joan faisait preuve désormais de plus d'indépendance et de confiance en elle-même, il y avait encore des moments où elle se sentait anxieuse et vulnérable. Un soir, elle décida de prendre un taxi et de se rendre dans un refuge pour les gens sans abri dont elle avait entendu parler. Assise au milieu de ces épaves humaines et de ces ivrognes ramassés dans les rues, elle se mit à penser à ce qu'elle avait été et à ce qu'elle aurait pu devenir si elle avait continué à boire. Le lendemain, elle me confia: «Je les regardais et je me demandais: «Laquelle d'entre ces femmes serais-je devenue?»

10

VERS UNE NOUVELLE IMAGE

*«Il faut que je parle à Ted...
Il pourrait être fâché de ce que je me
décide de vivre par moi-même. Ted pense
que je suis devenue incontrôlable
et que je prends des décisions sans
même demander son avis.»*
— *Joan.*

Même si de nombreux journalistes faisaient l'éloge de Joan et de ses efforts pour présenter l'image de la compagne fidèle et loyale, tout le monde n'était pas convaincu. Ellen Goodman écrivit avec beaucoup de perspicacité dans le *Boston Globe:* «L'histoire de la femme alcoolique et absente est devenue la saga de la Femme Indépendante. La légende du mari coureur et infidèle est devenue celle du père idéal et accompli. Les années les plus difficiles de leur mariage ont été marquées du sceau de la sagesse. Ils forment maintenant un couple semi-libéré.»

D'autres attribuaient «la nouvelle image de Joan» aux efforts de l'équipe Kennedy et aux besoins de la campagne. Pour ma part, je savais qu'il s'agissait de beaucoup plus qu'une simple image politique montée de toutes pièces par ceux qui en avaient la charge. La guérison de Joan avait fait d'elle une femme toute nouvelle. Elle avait fini par admettre sa dépendance envers l'alcool, elle en avait triomphé et pouvait maintenant contrôler sa vie à sa guise, et avoir plus confiance en elle. Elle ne se considérait plus comme une victime ou un jouet des Kennedy. Elle devenait elle-même. La campagne, qui avait d'abord été pour elle une occasion motivante de rassembler ses forces, lui avait fourni enfin la possibilité de créer et de pouvoir étendre tout un éventail de choix personnels.

Pour la première fois depuis bien des années, Joan savait ce qu'elle voulait et comment le faire savoir aux autres. Elle n'avait pas cédé aux pressions du clan Kennedy et avait refusé de se rendre au dîner de l'Association de probation du Massachusetts pour y recevoir une récompense honorifique au nom de Ted; elle avait également refusé de faire campagne dans le New Hampshire. Cependant, habituée à faire plaisir aux autres, elle devait accepter plus tard de paraître aux deux événements.

Elle choisit de faire campagne seule au New Hampshire et, occasionnellement, elle choisissait ses propres sujets. C'est ainsi, par exemple, qu'elle avait tenu à parler de ses ancêtres qui reposaient dans le terrain des Wiggin, au cimetière de Pine Hill à Dover. «Je tremblais comme une feuille, me confia-t-elle, en leur racontant qu'Abraham Bennett était né en 1672 à Old Durham, que mon arrière-grand-père Harry Wiggin Bennett était né à Dover en 1866 et qu'en revenant au New Hampshire j'avais l'impression de retrouver mes racines.» Faisant vigoureusement campagne à travers l'État pour convaincre les derniers indécis, Ted se voyait en quelque sorte contraint de rivaliser avec la couverture de presse élogieuse qu'obtenait sa femme.

«Ted Kennedy ne s'était jamais préoccupé de mes antécédents. Il savait que je venais de Bronxville et c'était tout, me dit Joan. Il était ennuyé de constater que la presse m'accordait plus d'attention qu'à lui-même et tout son entourage semblait dire: «Nous sommes là aussi, vous savez...»

Le médecin de Joan téléphona pour annoncer à la fois une bonne et une mauvaise nouvelle. Il me dit que je figurerais «bientôt» sur la liste de paye. Mais il me dit également que le bureau de Washington désirait que je demeure avec Joan même après que le sénateur se soit retiré de la course. Joan et moi n'en revenions pas. Nous savions que les élections primaires du New Hampshire avaient constitué une étape critique mais nous n'avions jamais pensé que Ted songerait à tout abandonner. «C'est moi qui écoperai finalement», dit Joan. Cependant, sachant que Ted risquait de se retirer de la course à n'importe quel moment, Joan fit campagne avec encore plus d'énergie et accepta une invitation pour être interviewée à «60 Minutes». «Seulement les offres les plus importantes, dorénavant, décida-t-elle. «60 Minutes» est une des émissions les plus importantes et après cela, je pourrai faire face à n'importe quoi. Je préférerais avoir affaire à un interlocuteur vraiment dur. Ce sera plus intéressant et ils apprendront par la même occasion qu'ils n'ont rien à gagner en essayant de m'écraser.»

Sans même le faire savoir à Ted, Joan me demanda d'aller chercher chez nos conseillers tous les renseignements qui pouvaient lui être utiles pour l'émission. Elle tenait à prouver qu'elle pouvait faire des choses qu'elle n'aurait jamais pu accomplir auparavant. «Je me montrerai enthousiaste, me dit-elle, ce sera la meilleure façon de réussir.» Elle n'avait aucune garantie que le reporter de «60 Minutes» serait aussi aimable avec elle que d'autres journalistes l'avaient été dans le passé et je la trouvais admirable d'en accepter le risque.

C'est dans le même esprit qu'elle demanda à l'un des collaborateurs chargés de rédiger les discours du sénateur de lui préparer une petite allocution «amusante» pour le quarante-huitième anniversaire de Ted, lequel serait fêté au Harvard Club. Rose Kennedy vint de Floride en avion pour l'occasion et prit place aux côtés de Ted dans une élégante robe rouge. Elle portait également des boucles d'oreilles en diamant, un collier de trois rangs de perles et une énorme broche, aussi chargée de bijoux que l'est une souveraine au milieu de sa famille royale. Malgré ses quatre-vingt-neuf ans, elle se tenait aussi droite que si elle avait été assise sur un banc d'église. Ted prononça un bref discours puis le moment arriva finalement pour Joan le temps de couper le gâteau — lequel représentait la Maison Blanche — et de porter un toast. Elle se leva et prit la parole.

«J'avais hâte de célébrer cette journée avec Ted. Je pense que si l'un de nous deux doit avoir un anniversaire, il vaut mieux que ce soit lui... Je me souviens qu'en février 1958, peu après notre première rencontre, Ted m'emmena faire du ski au New Hampshire. Je suppose qu'il doit en avoir conserver un excellent souvenir puisqu'il me demanda d'y retourner...» La foule se mit à rire et à applaudir et Joan semblait heureuse d'être en compagnie de sa famille et ses amis. Je remarquai qu'elle semblait absente lorsque, plus tard, elle dansa brièvement avec Ted.

Le 26 février au matin, jour critique des élections primaires au New Hampshire, Ted demanda d'utiliser l'appartement de Joan pour une réunion d'urgence avec son personnel et sa famille, mais

elle refusa. Elle tenait à se reposer pour être fraîche et dispose avant de retourner au New Hampshire ce soir-là pour ce qui serait, nous l'espérions,
la célébration de la victoire. À quatorze heures je
reçus une demande urgente: on voulait tenir cette
réunion dans mon appartement, une heure plus
tard. J'acceptai, raccrochai le téléphone et retournai rapidement chez moi, retrouvant Gail qui était
assise devant la machine à écrire. Pendant que je
passais l'aspirateur, Gail essuyait les meubles tout
en ramassant les trains miniatures de mon fils qui
traînaient un peu partout.

À quinze heures, Ted, ses soeurs Eunice Shriver, Pat Lawford et Jean Smith, le directeur de la
campagne Steve Smith et Paul Kirk arrivèrent.
Quelques secondes plus tard, il y avait des manteaux partout sur les chaises du hall d'entrée, tous
les appareils téléphoniques étaient en action et la
réunion commença dans le salon.

Je montai à l'appartement de Joan. Elle s'é-
tait mise en robe de chambre et se reposait dans sa
chambre après avoir fermé les tentures. À quatre
heures, je retournai à mon appartement. La réunion se terminait. J'appris alors qu'on s'était mis
d'accord sur quatre plans d'action allant d'une ac-
célération de la campagne à un retrait définitif de
la course. Le choix dépendrait des résultats des
élections primaires.

Lorsque le sénateur sortit, il me remercia en
me rendant une tasse et une soucoupe et me demanda s'ils pouvaient revenir à dix-huit heures.
Une fois de plus, j'étais propulsée en pleine action.
Tout en répondant aux appels pour Joan en plus de
ceux qui étaient destinés au sénateur et à son entourage, je vidai les cendriers et emplis la laveuse
de verres vides. Lorsque ma gardienne m'offrit

d'emmener mon fils Brad au restaurant pour le dîner, j'en fus très heureuse. Je mis ensuite un tout petit jambon au four pour Dana et moi avant que les Kennedy ne reviennent.

Jean Smith se présenta la première. Petite, plaisante et jolie, elle demanda un verre de vin blanc et alla s'asseoir dans le salon pour regarder les nouvelles de dix-huit heures. Lorsque les stratèges Carl Wagner et Paul Kirk arrivèrent, chacun d'eux se lança sur un téléphone. Ensuite arriva Eunice Shriver. Elle portait un épais manteau de lainage pourpre. Lorsqu'elle me le tendit, un bouton tomba et je dus le recoudre sur elle tandis qu'Eunice me parlait d'art et d'éducation. Eunice et Jean regardèrent avec intérêt un livre concernant la programmation d'émissions artistiques pour enfants dont j'avais écrit le premier chapitre en collaboration avec un ami, David Rockefeller Jr., président du Comité américain des Arts et de l'Éducation. «Le connaissez-vous?» me demanda Eunice, très étonnée.

Bientôt d'autres Kennedy firent leur entrée. Steve Smith vint à la cuisine pour chercher du vin blanc, suivi de Joe Kennedy, le fils de Robert, lequel fut attiré par l'odeur du jambon. Je lui tendis une assiette et en apportai une autre dans le salon pour Patrick. Puis Rick entra à son tour dans la cuisine et me demanda: «Pouvez-vous trouver quelque chose à manger pour le sénateur?» Je lui tendis une assiette, celle que j'avais préparée pour Dana, mais Ted la refusa poliment et dit: «Couvrez-la et montez-la à Joan.» Ce que je fis. Puis je retournai couper d'autres tranches de mon minuscule jambon pour les autres. Mais tout comme lors de la multiplication des pains, miraculeusement, il semblait y en avoir toujours assez.

Tandis que les premiers pronostics sur les élections primaires du New Hampshire commençaient à nous parvenir, quelqu'un transporta l'appareil de télévision de la cuisine jusque sur une petite table du salon. Le groupe ne cessait de s'agrandir : il y avait maintenant les enfants Kennedy, et toutes sortes de collaborateurs qui mangeaient, buvaient et arpentaient la pièce nerveusement tout en parlant tandis que le téléviseur diffusait les premiers résultats.

Je me sentais dépassée par toute cette énergie déployée dans la pièce. La force pure des Kennedy en action! Sans même avoir eu le temps d'hésiter ou de poser la moindre question, j'avais été «enrôlée» dans un travail de servante répondant à toutes les demandes dès qu'un souhait était formulé. Je suppose que cette attitude était naturelle aux Kennedy. Habitués à se faire obéir, ils ne se rendaient pas compte des désagréments que leur comportement pouvait causer aux autres. Je songeai pendant un moment à ce qu'avait dû être la vie de Joan au milieu de cette ambiance pendant autant d'années.

Soudain, les assistants de Ted annoncèrent qu'il était temps de partir. Je n'avais pas mangé, et Dana non plus. Je m'élançai dans ma chambre pour aller y chercher un manteau et trouvai la grande et blonde Pat Lawford parlant au téléphone. Dehors, la file d'autos attendait. Joan monta dans la limousine du sénateur et on m'assigna une place avec les scripteurs Carey Parker et Bob Shrum. Puis la longue caravane se mit en marche en direction de l'autoroute enneigée. Nous étions tous conscients du danger en écoutant à la radio les résultats des élections primaires.

Finalement le cortège s'arrêta en face des

quartiers généraux des Kennedy, à Manchester. Ce soir-là, on fêtait aussi le vingtième anniversaire de Kara. Joan adorait sa fille et alors que nous montions l'escalier, elle se lamentait: «Je voudrais dire quelque chose en coupant le gâteau mais je n'arrive pas à trouver quoi que ce soit.» Tout ce que je pus suggérer fut quelque chose du genre: «À la vie d'adulte, de grandes choses attendent Kara et de grandes choses aussi attendent Ted en cette soirée d'élections.» Je fus bien aise plus tard de constater que ces paroles sonnèrent mieux au milieu de la fête alors que les parents et amis chantaient «Happy Birthday», puis Joan et Kara s'étreignirent chaleureusement.

Mais il n'y avait pas de grandes choses qui attendaient Ted. Il perdit ses élections au New Hampshire par un seul délégué...dix délégués pour Carter et neuf pour Kennedy. Ce fut une soirée décourageante pour nous tous et je me demandai laquelle des quatre stratégies allaient maintenant adopter les responsables de la campagne.

Dès qu'elle se rendit compte que le sénateur prenait du recul, Joan devint nerveuse. Elle se demandait quel effet sa nouvelle indépendance pouvait avoir sur lui à la fois personnellement et politiquement. «Au New Hampshire, ma généalogie a fait plaisir aux gens mais cela n'a pas plu à Ted. Et il n'a pas du tout aimé non plus mon petit discours lors de son anniversaire, me dit-elle. Il n'arrive pas à accepter ma nouvelle personnalité.»

Joan savait très bien que le changement qui s'était opéré en elle était dû avant tout à sa sobriété. Je trouvais ironique que Ted soit heureux de son succès mais qu'il n'arrive pas à accepter ce qu'elle était devenue et ne sache pas comment réagir à cette nouvelle dynamique dans leur mariage. Heureusement, Joan était consciente de ce problème. Elle souhaitait être considérée comme une femme forte et autonome mais en même temps, elle ne voulait pas heurter Ted. Au contraire, elle désirait qu'il s'occupe d'elle et qu'il l'approuve. La situation n'était pas du tout facile.

«Il faut que je parle à Ted», me confia-t-elle peu après les élections primaires du New Hampshire. «Je suis terriblement inquiète à l'idée de ce qui va se passer lorsque Ted saura au sujet de ma participation à «60 Minutes.» Je prépare déjà mon petit discours pour lui exposer mon point de vue. Il pourrait être furieux de ce que je décide par moi-même. Ted pense que je suis devenue incontrôlable, que je prends des décisions sans même demander son avis.»

Elle répéta son petit discours tandis que je l'écoutais, personnifiant Ted. «Écoute, Ted, faire cette émission ne me donne pas grand-chose. Mais je peux parler de choses dont toi, tu ne peux parler. Je ne voulais surtout pas déranger ton équipe, avant les primaires du New Hampshire. Si tu n'es pas d'accord pour que je la fasse cette émission, je ne la ferai pas. Je ne veux pas que tu sois furieux contre moi. Je demeurerai loin de la presse. Mais je dois dire que faire quelques apparitions dans les médias est plus facile pour moi que de faire campagne.»

Elle fit une pause, puis elle me dit: «Tu sais, moi, je ne suis pas le candidat... je ne reçois pas les mauvais coups, mais seulement les fleurs. Les gens se sentent coupables de ne pas voter pour lui, alors ils disent partout que je suis une femme extraordinaire.» Dans mon esprit, je me dis que c'était plutôt le contraire: ils trouvaient Joan si gentille qu'ils se seraient sentis coupables de voter pour Ted.

Bien que sa confiance en elle-même ait fait des progrès remarquables, elle était toujours très fragile. Au retour d'un voyage à New York où elle avait assisté à une réception, elle s'était sentie mal à l'aise parce qu'on l'avait placée entre Jackie Onassis et Lauren Bacall. «Comment aimerais-tu être placée à côté de moi pendant une heure!» dit-elle. Puis nous avons éclaté de rire toutes les deux.

Après avoir passé un week-end à Cape et avoir parlé pour la troisième fois à Ted, Joan décida d'annuler «60 Minutes». Mais elle insista pour avertir elle-même par téléphone les producteurs de l'émission et me dit qu'elle les avait bien assurés que c'était Ted et son équipe qui croyaient que ce serait une épreuve trop dure pour elle...et non pas elle. «Pour ma part je suis toujours convaincue que je peux faire un excellent travail, dit-elle. Un des producteurs m'a dit que l'on pouvait simplement reporter l'émission. Ils m'adorent. Ils m'ont précisé: «Quand vous voudrez, chérie. Nous voulons que vous sachiez que la plupart des gens trouvent que vous êtes une femme intelligente et que vous possédez une personnalité bien à vous.» Ces paroles l'enchantaient et elle était aussi heureuse parce qu'elle pouvait, en même temps, faire plaisir à Ted.

En tout cas, pour le moment, «le facteur Joan» semblait avoir diminué d'importance dans la course à la présidence de Ted, peut-être parce que Joan avait réussi à se montrer d'une aide précieuse durant la campagne. Mais cela ennuyait Joan de se rendre compte qu'on percevait toujours Ted de façon négative. L'Illinois, la prochaine étape, représentait un test difficile. Elle accepta alors d'accompagner son mari à Chicago pour atténuer la mauvaise image qu'on lui attribuait. Tout en faisant ses valises pour le voyage, Joan me dit: «Cela me frustre et me rend furieuse de constater toutes les fausses idées qui circulent au sujet de Ted. C'est un homme merveilleux. Il a toujours le sens de l'humour, même quand il perd. Et comme il est humain! Il peut rire à ses propres dépens. Les gens devraient savoir comme c'est un homme bien.»

Je savais qu'elle était sincère mais n'était-ce pas surtout «l'alliée» politique qui parlait plutôt que l'épouse? Et je me demandai quelle allait être l'issue de ce voyage à Chicago où ils devraient faire quelques apparitions ensemble.

La presse était prête à reconnaître les qualités de Ted, mais pour le moment elle était convaincue que Joan était la seule personne à pouvoir les faire comprendre au public. Elle admirait la façon dont les membres de la famille se ralliaient autour de son mari: Ethel, par exemple, «qui fait toujours le même discours de trois minutes», le neveu de Ted qui assure que son oncle est «un type épatant». Mais, ajoutait Joan, «je voudrais que ce soit moi qui le dise.»

Tandis que les rédacteurs travaillaient aux discours de Joan, le *National Inquirer* préparait une histoire encore plus sensationnelle sur le même sujet. En mars, je travaillais dans mon bureau le jour des élections primaires du Massachusetts lorsque Lisa me téléphona.

«Je crois que les Kennedy ont conclu une entente avec le *National Enquirer*», dit-elle.

«Que veux-tu dire?»

«Eh bien! l'*Enquirer* a accepté de ne plus espionner la famille, de ne plus suivre David ou Caroline, etc... En échange, les Kennedy ont promis de leur donner un sujet à article de temps à autre. Cependant, l'*Enquirer* s'est engagé à toujours leur faire lire les articles d'abord. Lundi prochain, il y aura une page entière sur le mariage de Joan et Ted, mais du point de vue de Joan.»

Puis Lisa m'expliqua qu'elle avait l'article sur son bureau. Le matériel qu'avaient utilisé les rédacteurs de l'*Enquirer* avait été puisé principalement dans l'émission spéciale de télévision sur Joan. Elle y assurait, entre autres, qu'elle croyait au témoignage de son mari à propos de Chappaquiddick. Lisa me lut l'article et me demanda s'il y avait quelque chose de faux qui pouvait avoir un effet négatif sur Joan. J'approuvai l'article, espérant que ce contrôle était suffisant.

Ce soir-là, la grande victoire de Ted aux primaires du Massachusetts fut célébrée par une grande réception offerte dans une luxueuse suite d'hôtel pour le clan Kennedy, les amis et les collaborateurs. Tom Brokaw, Walter Cronkite et David Hartman étaient présents pour interviewer Ted. Ils félicitèrent Joan et lui dirent qu'ils espéraient la voir à Chicago. Joan se retira alors pour aller parler, dans le corridor, à quelques membres de l'équipe de Ted. «Que puis-je dire de Ted qui pourrait l'aider? Et que pourrais-je dire qui pourrait lui nuire?» Les membres de l'équipe de Ted lui promirent de lui rassembler quelques anecdotes sur leur vie commune qu'elle pourrait utiliser.

Le dimanche suivant, dans l'après-midi, Joan et moi atterrissions à l'aéroport de Chicago. Nous n'étions pas habituées à être protégées lorsque nous voyagions seules, aussi nous fûmes très surprises de constater que quatre policiers nous attendaient et nous escortèrent à travers la foule jusqu'à la voiture. Joan semblait très nerveuse et mal à l'aise alors que nous roulions vers le Hilton où se trouvaient déjà Ted et ses collaborateurs. Elle s'installa dans la chambre adjacente à la suite de Ted et je fus conduite vers une autre suite, assez petite mais très luxueuse, un peu plus loin. Le reste de la journée se passa à réviser, en robes de chambre, le discours qui devait être prononcé le lendemain au Mundelein College. Notre horaire du dimanche était très chargé et commençait par une interview de Ted à l'émission «Face à la nation». Habillée dans des teintes pourpre, de ses bas de nylon jusqu'à son ombre à paupières, Joan arriva au studio en compagnie de Ted mais ils échangèrent à peine quelques mots. Et après l'interview, alors qu'elle s'efforçait de marcher aux côtés de Ted alors que notre groupe quittait les lieux, encore une fois, il ne sembla pas s'apercevoir de sa présence.

Puis, afin de rehausser l'image du sénateur auprès des catholiques conservateurs de Chicago, notre cortège traversa la ville pour se rendre dans le quartier polonais où Ted et Joan assistèrent à la messe de 12h15 à l'église des Cinq Martyrs. Ils prirent place côte à côte sur la première rangée juste en face des caméras de télévision qui diffusèrent toute la messe.

L'arrêt suivant était l'International Ballroom, derrière le Hilton où plus de mille personnes devaient assister à un thé offert en l'honneur de Joan par la mairesse de Chicago, Jane Byrne. Cette fête avait été intitulée «Le Printemps de la Nouvelle Décade». Ted, dans un de ses rares moments de chaleur envers Joan, la présenta comme étant «la meilleure alliée dans cette campagne parmi les membres de sa famille». Après avoir remercié Ted et la mairesse Byrne, Joan lut: «C'est peut-être à Boston qu'on a institué la coutume des «thés» politiques lorsque nous avons jeté les paquets de thé d'Angleterre dans le port, mais je suis certaine qu'il s'agit ici du plus important thé politique qu'on ait jamais vu... C'est sans doute ainsi que vous faites les choses à Chicago.» Puis, elle changea de sujet et parla de Ted. «En tant que Président, mon mari continuera à défendre les droits des gens qui sont le coeur même du Parti démocrate, comme il l'a toujours fait. Je sais qu'il s'en préoccupe beaucoup. Au cours de ces dix-huit années où j'ai fait campagne avec lui, j'ai pu constater à quel point cela lui tient à coeur... Je veux surtout parler du sort des personnes âgées, des jeunes, des familles à revenus moyens et des pauvres. Il a passé le tiers de sa vie à parler au nom de ceux qui n'avaient pas de voix pour le faire. C'est ce qui l'a décidé à entreprendre cette campagne et ce qui le soutient. Sur le mur de notre maison de Boston, on peut lire une citation d'Albert Camus: «Au plus fort de l'hiver nous avons enfin appris qu'il existait en nous un invincible été.» Oui, nous avons eu nos difficultés et nos hésitations dans l'hiver de notre campagne mais au Massachusetts, nous avons découvert notre invincible été... et je voudrais que vous sachiez à quel point je suis heureuse de me retrouver ici dans le printemps de la nouvelle décade.»

C'était un discours qui portait et tandis que je me tenais derrière la scène avec les membres de la presse, plusieurs reporters vinrent me trouver pour me dire combien ils aimaient Joan et combien elle réussissait ce qu'elle entreprenait. L'un d'eux remarqua: «C'est elle qu'ils applaudissent.» Un autre commentateur politique très connu m'avoua: «J'ai un faible pour elle. Je crois que je perds toute mon objectivité quand j'écris à son sujet.»

Après son discours, Joan alla rejoindre Ted et la mairesse Byrne et pendant une trentaine de minutes, ils serrèrent les mains des invités. Après quoi Ted et Joan s'excusèrent et, entourés du service de sécurité, ils se dirigèrent vers la porte. Soudain, Joan hésita et chercha des yeux son mari qui s'était arrêté pour serrer d'autres mains. Pendant un moment, elle sembla perdue ne sachant plus si elle devait continuer ou revenir sur ses pas. Puis, d'un air déçu, elle continua sans lui. Je me hâtai de la rejoindre pour qu'elle ne soit pas seule.

Cet après-midi-là, alors que nous nous dirigions vers le Mundelein College, Joan semblait anxieuse et fatiguée. Son apparition dans ce collège catholique, organisée par l'Organisation nationale des femmes, avait attiré une foule de plus de cinq cents personnes. D'une voix frêle, elle leur livra son message. Joan raconta sa propre lutte et parla de Ted qui avait dû être à la fois un père et une mère pour Patrick alors qu'elle se faisait soigner pour son alcoolisme. Des larmes montèrent à ses yeux tandis qu'elle parlait de ses enfants. Elle fut interrompue vingt-cinq fois par des applaudissements. Son discours était un véritable succès, mais nous ne pouvions pas savoir si cela allait se traduire par des votes en faveur de Ted.

Ce soir-là, en robes de chambre, assises sur le tapis du salon, nous révisâmes les questions et les réponses pour une entrevue télévisée qui allait avoir lieu le lendemain. Ted et Rick allaient et venaient pendant que nous travaillions. Joan semblait exténuée et jetait de temps à autre un coup d'oeil rapide à Ted, quêtant désespérément un mot de remerciement ou d'encouragement. Mais encore une fois comme cela leur arrivait si souvent lorsqu'ils étaient ensemble, ils se parlèrent à peine.

Ted et Rick parlaient de politiciens, de votes et d'itinéraires et je me demandais si Rick, qui était si calme, ressentait cette même tension causée par leur manque de communication, que je ressentais moi-même. Lorsqu'ils quittèrent la pièce pour se rendre à une assemblée, Joan me dit: «Lorsque je fais campagne seule, les femmes viennent me parler de leurs problèmes, mais quand je suis avec Ted, je suis une poupée Barbie!» Je savais qu'elle n'accepterait plus jamais de jouer ce rôle.

Le lendemain matin, lorsque nous arrivâmes dans les studios de CBS, Lee Phillip s'avança à notre rencontre. En conduisant Joan sur le plateau, elle lui dit qu'elle allait poser une question sur l'affaire Chappaquiddick, de façon à ce qu'elle puisse «éclaircir cette histoire une fois pour toutes». Joan et moi avions souvent abordé le sujet mais nous ressentions une certaine appréhension. Toutefois, lorsque les deux femmes prirent place sur le plateau pour l'entrevue, Joan répondit à toutes les questions avec beaucoup de charme et de confiance. Elle parla facilement de Chappaquiddick, de la position de Ted sur la question de l'avortement qui était une source de controverses dans plusieurs États.

Avant de passer à la seconde interview qui devait se tenir dans le même studio avec Bill Kurtis, Joan donna une rapide conférence. Nous étions toutes deux un peu grisées par l'atmosphère du studio et toute cette excitation autour de nous nous fascinait. Mais nous étions conscientes qu'il s'agissait de quelque chose de très sérieux et, nerveusement, Joan me demanda de lui rappeler comment elle s'occuperait des arts et de l'éducation si elle devenait Première Dame des États-Unis. Tandis qu'elle se coiffait et refaisait son maquillage devant un petit miroir, au-dessus du lavabo des toilettes, je lui suggérai de dire que les arts faisaient partie intégrante de toute éducation. Mais avant que j'aie pu terminer, elle m'arrêta d'un geste de la main. «Non, non... c'est trop ennuyeux!»

Après notre voyage à Chicago, il nous était difficile de savoir si les efforts de Joan pour changer l'image de Ted avait produit un certain effet sur la population. La capacité du sénateur à faire changer l'opinion publique par sa propre conduite était plus apparente. Ses qualités personnelles émergeaient enfin, non pas grâce à sa rhétorique mais avant tout parce qu'il présentait l'image d'un homme aimable, même dans les difficultés. Norman C. Miller écrivit dans le *Wall Street Journal* cinq jours avant les primaires dans l'Illinois: «La persévérance et le tempérament plein de dynamisme du sénateur Kennedy dénotent un aspect admirable de son caractère. M. Kennedy a accepté ses échecs avec grâce et bonne humeur et a fait en sorte d'éviter une campagne interminable... En d'autres termes, il a réussi à offrir une performance énergique dans des conditions parfois très difficiles. Ceux qui critiquent la personnalité de Ted Kennedy devraient prendre ceci en considération.»

Trois jours plus tard, dans le *New York Times*

Anthony Lewis écrivait: «Dans l'adversité, Ted Kennedy ne gémit pas. Il ne démontre ni la pétulance d'un George Bush ni le mécontentement d'un Gene McCarthy. Au contraire, il est de belle humeur, patient, jamais irritable avec la presse ou inamical avec le public. Il ne se fait pas d'illusions sur la situation mais semble l'avoir acceptée.» Malheureusement, ces compliments arrivèrent trop tard pour influencer les votes des électeurs de l'Illinois. Kennedy perdit les élections primaires au profit de Carter. Mais la course n'était pas encore terminée.

Joan elle aussi reçut une attention plus favorable de la part des membres de la presse. Dans la première semaine d'avril, *Newsweek* lui consacra une page presque entière dans un article intitulé «La Renaissance d'une politicienne». «Toute une page sur moi!» me dit Joan en m'appelant de Hyannis Port. «Il y a une grande photo de moi et pas de Ted.»

L'article racontait l'histoire de Joan, les craintes de l'équipe de Kennedy au sujet de sa participation à la campagne, sa séparation d'avec Ted et sa lutte contre l'alcoolisme. On retraçait ses débuts timides, on relevait sa volonté de parler d'elle-même comme d'une survivante et on la citait: «Cela vous donne une force que vous n'auriez jamais cru pouvoir posséder auparavant. Je crois que beaucoup de femmes savent ce que j'ai souffert et sentent que nous parlons le même langage.» Comme on lui faisait remarquer que Ted ne semblait jamais lui parler en public, elle répondit: «C'est son style, exactement comme c'était celui de Jack et de Bobby.» Puis elle ajoutait qu'en privé il était adorable: «Il me téléphone et me dit: «Je t'ai vue à la télévision... tu as été merveilleuse.»

Naturellement, cela me remplit de joie à l'autre bout du fil.» Et même si l'article posait finalement la question cruciale, à savoir si elle était vraiment un atout pour Ted, elle n'en demeurait pas moins heureuse d'avoir été remarquée pour elle-même et qu'on l'ait prise au sérieux.

Une semaine plus tard, le *Star* donnait sa propre version au sujet de Joan et Ted, révélant leur «pacte secret», celui de vivre ensemble après les élections quelle qu'en soit l'issue. On citait le couturier de Joan, Alfred Fiandaca qui aurait déclaré: «Ils se découvrent mutuellement ainsi que l'amour qu'ils ont l'un pour l'autre. Je suis si heureux pour eux, c'est comme un conte de fées.» Deux collaborateurs de la campagne, dont je ne connaissais pas les noms, annonçaient que Ted et Joan avaient décidé d'aller vivre à Hyannis Port en mai. L'article assurait que leur mariage était d'une solidité à toute épreuve. «Et c'est ce qu'il y a de plus important n'est-ce pas?» disait Fiandaca.

Un autre article, moins sensationnel que celui-là, aurait certainement été plus exact. Dans le *Herald American* de Boston, Norma écrivait ceci... et cette fois elle ne me téléphona pas pour vérifier si ce qu'elle avançait était vrai... «On a vu Joan Kennedy monter sur le siège arrière de la limousine noire et argent de Mort Zuckerman, le propriétaire de *Atlantic Monthly*. C'était sans doute pour une interview!»

L'étoile politique de Ted Kennedy paraissait plus brillante dans le firmament politique tandis que celle de Carter commençait à décliner à cause de ses plans avortés en vue de délivrer les Américains retenus en otage en Iran. Au cours des élections primaires qui suivirent, Kennedy gagna à New York, au Connecticut, en Pennsylvanie et au Michigan tandis que Carter remportait la victoire en Indiana, en Caroline du Nord et au Tennessee. Joan avait voyagé à travers tous les États du sud avec Ted, voyage qui se termina en Indiana. Soudain, elle s'avéra une épouse très politisée lorsqu'elle me téléphona pour me dire: «Enfin Carter se décide à faire campagne. La presse emboîte le pas.» Mais même si les chances de gagner semblaient meilleures que jamais pour Ted, la possibilité d'une réconciliation avec sa femme, contrairement à ce que disait le *Star,* était de plus en plus incertaine.

Après qu'ils eurent fait campagne ensemble, Ted s'envola pour Washington et je réalisai une fois de plus que Joan avait dû être déçue par son manque d'intérêt flagrant à son égard. Elle décida donc de se rendre en Ohio pour y rencontrer Gordon, sachant qu'il pourrait lui offrir l'encouragement et l'approbation qu'elle n'avait pu trouver chez Ted.

Elle se «déguisa» avec un foulard et des verres fumés afin d'éviter d'être reconnue et passa quelques heures dans la maison de Gordon. Le lendemain elle me téléphona pour me dire: «Il est à son travail... alors je dors toute la journée. De cette façon je serai bien reposée en rentrant.» Elle me demanda ensuite de rassembler quelques idées pour une entrevue qu'elle devait accorder la fin de semaine suivante, à Cape, au *Ladies Home Journal.*

«Si quelqu'un vient me voir, réponds simplement que j'ai passé la semaine en compagnie de Ted. Tu sais, d'habitude, il ne se préoccupe nullement de savoir où je suis... Je ne le blâme pas; il a

tant de choses à faire! Mais cette fois, il m'a dit:
«Oh! tu vas rester plus d'une journée?» Elle semblait heureuse de constater qu'il l'ait remarqué.

11
À LA CROISÉE DES CHEMINS

«Toute ma vie, j'ai attiré
l'attention en buvant.
C'était seulement dans
ces circonstances qu'il
me remarquait. Maintenant
je réussis très bien dans
la campagne sans même
pouvoir obtenir de lui un moment
d'attention.»
— Joan.

Un beau samedi matin de début de mai, peu après le retour de Joan du Midwest, je conduisais son Impala bleue le long de la route 3 en direction de Cape tandis que, assise près de moi, elle relisait la liste des tâches que nous aurions à accomplir durant ce week-end de travail à la maison de Hyannis Port ainsi que les notes que je lui avais données pour l'entrevue du *Ladies Home Journal*.

Une fois arrivées à la grosse maison grise de style colonial située au haut d'une falaise dans Squaw Island, nous décidâmes qu'il faisait beaucoup trop beau pour passer la journée à l'intérieur. Abandonnant nos bagages sous le portique de la maison, nous traversâmes la pelouse pour nous rendre à l'escalier qui descendait vers la plage. Allez, viens, me dit Joan en me tirant par la manche. Tout heureuse d'être là, elle se mit à courir. Je la rejoignis en m'arrêtant de temps à autre pour ramasser des coquillages blancs et roses.

Avant le dîner, nous commençames à travailler dans le boudoir, une petite pièce située à l'arrière de la maison d'où nous avions une vue magnifique sur l'océan. Tout était décoré dans les teintes bleues et vertes, les couleurs de la mer qui miroitait de l'autre côté des grandes portes vitrées donnant sur le patio. La pièce était remplie de trophées de navigation, de photos encadrées de la famille Kennedy en compagnie d'amis ou de grands chefs d'État. Il y avait également une photo de Jack à la présidence et de Bobby en attorney général. Puis, sur le mur d'une petite pièce adjacente, cette prière irlandaise: «Puisse la route s'étendre devant toi et le vent t'être favorable.»

Joan s'assit sur une énorme chaise au haut dossier, toute capitonnée de bleu, «la chaise du sénateur», qui était placée face à trois écrans de télévision.

«Avant, j'étais libre de faire ce que je voulais ici», me dit-elle en caressant de sa main le bras de la chaise. «L'hiver dernier, Ted a fait recouvrir cette chaise. Nous nous sommes disputés à ce sujet. Bien des gens diraient: «Écoute, ma petite, si tu n'as que des problèmes de ce genre...» mais j'étais furieuse. J'étais sobre depuis six mois. Quand je me suis mise à hurler, Ted m'a dit: «Après tout, ce n'est qu'une chaise!» Il n'avait pas compris que je me sentais toujours mise à part. Ils m'enlèvent toute autorité. Personne ne m'a même montré les échantillons de couleurs qu'on avait choisis pour cette chaise.»

Je pris place sur une petite chaise bleue en face d'elle et ce soir-là nous parlâmes longuement de nos mariages respectifs et des autres relations que nous avions eues avec les hommes. Joan me confia qu'elle avait toujours eu un sentiment d'infériorité envers Ted et sa famille et que cela l'avait poussée à rechercher de brèves aventures. «Mais au moins cela m'a appris que je n'en étais pas responsable et aussi que j'étais encore désirable.»

Tandis que le soleil descendait sur la mer, nous nous dirigeâmes vers l'immense cuisine pour le souper. Il y avait deux cuisinières côte à côte, deux réfrigérateurs et un rafraîchisseur d'eau dans un coin. Les armoires de bois avaient été peintes en jaune pâle et des rideaux blancs à frisons pendaient aux fenêtres. Sous l'immense comptoir se trouvaient d'innombrables poêles et casseroles de toutes les formes et de toutes les grandeurs. Il y avait deux poubelles dans lesquelles on avait placé des sacs à déchets propres et l'un des réfrigérateurs regorgeait de poissons et de poulet en cocotte, de salades et de liqueurs douces. Il était bien évident qu'Irene Hurley était venue préparer notre repas. Elle possédait un restaurant avec son mari, à quelques minutes de là. Les Hurley venaient à Squaw Island chaque fois qu'il fallait ouvrir ou fermer la maison afin de la nettoyer et d'acheter ce qu'il fallait pour manger.

Nous prîmes notre souper sur la table de formica jaune tout en continuant de nous raconter nos vies. C'était au cours de moments tranquilles comme ceux-là que j'arrivais à mieux comprendre Joan, à déceler la force qui se trouvait cachée derrière sa vulnérabilité, son désir intense de vivre. Finalement, elle regarda l'horloge sur le mur. «Il n'est que huit heures, dit-elle. Nous avons encore le temps de nous rendre à une réunion.» Après avoir endossé nos manteaux, nous sortîmes toutes deux dans la fraîcheur de la nuit.

Joan conduisit de l'île jusqu'à Hyannis. Au haut de l'escalier qui menait au sous-sol de l'église baptiste, nous fûmes accueillies par un jeune homme souriant. Un autre homme qui avait bu se tenait derrière lui, chancelant, et semblait attendre lui aussi les invités. Je lui tendis la main, mais il m'attira vers lui, cherchant visiblement un contact plus affectueux. Après avoir réussi à m'en défaire, Joan se décida à me suivre. Elle prit une grande respiration, passa très vite près du bonhomme en question et se rua vers la salle de réunion.

Il y avait là une scène avec un rideau de velours rouge et un simple podium de bois à une extrémité de la grande salle. Lorsque la réunion commença, des gens se levèrent pour venir témoigner de leur vie et dire comment ils s'étaient sentis transformés après avoir pris la décision de ne plus boire d'alcool. Un jeune homme diplômé de Brown expliqua à l'auditoire que n'importe qui pouvait devenir alcoolique. Puis d'autres témoins suivirent, presque tous dans la vingtaine. J'admirais leur faculté de pouvoir admettre leur alcoolisme alors qu'ils étaient jeunes. J'aurais tant souhaité que quelqu'un me renseigne sur les signes de l'alcoolisme lorsque j'avais leur âge. Mais c'était moi qui allais reconduire généralement tous les jeunes de notre groupe après nos petites sauteries, parce que l'alcool ne semblait pas avoir d'effet sur moi. J'ignorais alors qu'une grande tolérance à l'alcool peut être précisément un signe précurseur de l'alcoolisme. Pour ces jeunes gens présents dans la salle, l'alcoolisme n'avait pas mis quinze ou vingt ans à se manifester; plusieurs d'entre eux avaient découvert leur problème alors qu'ils étaient encore dans l'adolescence. Et même si, à cette époque, ils se croyaient trop jeunes pour être alcooliques, en y faisant face par la suite et en acceptant de vivre sans alcool, ils allaient s'éviter bien des années de désespoir et de malheur. La dernière à venir parler fut une jeune femme aux joues roses et aux cheveux roux qui avait un grand sens de l'humour.

Elle nous raconta qu'à l'époque où elle buvait, elle s'estimait chanceuse quand elle reconnaissait l'homme auprès duquel elle s'éveillait au petit matin. L'auditoire se mit à rire. En un sens, nous reconnaissions tous un peu de nous-mêmes dans chacune de ces histoires.

Après la réunion, Joan et moi nous arrêtâmes au Howard Johnson. Assises au comptoir, nous mangeâmes notre sundae au chocolat comme deux adolescentes. Nous n'en finissions pas de rire, perchée sur nos hauts tabourets, nous demandant pourquoi nous nous sentions tout à coup si heureuses. Mais nous savions, en fait, la cause de ce bonheur. Nous avions tant de gratitude envers la vie pour l'immense plaisir qu'elle nous donnait de vivre sans boire et le merveilleux et stimulant travail que nous accomplissions.

Alors que la réunion était encore fraîche dans notre mémoire, je demandai à Joan si elle comptait s'impliquer particulièrement pour venir en aide aux femmes alcooliques: «Si tu te rends à la Maison Blanche, ton action pourrait avoir un très grand impact. Sinon, tu pourrais trouver d'autres tribunes. Nous devrions en reparler.»

Joan approuva. «Oui.. mais il ne faut pas en parler tout de suite. Tu sais, c'est un sujet qui fait encore peur aux gens...»

Malheureusement, elle avait raison.

Notre conversation porta ensuite sur l'interview qu'elle devait donner le lendemain. Joan m'avoua qu'elle souhaitait pouvoir donner l'image d'une femme forte.

Le lendemain, Joan dormit tard dans la matinée tandis que je mettais à jour notre correspondance dans le patio. Elle me rejoignit à 11h30 habillée d'une robe bleue et tenant un verre de boisson gazeuse à la main. Je lui fis part d'un article du *Baltimore Sun* très sympathique à son égard, qui faisait un tour d'horizon de sa vie et qui, entre autres, disait ceci: «Vous pouvez choisir n'importe quel moment dans la vie la plus intime de Joan Kennedy et vous constaterez qu'on a écrit un article à ce sujet... C'est le prix à payer lorqu'on a choisi d'être une Kennedy». Joan lut l'article et dit: «C'est vraiment gentil.» Pendant les heures qui suivirent, nous concentrâmes notre travail sur les questions et réponses de l'entrevue et le prochain voyage prévu pour les élections primaires dans les États de l'Ouest. Puis Joan remonta s'habiller.

Phyllis Battelle du *Ladies Home Journal* arriva de Boston. Joan la reçut elle-même, lui fit visiter la maison et admirer la vue. Elle la conduisit ensuite au patio. Je branchai l'enregistreuse, apportai des liqueurs douces et un cendrier à Phyllis avant de les laisser seules. Je devais revenir dans vingt minutes au cas où Joan aurait besoin d'un prétexte pour mettre un terme à l'entrevue.

J'avais projeté de retourner à Boston avec Phyllis après l'interview, mais Joan insista pour que je reste avec elle et que nous rentrions ensemble. Très tard ce soir-là, après être revenues à Boston, nous discutâmes de plusieurs sujets de thèse possibles qu'elle pourrait présenter lors de sa rencontre avec les conseillers de son collège le lendemain. Nous tombâmes d'accord sur l'idée d'émissions artistiques pour la télévision éducative et décidâmes d'élaborer ensemble ce projet une fois la campagne terminée.

La journée avait été dure pour Joan mais bien remplie. Elle était certaine que l'entrevue avec Phyllis Battelle s'était très bien passée. Mais ni elle ni moi ne pouvions imaginer les répercutions que pourrait avoir cette entrevue.

Même si le Président Carter n'avait obtenu maintenant que 160 délégués, Kennedy continuait à parcourir le pays à la recherche de nouveaux votes. Mais alors que Joan et moi nous préparions à nous joindre à la campagne dans l'ouest à la mi-mai, les personnes chargées de l'itinéraire me mirent au courant d'une situation pour le moins délicate. Le sénateur avait des «relations féminines» sur la côte ouest et ils étaient inquiets, se demandant s'il était prudent de programmer Joan et Ted ensemble pour ce voyage. J'étais bien heureuse qu'ils m'aient mise au courant et qu'ils semblent enfin se préoccuper de la sensibilité de Joan.

Pendant ce temps, le Président Carter ne voulait toujours pas rencontrer le sénateur au cours d'un débat. Et lorsque l'un des collaborateurs de Ted suggéra un débat entre Joan et le Vice-Président Mondale à la place, Joan hésita d'abord puis elle accepta. Mondale accepta également de son côté et même s'il devait s'agir en fait d'une simple apparition ensemble et non d'un véritable débat, ce devait être «le clou» de notre voyage dans l'ouest. Parce que les commentaires de Joan attireraient certainement l'attention de la nation tout entière, nous demandâmes à Dick Drayne, l'attaché de presse du sénateur, de nous venir en aide. J'aurais voulu que le discours de Joan soit déjà prêt et écrit sur des cartes avant que nous quittions Boston; mais Dick était tellement occupé à voyager et à travailler pour le sénateur que le mieux qu'il put faire fut de nous donner quelques idées générales et quelques entrées en matière amusantes. Joan et moi nous envolâmes pour Portland dans l'Oregon, notre première escale, sans même savoir ce qu'elle dirait au cours de sa prestation la plus importante de la campagne.

Les quelques jours qui suivirent ne furent qu'une suite étourdissante de voyages en avion ou en limousine, d'émissions de télévision, de radio, d'entrevues, de visites aux personnes âgées et aux étudiants. Nous passions notre temps à faire et à défaire des valises dans une succession sans fin de chambres d'hôtels.

Nous avions quitté Portland pour nous rendre à Los Angeles en traversant la Californie en tous sens. Notre itinéraire était si exténuant et changeant que, bientôt, Joan ne put cacher sa fatigue sans cesse croissante. Et tous les reporters n'étaient pas doux avec elle. Après que Bella Stumbo du *Los Angeles Times* eut accompagné Joan à Disneyland dans une limousine de location, elle écrivit que Joan avait déclaré: «Je m'amuse follement. Et le sénateur et moi avons des relations merveilleuses. Nous faisons tout cela ensemble parce que j'ai choisi d'être là pour l'aider. Je suis bien contente de moi. J'aime tout ce que je fais... et je vais bien... vraiment bien.»

Cependant, Stumbo observait que Joan n'avait pas l'air si bien que cela et que pour quelqu'un qui parlait tant de bonheur il n'y avait rien sur son visage ou dans sa voix qui pouvait laisser croire que tout cela était vrai. Elle poursuivait ainsi: «Joan a ses hauts et ses bas. Quelquefois tranquille et amicale, et d'autres fois terriblement irritable et sur la défensive. D'une seconde à l'autre, elle peut passer de l'humilité à l'arrogance. Lui parler, c'est comme marcher sur un champ de mines.»

L'épuisement de Joan était de plus en plus évident... mais nous ne pouvions arrêter le cours de notre itinéraire. Le jour de la fête des mères, nous étions à des milliers de kilomètres de nos enfants et ce soir-là, notre itinéraire coïncida avec celui du sénateur. Ils firent quelques apparitions ensemble puis nous nous rendîmes à San Diego et à Albuquerque où Kennedy prononça un discours puissant et émouvant à l'Old Town Plaza. Ironie du sort, à mesure que ses espoirs pour sa mise en nomination s'évanouissaient, ses auditoires réagissaient avec de plus en plus d'enthousiasme et de frénésie. Il était même effrayant de voir à quel point il était difficile de les contenir. Et pourtant, Joan et Ted, souriants, continuaient à traverser ces foules qui les entouraient, sachant qu'à n'importe quel moment il pouvait surgir un Sirhan Sirhan ou un Lee Harvey Oswald.

Durant notre séjour de deux jours à Albuquerque, plusieurs changements survinrent soudainement. Kennedy tint une série de rencontres mystérieuses à l'hôtel Four Seasons où nous habitions, sans que Joan ait été avertie. Même si elle n'avait pas l'habitude d'assister aux sessions de stratégie, cette fois elle se sentit exclue. Il y avait comme une atmosphère de mystère et plus tard, plusieurs jeunes femmes arrivèrent. On nous dit qu'il s'agissait de dactylos. Aussitôt le sénateur et ses acolytes partirent pour Los Angeles. C'est seulement plus tard que nous devions connaître la clé du mystère: le but de ces rencontres était de préparer un discours majeur que Kennedy devait prononcer à Los Angeles où il offrirait à renoncer à sa candidature si Carter acceptait de le rencontrer au cours d'un débat puis le battait le 3 juin, dans le dernier round des élections primaires.

Déconcertée par le départ soudain de son mari, Joan se retira dans une luxueuse résidence

non loin de là, réservée aux suporters et s'y reposa
pendant un jour. Son hôtesse lui donna la suite la
plus belle et lui apporta tous ses repas sur des plateaux. Lorsque la bénévole qui nous avait été assignée me conduisit vers elle afin de réviser notre
itinéraire, Joan sembla si affolée qu'elle refusa
d'en parler. Elle me tendit un flacon vide et me demanda de trouver un moyen de lui fournir du li-
thium que le médecin lui avait prescrit comme sta-
bilisateur nerveux. La bénévole promit de faire re-
nouveler l'ordonnance. Dans ce cas comme dans
les autres, ce fut le nom magique des Kennedy qui
lui permit d'obtenir ce qu'elle voulait. Entre-
temps, il me fallait apprendre à Joan qu'on avait
ajouté une ville à la tournée. Heureusement, elle
ne sut jamais que cela avait été fait dans le but de
la tenir occupée pendant que le sénateur continuait
de faire campagne sur la côte ouest sans elle.

Notre nouvel itinéraire comprenait une halte
d'une journée et une nuit à Sioux Falls, au Sud Dakota, avant de nous rendre à Helena, Montana,
pour le fameux débat avec Mondale. Je n'étais pas
certaine que Joan pourrait supporter ce périple.
Puis, Washington nous informa que Mondale devait annuler le débat. Joan parlerait mais à part
quelques idées suggérées par Ted et son équipe,
nous ne connaissions toujours pas la substance de
ce qu'elle devrait dire. Partout où je passais, je
tentai de rejoindre Dick afin d'élaborer les
grandes lignes de son discours.

À Sioux Falls, Joan fit une émission de télévision, dit quelques mots pour les nouvelles du soir et
alla visiter un centre d'accueil pour personnes
âgées. Elle prononça ensuite un bref discours au
banquet démocrate de Mennehaha et répondit aux
questions de deux autres chaînes de télévisions. Ce

soir là, alors que nous partions pour l'aéroport, on nous informa que, finalement, Mondale avait décidé de participer au débat et qu'il avait demandé de passer le second. Jusque-là, nous avions travaillé en supposant que Mondale parlerait le premier et nous nous étions préparées en conséquence, mais maintenant tous nos plans devaient être révisés.

Notre escale à Sioux Falls était si peu planifiée que personne ne nous attendait à Denver où nous devions passer la nuit avant de nous rendre à Billings, Montana, le lendemain. Nous réussîmes enfin à trouver un taxi et deux chambres au Hilton de l'aéroport mais à minuit, exténuée par l'itinéraire et le manque évident de coopération de la part de l'équipe du sénateur, Joan finit par exploser.

«C'est épouvantable, dit-elle d'une voix vibrante de colère. Personne ne m'aide, personne ne me dit merci. Rosalynn Carter a un personnel imposant tandis que moi, je ne pourrai même pas avoir recours à un coiffeur! Personne ne s'est soucié d'écrire mes discours. C'est la dernière journée mais je ne peux plus continuer, je suis trop fatiguée.» Puis elle ouvrit l'une de ses valises et dénicha une boîte de chocolats qu'elle se mit à manger l'un après l'autre.

«Le pire est qu'on ne m'a pas permis de collaborer avec Ted à Los Angeles», dit-elle. Lorsque je l'ai vu mercredi à Albuquerque, j'ai compris qu'on ne souhaitait pas ma présence. C'est pourquoi je suis sortie de la pièce.» Elle me tendit la boîte de chocolats et en reprit avidement un autre. Une fois la boîte vide, elle la lança rageusement dans la corbeille à papiers.

«Toute ma vie j'ai attiré l'attention en buvant», ajouta-t-elle, en arpentant la pièce, la gorge nouée par l'émotion. «C'était seulement dans ces occasions qu'il me remarquait. Maintenant que je réussis dans la campagne, il ne me remarque même pas.»

Son désespoir était évident. Je téléphonai à Chris Doherty qui nous attendait à Helena et chacun notre tour, nous donnâmes libre cours à notre frustration. À 2h, je demandai à la réception qu'on nous réveille à 8h30. Nous n'aurions même pas le temps de prendre notre petit déjeuner mais je jugeai qu'il fallait donner la priorité au sommeil.

Le téléphone sonna dans ma chambre à 7h30. J'allumai ma lampe de chevet et saisis tout de suite un crayon et un papier car c'était Dick qui me téléphonait de Washington pour me donner enfin les grandes lignes du discours que Joan devait prononcer. Assise dans mon lit, j'écrivis aussi rapidement que je le pus sur le petit calepin de l'hôtel Hilton. Mais lorsque notre agent de Washington me téléphona à 8h10 pour m'annoncer que Mondale désirait passer en premier, je dus entièrement refaire l'entrée en matière.

Joan était soulagée de savoir qu'elle avait enfin son discours même si elle ne possédait que les quelques notes que j'avais gribouillées. Mais elle était si fatiguée qu'une fois dans l'avion elle s'endormit, les notes sur les genoux.

Chris nous rencontra à Billings et nous fit monter dans sa luxueuse caravane munie d'un réfrigérateur et de fauteuils pivotants. Joan alla s'étendre à l'arrière tandis que Chris, Bill, le chauffeur, et moi-même discutions des problèmes du Montana; la récession de l'industrie du bois, le besoin de sauver les chemins de fer, la taxe sur le charbon, l'embargo sur les céréales et la mauvaise santé de l'agriculture. Tandis que nous roulions vers notre destination, je continuais à prendre des notes pour Joan que j'ajoutai aux autres déjà existantes.

Nous arrivâmes finalement au motel de North Last Chance Gulch au milieu de l'après-midi. Joan était attendue une demi-heure plus tard à un symposium, ce qui lui donnait encore moins de temps pour réviser son discours. Il me fallait trouver une machine à écrire pour transcrire sur des cartes les notes que j'avais prises sur des bouts de papier. Une secrétaire arriva pour se mettre au travail mais comme elle ne pouvait déchiffrer mon écriture, je dus lui dicter ce que j'avais écrit. Le téléphone sonnait constamment. Un appel vint encore bouleverser tout notre travail: Mondale voulait maintenant passer en dernier.

Lorsque le symposium fut terminé, toutes les notes furent transcrites sur des cartes mais il ne restait plus qu'une heure devant nous. Joan voulut se reposer un peu puis elle s'habilla. L'un des collaborateurs de Mondale me téléphona dans ma chambre pour me dire: «Le Vice-Président arrivera à Helena dans une demi-heure, mais il nous faudra partir tôt car il a un autre engagement à Kansas City. Il doit donc parler le premier.»

Puis, quelques minutes plus tard, un autre appel: «Le Vice-Président est arrivé. Madame Kennedy est-elle prête?»

Je rassemblai les cartes à toute vitesse et demandai à Joan: «Peux-tu les relire?» Mais elle me répondit en plaçant ses faux cils: «Non... lis-les-moi.» Je faisais des efforts désespérés pour réprimer ma panique. Je lui lus le texte avec toute l'énergie et l'enthousiasme qui m'étaient possibles, me permettant même quelques petites remarques amusantes de temps à autre pour la détendre.

Chris frappa à la porte. «Est-elle prête? Monsieur Mondale attend.»

Je finis de lui lire le discours tandis qu'elle enlevait ses rouleaux. «Ne serait-il pas préférable que tu révises ces cartes encore une fois?»

«Non... répondit-elle calmement. Tout ira bien si tu me les relis de nouveau.»

Je relus donc le texte tandis que Joan finissait de s'habiller.

«Dépêchez-vous!... cria Chris. Monsieur Mondale doit partir bientôt.»

Quelques minutes plus tard, nous quittions le motel pour nous rendre au Shrine Temple où le débat devait avoir lieu. Lorsque Joan entra, on lui présenta une superbe gerbe de fleurs de toutes les couleurs. Elle me tendit le bouquet et s'avança dans l'allée centrale d'un pas assuré. Surpris par cette entrée spectaculaire, le public qui se trouvait dans la salle et aux balcons, se leva pour l'applaudir frénétiquement.

Je marchais derrière elle comme une demoiselle d'honneur, très fière qu'elle ait gagné la première manche. Lorsque Joan arriva devant la scène, Mondale surgit brusquement de l'un des côtés et l'accueillit par un baiser et une chaleureuse accolade. La foule applaudit encore plus frénétiquement.

Mondale commença le premier. Il parla bien et fut très applaudi. Puis ce fut le tour de Joan. Elle se leva et se dirigea vers le podium tenant ses cartes à la main, pour prononcer un discours qu'elle n'avait encore jamais lu mais qu'elle avait seulement entendu quelques minutes auparavant. Je retenais mon souffle.

Joan fit un très bon discours. De temps à autre, elle sut faire rire l'auditoire, reprenant son sérieux dès qu'elle parlait de Ted et de ses objectifs. Mondale ne quitta pas la salle. Il resta pour l'écouter et lorsque Joan eut terminé, il se joignit à la foule pour lui donner une incroyable ovation. Je crois bien que personne n'applaudit aussi fort que moi. Joan venait de remporter la partie.

De retour au motel, vêtues de nos robes d'intérieur, nous nous joignîmes à Chris et à Bill pour déguster un bon repas qui nous attendait sur une table de jeu, dans un coin de sa chambre, et regarder les nouvelles du soir qui donnaient les premiers comptes rendus de cet après-midi de triomphe. Le lendemain matin, Chris et Bill vinrent me porter des douzaines d'exemplaires de chacun des journaux du Montana. Tous mettaient l'accent sur la performance de Joan et sa photo paraissait en première page. Mais nous n'avions guère de temps pour savourer cette victoire. Il nous fallait nous rendre à Cleveland puis à Cincinnati avant de retourner à Boston. Pendant ce temps, dans l'État de Washington, le mont St. Helene s'éveillait dans une terrible irruption, ensevelissant sous ses cendres une bonne partie du pays. Nous prîmes le dernier avion à quitter le Montana. L'aéroport fut fermé durant les trois jours suivants.

12
INCIDENTS DÉTERMINANTS

*«Il était dans son bain. Je
le rejoignis avec mon agenda
et m'assis sur le siège des
toilettes. C'était la seule
façon pour qu'il me parle
vraiment.»*
—Joan.

De retour à Boston, plusieurs anecdotes contradictoires se mirent à circuler et ébranlèrent la confiance de Joan. Elle avait assisté à un dîner pour une levée de fonds à San Francisco où était également présent Herb Caen, le potineur du *San Francisco Chronicle*. Or, voici ce que rapporta le magazine *People*: «D'abord, Caen se fraya un chemin à coups d'épaules pour se retrouver assis tout à côté de Joan à une table de dix personnes. Puis au milieu du repas, il sortit une bouteille de vodka d'un sac en papier brun et la brandit devant Joan qui, on le sait, lutte depuis bien des années contre son alcoolisme, et lui dit: «C'était bien là votre boisson préférée, n'est-ce pas?» Joan, avec grâce, fit mine de ne rien voir, mais les autres invités en furent révoltés. «Absolument outrageant!» s'exclama Lita, l'épouse de Jack Vietor, héritier de Jell-O.» L'anecdote fut reprise et racontée dans plusieurs autres publications à travers tout le pays.

Caen écrivit immédiatement à Joan. Il se disait ébahi de lire une telle chose dans *People* alors qu'il ne pouvait se souvenir d'un tel incident. «Si j'ai pu faire une chose aussi abjecte, je m'en excuse profondément en espérant que vous puissiez me

pardonner un jour.» Mais s'il ne s'était pas rendu
coupable d'une telle grossièreté, il implorait Joan
d'écrire une petite note à *People* pour leur assurer
que rien dans toute cette histoire n'était vrai. Il
concluait en disant: «Tous les invités présents ce
soir-là sont d'accord pour affirmer que cet incident
n'a jamais eu lieu.» Joan elle non plus ne se souve-
nait pas d'avoir assisté à un incident de ce genre.
Elle accepta gracieusement les excuses de Caen
puis laissa aller les choses. Quant à moi, je me demandai en premier lieu pourquoi une histoire pareille avait été rapportée. Cela prouvait en tout cas
la nouvelle importance de Joan même si cette nouvelle avait été inventée de toutes pièces. Mais
après avoir été une vedette pendant vingt ans, elle
était habituée à ce genre de choses.

Il y eut cependant une autre histoire qui fut
plus difficile à ignorer. Depuis des mois, le *Women's Wear Daily* avait tenté d'obtenir une entrevue avec Joan, mais à sa demande j'avais toujours
refusé. Cependant, un jour qu'elle essayait une
robe de dentelles beige pour le mariage de sa nièce
Courtney Kennedy, Alfred Fiandaca, son couturier, lui demanda d'accorder une interview au
WWD, expliquant qu'elle ne paraîtrait que dans l'é-
dition japonaise et que cela lui ferait une excellente publicité. Joan accepta l'entrevue. «Cela
n'aura pas d'importance étant donné que l'article
ne sera lu que par les Japonais», me dit-elle. Sa décision me surprit parce, généralement, elle n'accordait jamais d'entrevue à des revues de mode.

Le mercredi suivant, l'interview de Joan
passa dans l'édition américaine du *WWD* et, au
cours des jours qui suivirent, les journaux de tout
le pays la reprirent sous des titres dévastateurs
comme «Joan Kennedy déshabille Rosalynn: C'est

moi la meilleure» ou «Joan Kennedy: Je suis mieux qualifiée que Rosalynn.» Le *WWD* assurait que moins d'une semaine avant les primaires cruciales de la Californie, Joan avait attaqué la compétence de Rosalynn Carter en tant que première dame des États-Unis. «Rosalynn n'a pas de licence en quoi que ce soit. Je me demande combien de premières dames ont des degrés universitaires? C'est bien que Rosalynn Carter veuille assister aux réunions politiques, mais moi seule ai le talent pour le faire. Je ne me trompe jamais dans mon expertise et je conseille mon mari sur des affaires très graves comme l'Afghanistan.»

Le jour où tout cette histoire fut reproduite dans un journal de Boston, les téléphones ne cessèrent de sonner dans mon bureau. Le premier de mes interlocuteurs avait l'air suffoqué: «Je viens de lire l'article dans le *Globe*. Est-ce qu'il est authentique?» Puis un autre furieux: «Comment peut-elle se comparer à Rosalynn Carter? Il n'y a pas de comparaison possible. Elle est une alcoolique tandis que Rosalynn travaille tous les jours!» Puis encore un autre: «J'ai hésité à vous appeler. Je ne peux pas m'imaginer qu'elle ait pu donner ce genre d'entrevue. Je crois que Rosalynn a de si belles qualités...Les gens ont eu pitié de Joan mais maintenant elle les remercie bien mal. Peut-être devrait-on museler les femmes des candidats.»

Je voulus téléphoner à Joan mais je n'y parvins pas car mon téléphone sonnait continuellement. «Elle lance ses diplômes à la tête des gens!» s'écriait un homme indigné. «Bien des personnes en ont autant qu'elle! Et on se fiche bien de sa prétendue élégance!» L'interlocuteur suivant faisait écho au même sentiment. «Qu'est-ce que cela veut dire «élégante»? On se fout bien de son élégance.

Tout ce qu'on veut c'est quelqu'un qui travaillera pour nous, une *vraie* première dame!» Un autre semblait sceptique: «Un diplôme du Lesley College ne veut pas dire grand-chose dans le monde académique. Je me suis demandé si quelqu'un voulait faire une blague.»

Lorsque je réussis finalement à joindre Joan, une heure plus tard, elle avait déjà lu les journaux. Elle était complètement anéantie. Elle me dit qu'elle retournait se coucher et voulait éviter la presse pendant les deux ou trois jours qui suivraient. «Je m'en remettrai, me dit-elle, je m'en remettrai», répéta-t-elle comme si elle voulait s'en convaincre.

Mais ce qu'il y avait de pire, peut-être, c'était que Joan n'avait pas de licence... du moins pas encore et qu'elle ne l'obtiendrait pas avant une autre année.

Des représentants de son collège me téléphonèrent pour se plaindre et me demandèrent comment on pouvait corriger cette fâcheuse situation. Lisa avait donné sa démission, aussi je parlai à Joan et téléphonai à Washington pour savoir quoi faire. Dick Drayne, l'attaché de presse du sénateur, me rappela immédiatement de San Francisco où les commentaires de Joan faisaient également la manchette des journaux. Il me dit qu'elle devrait «marcher sur son orgueil». Il recommanda qu'elle fasse ses excuses auprès de Rosalynn et nous suggéra ce qui suit: «Je n'ai pas voulu être irrespectueuse à l'endroit de la première dame. Je le jure. Je suis fière d'être retournée à l'école après avoir connu des moments très difficiles. Si j'ai pu paraître trop fière, je m'en excuse. Je n'ai certainement pas voulu causer des désagréments à qui que ce soit. Je suis désolée.»

Plus tard au cours de la journée, je rencontrai Joan de nouveau pour lui proposer les excuses recommandées par le collaborateur de Ted. «Non, répliqua-t-elle sans hésitation. Je vais tout nier.» Elle avait pris sa décision et refusait de faire des excuses publiques.

Les lettres continuaient à affluer, pour la plupart hostiles: «Je n'avais jamais rien lu d'aussi outrageant. Vous venez de prouver que vous êtes un être extrêmement insécure»... «Je n'avais jamais pensé que vous puissiez nuire à la campagne de votre mari jusqu'à maintenant»... Quelle que soit l'éducation qu'une personne ait reçue, cela ne l'empêche pas de pouvoir être stupide.»

Je ne montrai pas ces lettres à Joan. Même si je voulais croire que ses propos avaient été modifiés et «trafiqués» par l'auteur de l'article, je ne pouvais m'empêcher de remarquer que les mots et les phrases ressemblaient étrangement à sa façon de s'exprimer. Même si *WWD* avait violé les règles de l'interview, il restait que Joan exprimait souvent trop candidement ses opinions sans prendre garde à la façon dont elles étaient perçues par ceux qui l'écoutaient. Une fois de plus, elle avait exagéré ses propres réalisations parce qu'elle avait besoin d'être approuvée. Bien loin d'être trop sophistiquée, «elle était souvent trop candide dans ses remarques et ses remarques exprimaient la grave insécurité dont elle souffrait à cette étape de sa vie». Car il était très peu certain non seulement qu'elle demeure la femme de Ted mais encore moins qu'elle devienne la première dame des États-Unis. Elle avait été surprise à un moment où elle était particulièrement vulnérable et tout aurait pu être réparé si elle avait accepté de s'excuser. Mais elle s'y refusait. Même si elle pouvait faire face à certains problèmes avec beaucoup de candeur, par contre il en existait d'autres dont elle refusait même de reconnaître l'existence.

Encore très mal à l'aise à cause de l'article du *WWD*, Joan se rendit à Cleveland afin d'y rencontrer Ted à une assemblée électorale. Elle était bien décidée à éviter soigneusement la presse. Une fois la réunion terminée, elle déclara qu'elle soupçonnait qu'on lui ait demandé de paraître à cette assemblée uniquement pour attirer les médias. Elle ne savait plus où était sa place dans la campagne. De plus, elle se sentait plus loin que jamais de son mari. Pour se consoler, elle chercha une compensation dans la nourriture.

Tandis qu'elle attendait son avion à l'aéroport de Cleveland pour retourner à Boston, elle apprit qu'il n'y aurait pas de repas servi à bord. Escortée de quatre policiers, elle chercha à travers tout l'aéroport une machine distributrice. Elle me dit qu'elle en avait finalement trouvé une. «J'ai acheté six barres de chocolat que j'ai mangées l'une après l'autre.» Encore mal dans sa peau, elle partit pour Washington quelques jours plus tard afin d'y attendre le résultat crucial des primaires du 3 juin. Cette journée allait être déterminante pour le reste de sa vie.

On fit le décompte des votes. Carter avait obtenu les 1666 délégués de la convention dont il avait besoin pour sa réélection même si Kennedy avait gagné dans le New Jersey, le Rhode Island, le Sud Dakota, le Nouveau Mexique et la Californie. Rejoignant Joan à Washington, Ted déclara qu'il allait poursuivre la lutte à la convention du mois d'août à New York et déclara à ses supporters:

«Cette nuit est la première nuit du reste de la campagne. Aujourd'hui, les démocrates de tout le pays n'étaient pas d'accord pour concéder à Jimmy sa nomination. Et je ne le suis pas non plus.»

Déprimée, Joan me téléphona de Washington. «Cette ville est si politisée et ils sont tous à couteaux tirés», me dit-elle, à la fois furieuse et frustrée. «Cette ville est décourageante... Nous avons gagné dans cinq États et ils persistent à dire que Carter est toujours en avance. Dieu que je déteste cette ville!»

Mais sa principale préoccupation était de savoir quel effet allait avoir la défaite de Ted sur leurs relations personnelles. Ils avaient demeuré quelque temps ensemble dans leur maison de McLean et Joan me dit: «Pendant les trois nuits où j'ai couché dans le même lit que lui, je n'ai pas réussi à fermer l'oeil.»

Le vendredi de cette même semaine, Joan était de retour à Boston et nous décidâmes d'aller à une assemblée d'anciens alcooliques. Le but de cette soirée était de réparer vis-à-vis des familles, des associés et des amis le tort qu'on avait pu leur causer à l'époque où l'on buvait. Joan parut préoccupée pendant toute la durée de la réunion puis elle voulut marcher jusque chez elle. Elle semblait de très mauvaise humeur. Elle me dit que cette discussion lui avait rappelé cette époque où on l'avait forcée à écrire une lettre d'excuses à Jackie et à sa belle-mère avant même qu'elle ait cessé de boire et combien cela lui avait été déplaisant. Sa colère était si intense que je me rendis compte qu'il s'agissait de bien autre chose que les fameuses lettres et qu'elle avait besoin d'en parler.

Nous nous arrêtâmes à une terrasse pour prendre un café. Je passai en revue plusieurs demandes d'entrevues émanant de journaux et de magazines. Joan n'arrêtait pas de remuer sa cuillère dans sa tasse, même une fois que son café fût devenu froid, et elle les refusa toutes. Puis, une fois de retour dans le hall de notre immeuble, elle m'avoua qu'elle songeait à demander le divorce. «Mon médecin croit que je devrais demander le divorce le plus rapidement possible», dit-elle. Avant même que j'aie eu la chance de lui répliquer quoi que ce soit, elle poursuivit: «Je connais des gens qui n'hésiteront pas à venir témoigner que je suis une bonne mère. Je vais être dure, je vais me battre pour Patrick.»

Je la regardais dans l'ascenseur en me disant que son extrême fatigue était peut-être avant tout à l'origine de sa décision. «Tu es certaine de ce que tu fais?» lui demandai-je.

«Il ne m'aime pas, dit-elle les yeux emplis de larmes. Il faut que j'accepte cette réalité.» Essuyant ses larmes du revers de la main, elle se redressa. «Mon médecin va cesser de me soigner. Si quelqu'un soupçonnait qu'il puisse m'avoir influencée, cela pourrait diminuer mes chances de gagner. Il me conseille de prendre un avocat très dur dans le style F. Lee Bailey, parce que je suis trop faible et que Ted va littéralement m'écraser.»

Au cours de toute la campagne, son médecin l'avait appuyée et protégée contre toutes sortes de pressions. Or maintenant que le sénateur était en voie de perdre ses élections, il encourageait Joan à poser un geste important et difficile, plus difficile que ce qu'elle n'avait jamais entrepris auparavant. Mais sans doute pensait-il qu'elle était prête à le faire.

Tandis que nous montions dans l'ascenseur, Joan me confia qu'elle aurait aimé que Patrick vienne à l'école à Boston et ne rejoigne son père que pour les week-ends. Elle assura que Ted était un très bon père mais que, malheureusement, il n'était pas souvent à la maison. Elle espérait également que Kara déciderait de venir poursuivre ses études dans la région de Boston.

Lorsque je lui demandai comment Ted réagirait à l'idée d'un divorce, elle me répondit: «Je sais qu'il va me promettre n'importe quoi... des maisons et la liberté d'avoir des aventures tant que je voudrai... n'importe quoi à condition que je reste mariée.»

Ce soir-là, nous parlâmes pendant près d'une heure de son divorce. Il était certain que si Joan restait mariée simplement pour faire plaisir aux autres, elle se priverait une fois de plus d'une liberté dont elle avait besoin et qui lui revenait de droit. Nous savions toutes deux que les femmes sont rarement heureuses dans le mariage lorsque l'amour n'est plus réciproque. Et avoir des aventures passagères ne pouvait satisfaire Joan pleinement. Même si le fait d'être l'épouse d'un Kennedy comportait bien des avantages, il fallait qu'elle pense à elle et à son propre avenir.

Mais elle s'inquiétait de son âge. «Je suis peut-être trop vieille pour penser au divorce, dit-elle. À mon prochain anniversaire, j'aurai quarante-quatre ans.»

«C'est toujours difficile quel que soit l'âge, répliquai-je, mais tes amies divorcées t'aideront à passer ce cap difficile. Et puis, je suis là, de même que...»

«Oh oui, je sais... tout le monde est divorcé!»

Joan s'inquiétait aussi du moment où elle annoncerait sa décision. Évidemment, elle ne pouvait rien faire jusqu'à la fin de la convention. Mais bien qu'il fût encore possible que Ted obtienne sa mise en nomination, Joan considérait cette éventualité comme si improbable qu'elle avait hâte de réorganiser sa vie comme s'il ne devait gagner au mois d'août.

Ce que Joan ne savait pas, c'était que Ted avait lui aussi des projets... dans lesquels le divorce n'était absolument pas prévu. Rick m'avait téléphoné confidentiellement quelques jours plus tôt pour me dire: «Accepterais-tu de déménager à Washington après la convention? Nous t'aiderions, tu sais.»

La demande était formulée si prudemment que je pus dire oui sans toutefois me prononcer définitivement. Mais je me rendis compte par la suite qu'on se servait peut-être de moi pour forcer Joan à retourner à Washington si Ted perdait. Un divorce pouvait affecter sa crédibilité et être éventuellement un obstacle à sa carrière politique. Apparemment, il tenait à maintenir l'image du couple uni que l'on avait créée durant la campagne.

Rick et moi tombâmes d'accord pour tenir cette requête secrète. Pour moi c'était très important pour deux raisons: il fallait que Joan prenne une décision sans que je l'influence; et d'autre part, je savais qu'elle serait terriblement déçue de sentir qu'elle avait toujours besoin de l'aide d'une autre personne. Si Joan décidait de retourner à Washington, ce serait à ses propres conditions. Mais je n'avais pas imaginé que l'une de ces conditions puisse être le divorce.

La curiosité du public incita *McCall's* à écrire un reportage sur Joan dans son numéro du mois de

juin: «Joan Kennedy: La vérité sur mon mariage.»
Dans une entrevue accordée à Myra MacPherson,
Joan déclarait qu'elle aimait beaucoup sa vie.
«Tantôt, je suis à la veille d'une victoire politique
et tantôt, j'assiste à une réunion des A.A.». Elle
niait la rumeur d'une chirurgie esthétique. «À la
date de ma prétendue hospitalisation, j'étais en
train de faire du ski avec des amies.» Au sujet de la
campagne, elle déclarait que c'était une des choses
les plus merveilleuses qui étaient arrivées dans sa
vie et qu'elle avait été très bénéfique pour son mariage. Et lorsque MacPherson insinua que sa présence auprès de Ted révélait plus qu'elle ne mas-
quait les failles de leur union, elle répondit avec
fermeté: «Nous sommes sincères vis-à-vis du public. Si on ne veut pas nous croire, cela n'est plus
notre problème. Nous ne pouvons rien y faire.»
Elle se montra également sur la défensive lorsqu'il
fut question du peu d'attention que Ted lui démontrait en public et MacPherson écrivit: «Sa façon
d'agir semble indiquer que Joan est toujours
amoureuse de son mari mais que Ted ne l'aime
plus. Lorsqu'on demande à Joan si elle va retourner à Washington advenant une défaite de Ted, elle
répond «oui» sans hésitation. Cependant lorsqu'on
pose la même question au sénateur, celui-ci répond: «Il faudra que nous en discutions.»

Maintenant que l'idée du divorce était bien an-
crée dans la tête de Joan, je compris que Ted devrait en discuter beaucoup plus qu'il ne croyait.

Au début du mois de juillet, Joan se rendit à Ran-
cho La puerto, au Mexique, pour se reposer et y
perdre du poids. Dès que le voyage fut connu, la

presse commença à dire qu'elle s'était remise à boire. Peut-être avait-elle été reconnue dans l'avion ou encore que quelqu'un l'avait-il vue dans l'établissement. En tout cas, AP envoya tout de suite un photographe au Mexique. Et lorsque la station thermale nia sa présence, cela ranima encore plus la curiosité du public.

Je reçus plusieurs appels de Boston, Washington et New York et un reporter très obstiné me téléphona cinq fois pour obtenir des renseignements. On me demandait: «Est-ce qu'il y a des agents avec elle?» «Pourquoi est-elle allée là-bas?» «Y est-elle déjà allée?» «Sa santé est-elle mauvaise?» «Combien de temps y demeurera-t-elle?» «À quels autres endroits est-elle allée avant?» «Est-elle très stressée?» «A-t-elle pris beaucoup de poids?» Pour éliminer toutes les spéculations au sujet de l'alcool, je m'empressai de faire savoir à tous mes correspondants qu'elle était en excellente santé. Malgré cela, les journaux s'empressèrent de monter des gros titres dans le genre: «Joan Kennedy s'est réfugié dans un centre de repos.» Dans le *Cincinnati Enquirer,* on pouvait lire: «La politique a été très dure pour Joan Kennedy» et dans le *Washington Star:* «Des amis de Joan Kennedy racontent comment la campagne de son mari a amené Joan Kennedy au bord de la dépression nerveuse et à aller se reposer dans une station thermale.»

Comme Joan ne pouvait recevoir d'appels téléphoniques, nous nous étions arrangées pour qu'elle puisse me joindre à certaines heures à mon appartement de Boston. Juste après le week-end du 4 juillet, elle m'appela: «Je suis dans une cabine téléphonique et j'ai dû marcher un mille pour y arriver. C'est le bout du monde... on dirait un désert!» Elle était furieuse que la presse ait découvert sa retraite. Le croirais-tu? tandis que je faisais du «jogging», des caméras de télévision me suivaient!»

Elle était aussi ennuyée du fait qu'on avait décrit la station thermale comme un endroit très snob. «Si l'on veut à tout prix écrire sur ma vie ici, qu'on leur fasse savoir que je me lève à 5h30 pour escalader la montagne! Si les reporters appellent, dis-leur combien mon emploi du temps est rigoureux!» Je lui promis de le faire.

Je révisai avec elle la liste des tâches qui nous attendaient à son retour et Joan me demanda d'obtenir tous les renseignements possibles au sujet de la «Rose Parade». Il s'agissait de la célébration du quatre-vingt-dixième anniversaire de Rose Kennedy qui devait avoir lieu en juillet. Joan désirait savoir qui serait présent, ce qu'elle devrait faire et porter. Puis elle me parla d'un voyage en Grèce qu'elle comptait effectuer après la convention. «Il faut que tu me trouves toutes sortes de livres sur la Grèce. Je veux être parfaitement préparée comme si je devais passer à une émission importante, genre «Good Morning America». Le personnel de Ted doit m'aider.»

Alors que je consignais par écrit tout ce qu'elle me disait, Joan se souvint de l'anniversaire de Patrick. «Pourrais-tu lui faire parvenir ce télégramme pour le 13 juillet? Voilà le texte: «Mon cher Patrick, bon anniversaire à mon nouvel adolescent. Des pensées d'amour de maman, de Mexico.»

Puis elle me dit finalement: «Je commence à fantasmer sur les hommes. Que vais-je faire?»

«Nous pourrions aller aux concerts Pop, sur le bord de la rivière. Est-ce que cela te plairait?» demandai-je.

«Oui... peux-tu me présenter quelqu'un?»

«Je connais quelqu'un de très bien pour toi», lui répondis-je et je promis de tout arranger.

Lorsque Joan revint, elle continua à faire ses exercices et son jogging avec moi. Pendant que nous courrions, les gens nous saluaient en souriant.

Un matin, alors que nous venions de nous arrêter pour reprendre notre souffle, elle me dit:

«Je suis un peu fâchée contre toi, tu sais.»

«Pourquoi?» demandai-je.

«Parce que tu dis à tout le monde que je suis en excellente santé et que cela les incite à croire le contraire.»

Je dus admettre qu'elle avait raison... du moins dans son cas.

Le samedi soir, avant de nous rendre au concert Pop, Joan descendit chez moi et admira le panier de pique-nique que j'avais préparé, rempli de nourriture, de nappes, de serviettes, d'assiettes, de verres, de bouteilles de Perrier et d'autres boissons pour les hommes. Elle portait un très beau pantalon blanc et semblait aussi excitée qu'une écolière en vacances. Lorsque les hommes arrivèrent, deux amis de longue date de ma famille, nous nous dirigeâmes tous les quatre vers la rivière avec notre panier et des couvertures en plaid bleu. Il faisait très beau. Comme nous étendions les couvertures sur le gazon, des têtes se tournèrent en notre direction. Plusieurs personnes avaient reconnu Joan et passaient sans doute des remarques parce qu'elle était avec un homme qui n'était pas son mari. Des policiers passant par là murmurèrent quelque chose après avoir regardé dans notre direction. Le concert commença, tandis que nous déballions nos provisions. Joan semblait ne pas se rendre compte de l'attention dont elle était l'objet. Elle parlait, riait et se rapprochait affectueusement de son nouvel ami comme si elle avait été seule. Elle était une célébrité et acceptait l'idée que les gens la dévisagent et passent des commentaires même si cela était un peu plus difficile à admettre pour la personne qui l'accompagnait.

Le dimanche, Joan se prépara à marcher aux côtés de Ted dans la «Rose Parade» à Boston. Des parades similaires avaient été organisées dans d'autres villes du Massachusetts... Hyannis, Lowell, Springfield, Taunton et Worcester et le sénateur avait décidé d'assister à la plupart d'entre elles. Mais Joan ne se sentait capable que d'assister à une seule, celle de Boston qui commençait à 3h30.

Le sénateur sembla brusque et impatient lorsqu'il se présenta à l'appartement de Joan pour venir la prendre. Ils voyagèrent en cortège, accompagnés de Kara et de Patrick jusqu'au lieu de rassemblement. Il faisait une chaleur torride ce jour-là. Kennedy avait déjà déambulé dans sept parades. Sa chemise bleue pâle était trempée de sueur et ses cheveux brillaient au soleil. Mais son irritation avait disparu, remplacée par un sourire cordial. Contrastant beaucoup avec lui, Joan semblait très fraîche et reposée dans sa robe de coton. Puis la famille se mit en marche. Se pressant les uns contre les autres, ils marchèrent le mille et demi qui les séparait du port.

Ensuite, Ted monta sur une plate-forme spécialement aménagée à cet effet qui dominait le port de Boston, et fit un discours en l'honneur de sa mère qui était demeurée à Hyannis Port pour des raisons de santé. Ensuite, comme son médecin lui rappelait qu'il avait omis de parler de Joan, il remonta sur la plate-forme pour lui rendre hommage à son tour. Quelques minutes plus tard, elle se leva pour couper un gâteau de sept pieds de hauteur. Encore une fois, à l'occasion d'une importante cérémonie, elle avait accepté de se trouver aux côtés de son époux.

Après s'être arrêté à l'appartement de Joan, le groupe se retrouva quelques heures plus tard à la bibliothèque Kennedy. Ted prononça un nouveau discours. Il fit l'éloge de sa mère en n'oubliant pas cette fois de mentionner Joan. Mais durant la réception qui suivit, Joan sembla distraite et nerveuse. Finalement, elle me dit qu'elle voulait partir avant qu'on ne visionne les films sur la vie de Rose parce qu'elle tenait à assister à une réunion des AA.

L'un des chauffeurs du cortège accepta de nous reconduire à Boston et Ted nous accompagna jusqu'à la sortie. Je m'installai dans la limousine mais, au lieu de me suivre, Joan se dirigea vers l'océan, suivie de Ted. Ils s'arrêtèrent et parlèrent longuement. Après plusieurs minutes d'une conversation animée, Ted rentra précipitamment dans la bibliothèque et Joan me rejoignit dans la limousine. Elle pleurait. Un peu plus tard, elle me raconta ce qui s'était passé. Cet après-midi-là, après la «Rose Parade», lorsque Ted et elle se retrouvèrent ensemble à l'appartement, Joan décida de lui parler. Elle voulait voir ce qu'il pensait d'elle et quel rôle il pensait lui attribuer à l'avenir. «Il était dans son bain, dit-elle. Je me suis assise sur le siège des toilettes. C'était la seule façon pour qu'il me parle vraiment. Je lui ai dit que j'allais rester à Boston et écrire des articles. Il n'a rien dit. Pas un mot. En ce qui me concerne, tout est bien fini.»

Elle recommença à pleurer et ne reprit contenance que lorsque l'automobile s'engagea sur l'autoroute en direction de Boston.

«Quand il prétend que je suis son meilleur allié dans la campagne parmi les membres de sa famille, il ne le pense pas... c'est juste un truc politique», dit-elle finalement en ajustant les plis de sa robe de coton.

«Il le croit parce que c'est vrai!» lui dis-je.

Elle se tourna vers moi, et un éclair traversa ses yeux bleus verts. «Il dit que je ne pourrais pas aller en Grèce.»

«Alors où peux-tu aller?» lui demandai-je.

«Je peux prendre des week-ends avec des amis... je rencontrerai des gens chics et je me referai une nouvelle vie de célibataire, mais cela prendra du temps», dit Joan tristement.

«Il m'a dit que je pourrai aller en Europe en janvier pour donner un papier à l'Unesco ou quelque chose comme ça et qu'ensuite je pourrai faire un voyage pour moi-même... mais pas tout de suite.»

Le chauffeur nous conduisit à Boston, au Centre d'éducation pour adultes où se tenait la réunion. Nous prîmes place dans la dernière rangée. Joan avait les yeux clos et son mascara coulait sur ses joues. Je compris qu'elle n'écoutait pas ce qui se disait sur la scène.

Plus tard, alors que nous déambulions lentement le long des murs de briques de la Commonwealth Avenue, Joan me dit: «Maintenant je ne vois plus les choses de façon aussi négative. Ces compliments qu'on m'a faits aujourd'hui et la presse qui ne cesse de s'intéresser à moi... Tout cela m'a rappelé d'où je venais.»

«Et rien ne s'arrange en buvant, ajoutai-je. Aucune situation, aussi difficile soit-elle, ne peut s'améliorer grâce à l'alcool.»

«Je sais, dit Joan en rejetant ses cheveux en arrière. Tout ira bien. J'avais l'habitude de me sentir inférieure, la brebis galeuse de la famille, mais maintenant je commence à m'aimer moi-même.»

Je me souvins alors d'une promenade de ce genre que nous avions faite quelques semaines plus tôt, au cours de laquelle elle m'avait annoncé qu'elle songeait au divorce. Il était évident qu'elle n'en avait pas encore parlé à Ted. Elle marchait toujours aux côtés de la famille comme une épouse obéissante.

Je me demandai alors si elle pensait qu'une réconciliation était encore possible entre elle et son mari ou si elle voulait simplement gagner du temps.

13

JOURS DIFFICILES

*«Lorsque Ted et moi allions
à l'étranger, il fallait que
je m'enivre avant de partir.
Et ce n'était pas parce que
je craignais de rencontrer
de Gaulle ou quelque autre
grand personnage... Une fois rendue
là, je ne buvais pas. J'étais
une dame.»*
— Joan.

Les deux semaines qui précédèrent la Convention nationale démocrate à New York, furent très difficiles pour Joan. Elle était bien consciente qu'elle devait revoir Ted et faire face à son avenir. Mais alors que la course à la présidence, tout comme son mariage, semblait se terminer, elle parlait des hommes sans arrêt... de ceux qu'elle avait connus et de ceux avec lesquels elle sortait présentement. Nos conversations étaient toujours colorées de ses fantasmes.

«Pour commencer, disait-elle, il y a les hommes puissants, riches, célèbres et importants. Avec eux la vie est excitante mais une fois que les applaudissements se taisent, il ne reste plus rien. Ensuite, il y a les idéalistes, les rêveurs, gentils, encourageants et merveilleux au lit.» Ayant déjà expérimenté la première catégorie avec Ted, maintenant, elle penchait plutôt vers la seconde.

Deux hommes en particulier avaient su séduire Joan. Elle avait rencontré l'un d'eux à une réception à New York. «Il mesure six pieds et est le plus bel homme qu'on puisse imaginer. C'est un écrivain. Il a gagné plusieurs prix bien qu'il n'ait que trente-trois ans. Je l'ai rencontré il y a trois ans et je l'ai trouvé divin. Naturellement, je n'avais jamais pensé à lui comme à un amant possible. Dans ce temps-là, j'aurais plutôt choisi un gros homme laid et chauve. Mais au cours des deux prochaines années, je vais sortir avec beaucoup d'hommes. Je me sens assez bien pour supporter le stress de recommencer à sortir avec des hommes. Mais je ne veux pas être une femme facile.»

Si Joan divorçait de Ted, il lui faudrait tout recommencer à neuf... et ses anxiétés au sujet de la présence éventuelle d'hommes de sa vie étaient bien compréhensibles. De nombreuses femmes devant faire face à un divorce se demandent si elles referont leur vie seules ou si elles se remarieront. Mais je pensais que le discours de Joan était plutôt celui d'une petite fille des années cinquante qui jouait les difficiles. Toutefois c'est ainsi qu'elle considérait son rôle dans la vie d'un homme. Je lui dis alors: «Si tu comptes sortir avec des hommes, il faudrait peut-être commencer par obtenir une séparation légale. Plus tard, si tu désires te remarier, tu pourras toujours demander ton divorce.»

«Tu es géniale! s'écria-t-elle. Pourquoi est-ce que je paie des sommes fabuleuses à des professionnels alors que c'est toi qui m'apportes finalement les meilleures solutions!»

Après une brève période de repos à Cape, Joan se sentit prête pour affronter la convention.

Lorsqu'elle arriverait à New York, elle voulait que les conseillers de Kennedy lui apportent toute la documentation dont elle avait besoin pour répondre aux questions des interviewers que ce soit à la télévision ou dans la presse écrite. Mais bien qu'elle se soit remise sérieusement au travail, elle n'en continuait pas moins à rêver d'une nouvelle vie et à d'amants éventuels.

«À chaque heure du jour, je rêve de nouvelles façons de rencontrer des hommes, me disait-elle avec un regard rêveur. Je n'arrive pas à oublier cet écrivain de New York.» Ensuite elle retournait aux choses sérieuses.

Mais le jour qui précéda le départ de Joan, elle devint soudainement très inquiète à l'idée de la convention et de l'effet décisif que ses paroles pouvaient avoir sur les résultats finaux. Lorsque je terminai mon travail ce soir-là, vers neuf heures, je montai la voir. Elle venait seulement de se lever et avait à peine commencé à faire ses bagages. Une grande valise vide était ouverte sur son lit et d'autres gisaient sur le plancher. Je dressai avec elle la liste des tâches qui l'attendraient le lendemain et l'aidai à faire ses valises.

«J'ai commencé à penser à mon avenir et à renoncer au passé, dit-elle, et particulièrement à mes voyages avec Ted.» Reprise par ses anciennes terreurs, Joan parlait sans arrêt comme elle le faisait chaque fois que l'anxiété la gagnait. «Je vais apporter tant de bagages que tu n'en croiras pas tes yeux!» poursuivit-elle en enveloppant deux autres robes dans une housse en plastique transparent. «Avant d'entreprendre un voyage, Ted me disait toujours: «Seigneur... on dirait que tu apportes des valises pour le reste de ta vie!» Il avait raison. J'emportais toutes mes affaires comme si j'allais mourir. Et pourtant, elles étaient intactes à mon retour. Je passais mon temps à appeler les membres de ma famille comme si je ne devais jamais les revoir. Avant de partir avec Ted à l'étranger je devais m'enivrer et ce n'était pas parce que je craignais de rencontrer de Gaulle ou quelque autre grande personnalité. Une fois rendue là-bas, je ne buvais plus, j'étais une dame.

«Après que tu m'eus laissée ce matin, poursuivit-elle, je me suis dit: «Joan Kennedy... tu es vraiment malade.» Je suis sortie et j'ai mangé trois sundays au chocolat chaud et rapporté encore de la crème glacée à la maison. Une fois que j'ai eu commencé, je ne pouvais plus m'arrêter. C'était comme boire un premier verre. Et après être revenue de chez mon médecin, je me suis arrêtée dans un restaurant italien pour acheter deux énormes sous-marins. J'ai tout mangé dans le terrain de stationnement. Ensuite je me suis sentie dans une forme épouvantable et je suis allée me coucher.»

Puis elle me dit enfin ce qui la troublait tant. Après avoir cru pendant des semaines que Ted allait perdre, elle s'était mise à craindre ce que lui réserverait l'avenir advenant le cas non seulement d'une nomination mais également d'une victoire aux élections présidentielles.

Je connaissais l'ambivalence de Joan. Elle aimait rêver qu'elle deviendrait la première dame et habiterait la Maison Blanche. Elle espérait également que cela pourrait les réconcilier, Ted et elle. Mais en même temps, l'idée de perdre son indépendance toute nouvelle l'effrayait.

«Je suis terrifiée à l'idée que je n'aurai plus de liberté, dit-elle. C'est ce qui m'inquiète. Je m'imagine quittant en douce la Maison Blanche car je n'arriverai pas à m'habituer à tous ces devoirs ennuyeux si je ne sais pas que je pourrais rencontrer un amoureux, à sept heures.»

Elle continua à me parler de ses fantasmes, comment elle rendrait les agents de sécurité complètement fous à cause de nos escapades. Elle continua à rêver quelque temps puis elle se mit à rire d'elle-même. Je ris avec elle mais je ne pouvais m'empêcher de sympathiser avec elle pour ce besoin si grand qu'elle avait d'être aimée, quel que soit ce que lui réservait l'avenir.

Le jeudi, Joan s'envola pour New York où elle devait demeurer dans l'appartement de Rose Kennedy, à Central Park South. En prévision de son arrivée, on avait rempli le réfrigérateur de liqueurs douces, de dîners congelés et de fromage cottage. Elle préférait la solitude, loin de l'excitation du Waldorf, le quartier général des Kennedy, et ne voulait pas loger à cet hôtel où plusieurs délégués habiteraient.

Elle désirait également arriver à l'avance afin d'être bien reposée pour les cérémonies d'ouverture de la convention qui devait commencer le lundi suivant.

Je me rendis à New York le vendredi après-midi et m'installai dans l'appartement d'une amie avant de me rendre au Waldorf pour rencontrer Joan.

Le sénateur habitait une suite tout au bout du corridor au seizième étage. On avait logé son personnel dans de petites chambres le long du couloir et on avait réservé une grande pièce pour y installer les machines à écrire et tout ce dont on avait besoin pour constituer un bureau.

Deux étages plus bas, les mêmes genres de bureaux avaient été aménagés dans une pièce encore plus vaste. Des douzaines de bénévoles et employés répondaient aux téléphones et aux questions des délégués.

Lorsque j'arrivai au seizième étage ce soir-là Joan m'annonça qu'elle avait changé d'idée et qu'elle s'ennuyait trop dans l'appartement de Rose.

«Je manque toute l'action! me dit-elle en guise d'explication. Pourrais-tu faire déménager mes affaires au Waldorf?» On alla chercher ses bagages et je l'aidai à déballer ses valises dans une charmante chambre couleur lavande et blanche communiquant avec celle du sénateur.

Joan semblait en pleine forme et avait hâte de vivre les jours à venir. La politique et la convention semblaient moins importantes pour elle que le fait de retrouver sa famille. Mais une fois de plus, elle était prête à jouer son rôle. En premier lieu, sur son agenda figurait une entrevue pour le lendemain matin dans les studios de la chaîne NBC avec David Brinkley et John Chancellor.

Lorsque je retournai à la suite du sénateur, ce matin-là, Joan m'appela dans sa chambre et tandis qu'elle finissait de se coiffer, elle répéta les réponses aux questions qui pourraient lui être posées.

Lorsque nous arrivâmes à la salle Louis XV du Waldorf, on nous appela de la salle de contrôle pour nous dire que Brinkley et Chancellor commenceraient avec le sénateur, puis l'inviteraient à se joindre à eux. L'interview commença. Nous regardions sur le moniteur le sénateur qui répondait aux questions qu'on lui avait si souvent posées auparavant. À chaque minute, Joan passait sa main sur ses cheveux et jetait un coup d'oeil à son miroir pour vérifier son maquillage. Soudain nous réalisâmes que l'entrevue était terminée. On avait tout bonnement oublié de l'appeler.

Joan sourit gentiment et tendit la main à tout le monde avant de se retirer. Ted fit bien attention de ne pas l'oublier afin qu'on les voie partir ensemble. Mais de retour dans sa chambre, le sourire de Joan s'effaça. «Peut-on croire une chose pareille? s'exclama-t-elle, laissant libre cours à sa colère.

J'étais mieux préparée que jamais et on ne m'a même pas laissé la chance de placer un mot!»

Je tentai de la consoler en lui disant que le temps passe rapidement lorsqu'on est en ondes, mais je me demandai tout de même si cet oubli n'avait pas été voulu.

Je laissai Joan au salon de coiffure Elizabeth Arden et me rendis à un déjeuner d'affaires en compagnie de Nancy Korman, propriétaire d'une importante firme de relations publiques de Boston. Nancy avait travaillé très fort pour Ted à Boston et à Cleveland et avait amassé beaucoup d'agent pour sa campagne. Elle était également très amie avec lui. Nous avions choisi un petit restaurant grec. Nancy me tendit un article qu'elle avait écrit, qui devait paraître le 3 août dans le *Boston Herald*, et qui s'intitulait: «Les femmes dans la campagne Kennedy... tant de questions encore sans réponses.»

Certes, plusieurs porte-parole de mouvements féministes comme Barbara Mikulski, Bella Abzug, Gloria Steinhem, Shirley Chisholm et Midge Costanza avaient appuyé la cause de Ted Kennedy et lui-même avait travaillé très fort à la reconnaissance des droits des femmes mais l'article de Nancy posait la question suivante: les déléguées féminines l'appuyeraient-elles à la convention? Nous n'en savions rien encore.

Puis Nancy et moi parlâmes des effets que la campagne avait sur Joan. «Elle a découvert le mouvement féministe», dit Nancy. Elle a appris que les femmes ne sont pas seulement de charmants ornements. Elles sont une force de frappe. Je suis convaincue que Joan a apporté beaucoup à cette campagne et a appris à affronter tous les sujets.»

Je l'approuvai. Lorsque Nancy me demanda ce que je pensais des relations entre Ted et Joan, je lui répondis: «Je suis convaincue qu'elle tient toujours à lui et ne voudrait pas mettre fin à son mariage.»

«Alors dis-lui d'aller au-devant de lui et d'essayer de le reconquérir», me suggéra-t-elle.

Je respectais l'opinion de Nancy mais je me demandais si elle croyait vraiment qu'il existait toujours un espoir de sauver leur couple après tout ce qui s'était passé. Elle était peut-être plus objective que moi étant donné qu'elle avait travaillé avec chacun d'eux. Mais elle n'était pas sans savoir combien il s'était montré distant pendant toute la campagne. Elle n'ignorait pas non plus qu'il avait d'autres femmes dans sa vie. Joan elle-même était au courant et même si cela la blessait terriblement, elle avait fait en sorte de l'accepter et même de blaguer sur ce sujet. «Il y a toujours un collaborateur qui fait descendre une femme de chez lui tandis qu'un autre en fait monter une nouvelle», m'avait-elle dit un jour.

«Y avait-il quelque espoir que cela puisse changer à l'avenir? Nancy et moi étions cependant d'accord sur une chose. Il était bien évident que les nombreuses aventures du sénateur avec d'autres femmes qui ne lui demandaient ni de s'engager ni même de les aimer, la protégeaient en quelque sorte. Nous comprenions qu'ayant été tellement éprouvé au cours de sa vie, il avait besoin de créer cette sorte de mur autour de lui. Mais ce mur, nous en avions bien peur, exclurait toujours Joan.

Cet après-midi-là, Joan prit une journée de congé et alla faire une promenade avec Patrick pour aller admirer la fameuse horloge du Biltmore Hôtel près de laquelle Ted lui donnait toujours rendez-vous lorsqu'il la courtisait. Dans cette même vague nostalgique, elle nous emmena, Nancy et moi, à la salle de bal du Waldorf, où elle avait fait ses débuts. Et ce soir-là, elle fut enchantée de voir arriver Ted et Kara.

Toute la famille assista à la messe à St-Patrick le dimanche matin, réunie pour la première fois depuis des semaines. Mais ils étaient entourés des membres du service secret, tous les yeux étaient rivés sur eux et des dizaines de photographes étaient postés à l'entrée de la cathédrale. «N'arriveront-ils donc jamais à passer quelque temps ensemble dans l'intimité?» me dis-je en considérant toute cette foule de curieux. Ou était-il déjà trop tard?

L'événement majeur suivant fut une levée de fonds au Schubert Theater: «Broadway accueille Kennedy. Une soirée avec des compositeurs et des poètes lyriques» présentée par Lauren Bacall. Cet après-midi-là, je me rendis au théâtre avec Mark Brand pour nous familiariser avec l'organisation de la soirée, puis nous nous arrêtâmes chez Lindy's. Nous prîmes place à une petite table et de vieux serveurs nous apportèrent des sandwiches et des gâteaux au fromage. Ils étaient là depuis si longtemps qu'il n'y avait plus une seule figure célèbre qui réussissait à les impressionner.

Soudain Mark se pencha vers moi et me regarda droit dans les yeux. «Tu sais que nous allons perdre, n'est-ce pas?»

Je fis un signe affirmatif sans même oser le dire à voix haute. J'étais fascinée de voir combien de gens continuaient à travailler d'arrache-pied tout en sachant à l'avance que la bataille était perdue. Ma cause à moi était plus personnelle. Le bien-être de Joan était ma préoccupation première de même que sa victoire sur l'alcoolisme. Je lui demandai alors pourquoi tant de personnes étaient aussi dévouées à la cause de Kennedy. Il réfléchit un instant et me répondis: «Certains voient déjà leur nom sur une porte, d'autres voient cela comme un cirque qui fait son entrée en ville, il y a aussi les inconditionnels qui sont entièrement dévoués aux Kennedy, tandis que d'autres voient là un moyen de fuir leurs propres problèmes.»

Je lui demandai alors si la campagne avait été bien orchestrée. «Le problème de cette campagne, me dit-il, c'est qu'il y avait trop de comités, trop de familles de comités, trop de comités d'État, de comités de ville, et au-dessus de tout cela, une machine pas assez puissante pour tout contrôler. Mais on a déployé énormément de talents. Les gens ont été merveilleux. J'ai rarement vu une campagne impliquant si peu de sexe.»

Sa remarque m'étonna et je lui demandai de s'expliquer.

«Tu sais... dit-il en haussant les épaules, le candidat avec ses collaboratrices, les collaboratrices avec le service secret, le service secret avec l'épouse et tout le reste...»

Je n'avais jamais songé à cela et je venais une fois de plus de constater combien naïve je pouvais être en politique.

Ce soir-là, Joan arriva à dix-neuf heures au théâtre Schubert. Entourée par presque tout le clan Kennedy au grand complet, elle prit place au premier rang, près de la scène. Le siège à côté d'elle était vide car Ted tenait à assister au Black Caucus au New York Statler et à visiter ensuite la délégation de Pennsylvanie au Roosevelt. Il serait donc en retard. Le concert commença sans lui et à la demande d'une femme faisant partie de l'équipe de Washington, je me glissai jusqu'au siège avant du sénateur. Lorsque Ted arriva finalement, il monta rapidement sur la scène en compagnie de Joan et parla à ses supporters. Puis il redescendit et durant l'entracte j'accompagnai Joan dans les coulisses afin d'y rencontrer Lauren Bacall, puis Sammy Cahn et Jule Stein qui figuraient aussi au programme.

Nous demeurâmes dans les coulisses pendant tout le reste du spectacle puis, avant de faire son entrée sur la scène pour y jouer «West Side Story», Leonard Berntein demanda à Joan si elle voulait s'asseoir près de lui pour lui tourner les pages. Elle accepta mais fut si nerveuse en tournant les pages que souvent elle le faisait trop tôt ou trop tard et qu'il devait l'aider. L'auditoire adora ce moment. À la fin de la soirée, une réception fut offerte aux artistes par Jean et Steve Smith. Joan devait se rendre à un caucus féminin au Copacabana mais à la dernière minute elle changea d'idée et décida de ne pas y aller. Nous nous arrêtâmes quelques instants au Madison Square Garden pour jeter un coup d'oeil rapide au hall de la convention puis nous nous rendîmes à la réception des Smith. Joan parla avec les illustres invités jusqu'à minuit mais elle ne semblait pas tellement à son aise. Sans doute songeait-elle à la Convention qui marquerait peut-être un nouveau début de sa vie avec Ted ou la fin de leur couple.

Puis, ce fut le point culminant au Madison Square Garden où commença la Convention nationale démocrate de 1980. Le service secret conduisit Joan à travers la foule dense le lundi après-midi. Elle prit place avec ses enfants sur le premier rang de sa loge et je m'assis avec quelques membres du personnel deux rangs derrière elle. Des femmes de politiciens comme Percy Rockefeller furent escortées jusqu'à Joan et vinrent la saluer. Shelly Winters vint s'asseoir à côté de nous pendant quelques instants puis arriva le célèbre Oscar de la Rentas. Les caméras de télévision se braquaient continuellement sur Joan. Ce serait sans doute la performance la plus longue et la plus exténuante de sa carrière politique.

La couverture par les médias était intense mais l'issue demeurait bien incertaine.

Au début, Joan semblait radieuse et encore pleine d'espoir. Malheureusement après quelques heures, le doute n'était plus permis: Carter avait défait Kennedy. Ce dernier était vaincu et on annonça aux délégués incrédules que le sénateur se retirait de la course. Ni Joan ni moi n'avions été mises au courant de sa décision et c'est avec beaucoup de difficulté que tous les collaborateurs durent admettre que tous ces mois de travail intense venaient de se solder par un échec. L'une des femmes qui s'étaient occupées des relations avec la presse dit tout haut ce que beaucoup pensaient en silence: «C'est malheureux qu'il ait perdu mais, Dieu merci, au moins il est toujours vivant!»

Avant même la fin de la convention, les enfants étaient repartis pour Washington et la majorité des membres de l'équipe étaient occupés à préparer leur départ. J'aidai Joan à faire ses valises car elle devait se rendre à leur maison de Virginie et le lendemain, je repartis pour Boston. Lorsque je lui parlai de nouveau au téléphone, elle me raconta que Ted l'avait abandonnée soudainement à Montauk, la laissant se rendre seule à Cape.

C'était vraiment la fin du rêve de Joan de devenir la première dame des États-Unis, la fin aussi de ses espoirs de réconciliation avec son mari. Elle avait maintenant deux alternatives: demeurer l'épouse fidèle mais solitaire et sans amour ou faire face à un divorce qui l'effrayait. Mais elle n'avait plus le choix. Il lui fallait prendre une décision.

14
LE CHOIX

*«Jackie me dit de ne pas
m'en faire pour Ted, que
tout ira bien pour lui.
Elle m'a conseillé de
m'occuper de moi.»*
— *Joan.*

Joan était maintenant à Cape. Incapable d'aller à l'étranger comme elle l'aurait souhaité, elle se retrouvait sans aucun rendez-vous ni entrevue à accorder à qui que ce soit. Il ne lui restait que les tâches familiales et domestiques que doivent accomplir toutes les femmes. Elle était libre, mais encore une fois, seule et sans but.

Elle me téléphona plusieurs fois au cours du mois d'août. Je travaillais toujours pour elle, m'occupant de la presse et de la correspondance, mais elle n'avait rien à faire. Ses nombreux coups de téléphone dénotaient son besoin de parler à quelqu'un qui comprenne son dilemme.

Un après-midi, alors que j'étais en train de travailler à mon bureau, le téléphone sonna. C'était encore Joan. «Je me sens tellement perdue, me dit-elle. Je me lève, je vais faire une promenade et essaie de faire toutes sortes de choses. J'ai vraiment besoin de partir pour quelque temps.» Mais tandis qu'elle me parlait j'étais étonnée par la facilité avec laquelle elle semblait accepter sa situation. «Tu sais, dit-elle, je ne suis même plus furieuse. Il faut maintenant que je me concentre sur ce que je veux vraiment faire, il faut que je découvre ma véritable identité. Ma vie est pareille à ce qu'elle était il y a quinze ans. Je peux faire ce que je veux. Ted dit qu'il veut pratiquer le droit à Miami ou aller en Californie pour se reposer. Mais il n'a pas besoin d'aller où que ce soit; et c'est peut-être aussi mon problème.»

Joan n'avait nullement l'intention de rester là à s'apitoyer sur son sort. Ted lui avait promis qu'elle pouvait utiliser son bateau si elle voulait donner une réception et Joan parlait maintenant d'y emmener un nouveau compagnon.

«Je veux rencontrer beaucoup d'hommes, dit-elle. Un tous les soirs. Je me demande quelquefois si je ne vais pas mourir dans la solitude.»

Je lui conseillai d'attendre un peu mais elle n'était pas d'accord. «Parfois je me demande: qu'est-ce qui presse tant? Mais par contre, d'autres fois, je me demande: qu'est-ce que tu attends? Le seul que je connaisse vraiment est Gordon. Il faut que je rencontre d'autres hommes.»

Puis elle se mit à rire. «Tu crois que je ne choisis pas? Mais ce n'est pas cela. Comment savoir qu'il s'agit du bon si l'on n'a pas le choix?»

«Je comprends, dis-je, mais je continue de penser que tu devrais attendre encore un peu.»

«Est-ce que j'en demande trop?» me dit-elle.

«Bien sûr que non», répondis-je en me souvenant que Joan avait déjà appelé Ted «l'homme de cinq minutes».

«Mais comprends que tu ne peux aller nulle part sans être reconnue. Tant que tu seras mariée, il te sera difficile de rencontrer d'autres hommes.»

L'orage qui sévissait à l'extérieur nous empêchait de très bien nous comprendre. Je dus raccrocher mais non sans avoir planifié la fameuse réception qu'elle voulait donner à bord du bateau de Ted.

Le jour de cette réception, tout le monde était d'excellente humeur. Les invités arrivèrent au Hyannis Port Yacht Club. Plusieurs d'entre nous ne s'étaient plus revus depuis la campagne et ce fut une réunion très agréable.

Kendall, le capitaine, prit la barre et bientôt le bateau s'avança lentement dans la brise en direction de Matha Vineyard. Irene avait préparé des tomates farcies, de la salade de homard, un chowder et du café que je servais sur le pont inférieur. Kendall parlait de navigation avec quelques invités. Joan accueillait ses invités, passant d'un groupe à l'autre. Elle était ravissante, légèrement bronzée et portait les couleurs du club nautique, un pantalon blanc et un sweater bleu marine.

Kendall l'appela: «OK, c'est maintenant votre tour, Madame Kennedy.» Joan sourit et prit la barre. Puis le capitaine guida le bateau dans le port lorsque nous revînmes et une chaloupe nous ramena sur la terre ferme. Tout le monde avait passé une excellente journée et Joan encore plus que les autres, semblait-il.

Le lendemain, je l'appelai de Boston pour parler de la réception de la veille. Elle ne semblait pas très heureuse et j'entendais de la musique forte. «Tu ne le croirais pas, dit-elle, la maison est pleine de gens. Kara et Teddy ont emmené leurs amis ici et ils sont presque tous en train de baiser!» Puis notre conversation revint sur la réception de la veille. Naturellement, elle commenta l'allure et les manières de quelques invités masculins qui avaient attiré son attention.

À la fin de l'été, une lutte silencieuse s'engagea entre Ted et Joan pour l'utilisation de la maison et du bateau. Joan voulait qu'il lui donne une liste précise de ses besoins de façon qu'elle puisse en profiter elle aussi.

«Je ne veux aucune mauvaise surprise», dit-elle. J'appelai donc Rick puis je fis mon rapport à Joan. C'était la seule forme de communication qui demeurait entre eux.

Joan était bien consciente que cette situation ne pouvait continuer mais elle était toujours déchirée au sujet de son divorce. Elle avait besoin dans sa vie affective de faire plus que ce genre de mariage qui n'en était plus un; par contre, elle n'arrivait pas à se décider.

«Quelquefois, je me dis que je dois divorcer. Mais tout de suite après, je me dis: «Espèce d'idiote, combien de femmes dans le monde donneraient tout ce qu'elles ont pour être mariée à Ted Kennedy?» Mais où est donc mon courage?»

«Je sais que c'est angoissant, lui dis-je. Après tout, tu as été mariée pendant plus de vingt ans. Pour moi, le fait de prendre la décision a été le moment le plus pénible de toute la période de mon divorce. Mais tu as changé et Ted aussi a changé. Ne vous serait-il pas possible de vous asseoir ensemble et de discuter de tout cela?»

«Je ne le crois pas, répondit-elle tristement. Son indifférence a été pour moi comme un coup de couteau en plein coeur, mais maintenant je ne ressens plus rien. Seulement une grande indifférence. Et si je ne divorce pas, comment ferai-je pour rencontrer d'autres hommes?»

«Tu ne le pourras pas.»

Deux jours plus tard, elle me téléphona. «Voilà ce que j'ai fait, me raconta-t-elle. Je suis entrée dans le salon. Il était assis dans un fauteuil. Je ne me souviens même pas s'il regardait la télévision. Je ne lui ai même pas apporté une bière. Je lui ai seulement dit : «Comment vas-tu accepter ce que je vais te dire ?» «Oh... et de quoi parles-tu ?» m'a-t-il demandé.»

«Je veux divorcer!»

Il n'a pas dit grand-chose, sauf qu'il allait emmener Patrick à Nantuckett le lendemain à huit heures, qu'il serait absent jusqu'à vendredi dix-huit heures et qu'il y penserait au cours de son voyage.» Elle fit une pause. «Mais maintenant je suis à bout. J'ai téléphoné à mon médecin pour qu'il m'aide. Il m'a dit que j'étais capable de prendre tout cela en main mais que j'avais eu une année très dure. Je suis terrifiée à l'idée de ce qui m'attend à l'avenir. C'est un peu comme cesser de boire.»

Ted n'avait pas dû être étonné par la demande de Joan. Elle me raconta qu'avant de parler à Ted, elle avait appelé son attaché de presse à Washington pour l'aviser de ses intentions et lui demander de maîtriser la presse. Bien sûr, elle savait que les choses seraient différentes après sa séparation. Elle n'aurait plus le même genre de vie et ne jouirait plus de la protection de la puissante famille Kennedy. Elle se demandait comment elle allait réussir à se tirer d'affaire dans son appartement de Boston et comment elle parviendrait à terminer ses études. Elle parla de ses problèmes à plusieurs de ses amis, y compris sa belle-soeur Jackie.

«J'ai discuté pendant quatre heures avec Jackie, me raconta Joan. Elle m'a dit qu'elle aimait beaucoup Ted mais que j'aurais dû franchir le pas il y a une dizaine d'années. Elle m'a beaucoup aidée. Elle m'a même suggéré de consulter son avocat de New York. Si Jackie me l'a recommandé, c'est qu'il doit être bon. Jackie m'a également dit de ne pas m'en faire pour Ted, que tout ira bien pour lui. Elle m'a conseillé de m'occuper de moi.»

Puis Joan m'a dit que Jackie s'était offerte à lui présenter des hommes intéressants dans son petit appartement de New York. Cependant, elle l'avait prévenue que rencontrer quelqu'un de bien et qui nous convienne n'arrivait pas du jour au lendemain.

15
LA RENAISSANCE

«C'est l'histoire de ma vie;
j'ai toujours appris les nouvelles
de ma famille par les médias.»
— Joan.

Malgré sa grande peur de l'avenir, Joan continuait à faire des pressions pour obtenir son divorce, tandis que Ted n'offrait qu'une molle résistance. Certes, il aurait préféré rester marié pour des raisons politiques mais il n'était pas sans se rendre compte de l'absurdité de la situation. Ted n'insista que sur un point: il ne voulait pas que leur séparation soit connue avant le mois de janvier, mois où devait avoir lieu l'investiture du nouveau président. Joan, une fois de plus, dut se plier aux exigences de la politique.

En octobre, Joan accompagna Ted dans le Nord de Boston pour faire campagne en faveur de Carter. Comme d'habitude, toutes ses allées et venues furent filmées et rapportées dans les journaux. Elle alla ensuite visiter Patrick à Washington puis, trois semaines plus tard, alla retrouver Kara qui voyageait sur un navire-école. Elles se rencontrèrent en Égypte et visitèrent ensemble les pyramides et les tombeaux de la Vallée des Rois. Elles rendirent aussi visite à Madame Sadate, l'épouse du regretté Président égyptien Anouar al-Sadate. Elles s'envolèrent ensuite vers la Grèce. Un ami de Boston avait pris des arrangements avec une famille grecque qui offrit généreusement à Joan et Kara l'utilisation de leur avion, d'une auto, un yacht et un appartement à Athènes ainsi qu'une villa à l'extérieur de la ville.

Lorsque Joan revint à Boston, elle était dans une forme superbe. Alors qu'elle se trouvait aux sports d'hiver, elle me téléphona pour me dire qu'elle avait rencontré un psychiatre de Boston, le Dr Gerald Aranoff qu'elle avait déjà vu à la télévision alors qu'il parlait d'une certaine technique de son invention pour soulager la douleur. «Il est si merveilleux! Mais comment l'intéresser à moi?»

Les élections de novembre accordèrent la victoire à Ronald Reagan et Joan accompagna Ted à la cérémonie d'investiture. Ce ne fut facile ni pour l'un ni pour l'autre. Ted assistait à ce qui aurait dû être sa propre investiture, tandis que Joan faisait sa dernière apparition publique en tant qu'épouse de Ted. Elle s'attendait à ce que la nouvelle de leur divorce soit rendue publique deux jours plus tard, mais cela se produisit dès le lendemain. Joan était furieuse lorsqu'elle m'appela de Washington pour se plaindre du fait qu'elle avait appris la nouvelle par la radio alors qu'elle se faisait coiffer chez Elizabeth Arden. «C'est l'histoire de ma vie, dit-elle. J'ai toujours appris les nouvelles importantes de ma famille par les médias.» Avant de partir pour Washington, ni Joan ni moi n'avions eu connaissance de la déclaration que Ted comptait faire à la presse, mais il en montra une copie à Joan lors de la réception qui suivit l'investiture de Ronald Reagan. Elle était rédigée ainsi:

«Avec regret, mais aussi avec le respect et la considération que nous avons l'un pour l'autre, nous avons pris la décision de mettre un terme à notre mariage. Nous avons pris cette décision d'un commun accord avec l'assentiment de nos enfants et après consultation pastorale. Les procédures légales appropriées suivront leur cours et nous comptons résoudre à l'amiable tout ce qui a trait à la dissolution de notre mariage.

«Dans l'intérêt de nos enfants et des autres membres de notre famille, nous espérons que la presse et le public comprendront que nous ne tenons pas à faire d'autres commentaires sur cette question strictement privée.»

Je n'étais pas du tout au courant de cette annonce et parce que Joan était en dehors de la ville, tous les reporters de Boston avec leurs caméras me tombèrent littéralement dessus. Ils attendaient dans des autos tout près de la porte d'entrée et nous accrochaient au passage chaque fois que mes enfants ou moi devions sortir. Des journalistes réussirent même à s'introduire dans l'immeuble en se faisant passer pour des livreurs.

Le lendemain matin, on m'appela dans le hall où je trouvai deux hommes élégamment vêtus tenant de gros bouquets de fleurs avec instruction de les remettre à Madame Kennedy en personne. Comme je soupçonnais quelque chose de louche ils finirent par admettre qu'ils étaient journalistes, me remirent les fleurs et repartirent.

L'annonce du divorce des Kennedy fut finalement enterrée par une grande fête nationale. Les soixante-deux otages détenus en Iran avaient été libérés et revenaient dans leur pays, triomphants et heureux.

Joan tint sa promesse de ne pas parler à la presse de son divorce, mais lorsqu'elle se mit à sortir avec le Dr Gerry Aranoff, les journalistes les traquèrent partout où ils passaient au point qu'à certaines occasions Aranoff fut contraint d'engager des agents de sécurité pour les protéger.

La vie de Joan changeait et mon travail également. Je n'étais plus une attachée de presse ni une conseillère politique mais plutôt un agent de relations publiques et la secrétaire particulière de Joan.

Joan fut très heureuse de décrocher enfin le diplôme dont elle rêvait depuis si longtemps. Elle avait maintenant pris l'habitude d'aller elle-même chercher ses journaux et ses revues, avec des lunettes noires et un foulard qu'elle mettait sur sa tête.

On offrit alors à Joan de faire la narration de la pièce «A Lincoln Portrait» d'Aaron Copland qui devait être présentée à Turin au Regio Teatro. Joan obtint un grand succès en Italie. Elle fut littéralement assiégée par les photographes italiens qu'elle encouragea avec son charme habituel, leur disant que les paparazzi américains étaient bien pires qu'eux. Elle se rendit ensuite à Londres pour deux semaines. Mais de là, elle me téléphona pour me dire combien elle se sentait seule. Cependant, juste avant de quitter Londres elle m'appela une dernière fois. «J'ai assisté à de très belles réceptions mais je m'ennuyais de chez moi. Peux-tu me rencontrer à l'aéroport avec mon auto, mercredi? Je veux me rendre directement à Cape. Tu pourras rapporter les bagages à l'appartement.»

«Tu n'as donc pas eu de plaisir du tout?»

«Oui... j'ai vu Michael Caine et Jack Nicholson. Je me suis acheté un tas de choses mais je suis fatiguée. Et puis l'idée du divorce m'assomme.» Je crus que je devais la mettre au courant d'un incident déplaisant qui s'était produit pendant son absence. «Jerry m'a téléphoné pour me raconter qu'il avait été victime d'une alerte à la bombe. Il a reçu un message qui disait: «Tu t'es mis dans de beaux draps avec Joan. Cela te coûtera 5 000$ pour que je me taise.» Je lui dis également qu'il avait dû faire appel à la protection de la police ainsi qu'à des chiens de garde mais qu'il s'était senti nerveux tant que tout n'avait pas été fini.

«Pauvre Jerry», dit Joan. Elle semblait plus perdue que jamais.

Mais tout rentra dans l'ordre lorsque, deux jours plus tard, elle rencontra Jerry à Cape. Quant aux rencontres que Joan avait avec Ted, elles étaient amicales si l'on en croit les dires de Kitty. Mais le divorce jeta un froid entre Joan et Rose qui, toujours selon Kitty, mettait tout le blâme sur Joan.

Joan se tourna alors vers sa famille pour trouver l'encouragement dont elle avait besoin. Il y avait cinq ans qu'elle n'avait pas vu son père. Elle décida donc de l'inviter à Cape avec son neveu.

Homme très plaisant, Monsieur Bennett se remettait difficilement d'une sévère attaque. Il passait son temps à lire et Joan, qui ne se doutait pas que c'étaient là les derniers moments qu'ils prenaient ensemble, poursuivait ses activités.

Puis soudainement, peu de temps avant le temps fixé pour son retour, il subit une autre attaque très grave. On l'emmena d'urgence à l'hôpital en ambulance. Joan l'accompagna jusqu'à Boston puis fit en sorte qu'on place un lit à bord d'un avion commercial de façon que son père puisse rentrer chez lui, en Louisiane. Deux jours plus tard, il mourait.

Maintenant ses deux parents étaient morts, elle divorcait de son mari et ses enfants grandissaient et devenaient indépendants. Joan était encore une fois très seule.

16
FACE À L'AVENIR

«La chose la plus importante que je puisse partager avec quelqu'un est l'assurance que les décisions ne sont pas irrévocables, que les choix se représentent quelquefois de façons différentes, et que tout peut être repensé.»
— Joan.

La mort de son père avait intensifié l'anxiété de Joan face à son avenir et en particulier à son problème le plus immédiat, celui de son divorce. La procédure était maintenant entre les mains des avocats et je savais que les négociations allaient être dures.

Les inquiétudes de Joan étaient surtout de nature financière. Jamais, au cours de ses années de mariage elle n'avait dû se préoccuper des questions d'argent. Elle était bien décidée à obtenir le maximum mais la lutte contre les Kennedy ne serait pas facile à gagner.

Entre-temps, elle passait tout son temps en compagnie de Jerry, heureuse d'avoir quelqu'un à qui parler et qui pouvait partager ses goûts pour la musique et les arts. Ils firent tout ce qu'ils purent pour éviter la presse mais cela ne fit qu'augmenter la curiosité du public au sujet de leurs relations et du divorce de Joan. On me téléphonait à mon bureau pour me poser toujours les mêmes questions: «Compte-t-elle se remarier?» «Est-ce vrai que la raison pour laquelle les papiers ne sont pas signés est qu'on n'arrive pas à régler les questions d'argent?» «Enseigne-t-elle?» «Pouvez-vous au moins me dire ce qu'elle fait en ce moment?» Mais selon la volonté de Joan, je ne répondais à aucune de ces questions.

Il va sans dire que, privée de nouvelles fraîches, la presse s'en donna à coeur joie avec toute l'imagination dont les journalistes sont capables. En octobre, le *National Enquirer* écrivait: «Joan Kennedy est déchirée entre le désir de garder son amant juif et la crainte de perdre sa religion catholique.» Dans un de ses articles, le *Globe* déclarait: «Si Joan se convertit à la religion juive, elle n'aura plus à faire face au blâme de l'Église catholique concernant son divorce d'avec Kennedy, qui, de son côté, réclame une annulation afin de pouvoir se remarier à son tour.»

On parlait des amours de Ted avec l'actrice Susan St. James et aussi avec Helga Wagner, une dessinatrice de bijoux de trente-neuf ans qu'il connaissait depuis quelques années. Joan était habituée aux histoires de journalistes mais elle n'en était pas moins ennuyée par toutes ces rumeurs.

Le divorce rendait très difficile pour Joan le maintien des liens familiaux. Lorsque les enfants ne pouvaient être avec elle pour certaines fêtes, la tradition voulant que la famille se réunisse chez les Kennedy, Joan se sentait très triste. Et elle réagissait aussitôt en se remettant à manger. Dans cette espèce de marathon pour s'attirer l'affection des enfants, Ted semblait avoir l'avantage et les réactions de Joan étaient bien compréhensibles.

Puis un jour, quelque temps après Noël, Joan m'emmena dans sa cuisine et me dit: «Raconte que je suis une jeune mariée très pauvre et fais-moi une liste de cadeaux qui devront durer le reste de mes jours.» Puis elle reprit son sérieux et me raconta que Jerry avait fait cuire des nouilles mais qu'elle n'avait rien trouvé pour les égoutter. Elle voulait que je lui dresse l'inventaire de tout ce dont elle aurait besoin dans sa cuisine. Je m'exécutai aussitôt. «Et surtout n'oublie pas un petit four pour griller le pain. Sinon Jerry ne pourra pas manger ses bagels le matin!» Je fis une liste de divers objets qu'elle s'empressa d'acheter. Elle était très fière de son coup.

Lorsque Jerry plaça quelques-uns de ses vêtements dans la penderie qui avait été celle de Ted, Joan se sentit plus heureuse qu'elle ne l'avait été depuis bien longtemps.

Comme prévu, les procédures du divorce furent des plus pénibles. Je craignais toujours que le surcroît de stress la pousse à boire de nouveau. Mais je fus soulagée de constater qu'elle n'avait pas cédé à la tentation.

Elle semblait de plus en plus à l'aise dans ses relations avec Jerry. Malgré toute la publicité faite autour de son divorce, elle se rendit au Mexique en sa compagnie. Ils prirent des vacances à Cancun, mais le voyage s'avéra décevant. Joan était fatiguée et irritable et Jerry avait été malade pendant presque tout le voyage.

À quelque temps de là, je me rendis un vendredi à son appartement pour une session de travail. Joan était debout et faisait du café dans la cuisine. Elle vint à ma rencontre mais je me rendis compte qu'elle était pâle et que ses traits étaient tirés. Je savais que Sally était retournée à l'hôpital et que les médecins ne pouvaient plus rien pour elle. Joan était allée la visiter la semaine précédente. «Sally est morte hier soir», me dit-elle. Sally avait notre âge et était mère de quatre enfants. Elle avait été très dévouée à Joan et personne ne pouvait oublier son courage et sa grande capacité

d'amour. Elle était l'épouse d'un cousin du sénateur et aussi le dernier lien entre Joan et le clan
Kennedy.

Le plus important litige dans le divorce était
la maison de Cape que Ted voulait garder parce
qu'elle se trouvait à proximité de la maison familiale. Non seulement Joan était décidée à la garder
mais elle exigeait que Ted paie pour son entretien.

Malheureusement, toute la rancoeur qu'elle
avait accumulée au cours des procédures de divorce retomba sur son entourage. Kitty, qui lui
était pourtant si dévouée, finit par la quitter mais
elle continua à travailler pour le sénateur. Moi-
même j'avais prévu de quitter mon emploi le 1er
juin. Mais Joan finit par me convaincre d'attendre
au 1er août puis au 1er novembre.

Cet été-là, je demeurai à Boston pour y travailler tandis que Joan se trouvait dans sa maison
de Cape mais nous nous parlions souvent au téléphone. Mais même là, dans cet endroit qu'elle adorait, entourée par les êtres qu'elle chérissait le plus
au monde, elle semblait tendue et malheureuse.
«C'est affreux, me dit-elle, je suis toujours en train
de crier après les enfants. Et il faudra bientôt que
je quitte la maison pour deux semaines et deux autres semaines à la Fête du travail pour la laisser à
Ted.» Les procédures de divorce s'éternisaient.
Rien ne serait réglé au mieux avant un an et Joan
n'avait toujours pas de réel contrôle sur sa vie.

Nous continuâmes de travailler ensemble durant tout l'été et une partie de l'automne. J'espérais toujours que le divorce serait prononcé au moment de mon départ, en novembre. Mais ce ne fut
qu'un mois plus tard que Ted annonça publiquement qu'il ne serait pas candidat lors du nouveau
congrès démocrate de 1984. Aussitôt après, Joan et

lui s'entendirent enfin sur les clauses du divorce, à Hyannis Port. Joan obtenait 5 millions de dollars, une rente annuelle de 175 mille dollars ainsi que la maison de Cape.

C'était enfin terminé et Joan était libérée de son passé. Ce même mois, elle partit en Israël avec Patrick et passa à l'émission «Good Morning America» pour parler de son voyage. «Nous avons appris à nous connaître l'un l'autre, dit Patrick. Ma mère et moi nous sommes découverts au cours de ce voyage».

Au printemps suivant, Joan et Jerry, incertains sur l'avenir de leurs relations, décidèrent de se séparer. Joan ne fit que de rares apparitions en public, résidant la plupart du temps dans sa maison de Cape ou venant à Boston pour y rencontrer des amis et assister à des représentations théâtrales ou à des concerts. Et pourtant ses activités les plus anodines continuaient à faire la manchette des journaux. Si elle n'était plus une Kennedy, elle était la seule qui eût délibérément quitté la famille royale américaine et elle suscitait encore la curiosité des médias. Au printemps et à l'automne 1983, de nombreux articles furent écrits sur elle dans divers magazines tels le *Ladies Home Journal*, le *Good Housekeeping* et le *MacCall's*. Dans l'un d'eux, je constatai avec plaisir qu'elle parlait de sa future carrière qu'elle entendait consacrer à l'éducation artistique des enfants. Dans un autre, elle parlait avec une grande franchise de son alcoolisme et donnait le conseil suivant : «Si vous pensez avoir un problème d'alcool, je vous en supplie, n'attendez pas que les choses empirent, n'attendez pas d'avoir perdu l'amour de votre famille et le respect de vos amis. L'alcoolisme est bien connu pour être la maladie du mensonge, la

maladie de la solitude et la chose la plus difficile à
faire — celle qui est primordiale aussi — c'est d'admettre que ce problème existe et que vous avez besoin d'aide.»

À la fin de l'été, Joan célébra son quarante-
septième anniversaire à sa maison de Cape. Ses
enfants et elle invitèrent des amis de longue date
de la famille Kennedy, quelques collaborateurs de
Ted ainsi que d'autres amis intimes comme Hazel.
Ce fut une soirée merveilleuse et puis il y eut ce
moment très émouvant où Kara apporta dans la
salle à manger un énorme gâteau au chocolat en
forme de piano à queue. Cette soirée symbolisant
en fait un second départ pour Joan. Toutes les ran-
coeurs engendrées par le long et pénible divorce se
trouvaient derrière elle. Face à elle, il y avait l'a-
venir, un avenir qui incluait ses enfants, les amis
d'hier et ceux de demain.

Joan récoltait enfin les fruits de sa victoire.
Elle était sobre depuis près de quatre ans maintenant. Elle l'était demeurée au long d'une campagne exténuante et durant la période très dure
émotionnellement de son divorce. Sa victoire était
si remarquable qu'elle pouvait maintenant servir
d'exemple auprès d'innombrables autres femmes.
Loin de demeurer inactive, elle accorda son patro-
nage à divers événements et diverses causes et au
printemps 84, elle fit un voyage en Chine avec quelques experts en arts de Boston afin d'étudier la
musique, la danse et le cinéma contemporains de
ce pays.

Le 20 mai 1984, Joan se vit décerner le titre de
Docteur honorifique à son collège de Mahattan-
ville. Les robes noires de bonnes soeurs avaient
disparu et bien peu sans doute des trois cents jeunes diplômées portaient des gants blancs. Joan re-

garda son auditoire et prit la parole en ces termes: «Les choses sont sans doute plus difficiles pour vous aujourd'hui qu'elles ne l'étaient dans mon temps. Et pourtant, la vie a des aspects souvent bien inattendus. Ce fut mon cas: mon existence a pris une direction que je n'aurais pu prévoir lorsque j'avais 22 ans.» Et elle poursuivit: «Vous savez, la chose la plus importante que je puisse partager avec quelqu'un, c'est l'assurance personnelle que les décisions ne sont pas irrévocables, que les choix se représentent parfois de façons différentes et que tout peut être repensé. L'important, ce n'est pas seulement de savoir ce que l'on veut dans la vie, c'est aussi de ce que vous ferez pour réaliser vos objectifs.»

Le *Time* reproduisit le discours de Joan avec des commentaires fort élogieux; une semaine plus tard, un article parut dans le *Boston Globe*, citant les paroles de Joan qui disait se sentir elle-même «comme une jeune diplômée, à l'aube d'une nouvelle étape de sa vie où tout était de nouveau possible.»

Aujourd'hui, pour Joan, tout est possible, c'est la vie qui le lui a appris. Elle a survécu à l'alcoolisme, à un mariage malheureux et à un divorce pénible. Durant les longues années de son mariage, marquées à la fois par le faste et la tragédie, Joan avait perdu le sens de la fierté personnelle, luttant constamment pour être une Kennedy. Puis, c'est grâce au miracle de sa sobriété qu'elle a découvert son identité et la force de vivre par et pour elle-même. Il lui fallut sans doute beaucoup de courage pour abandonner sa position sociale, sa fortune et les avantages que comportait le fait d'être une Kennedy. Mais elle voulait plus encore: devenir elle-même. Émergeant enfin de ces longues années de ténèbres, elle peut s'avancer aujourd'hui sur son propre chemin de lumière.